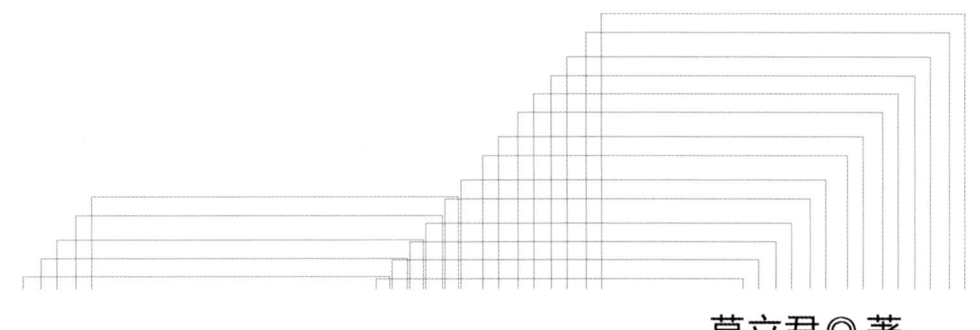

莫立君◎著

变革与重塑
——巴塞尔协议Ⅲ实施背景下中国商业银行资产定价研究

Change and Rebuild
—— Research on Asset Pricing Mechanisms of Commercial Banks in China under Basel Ⅲ

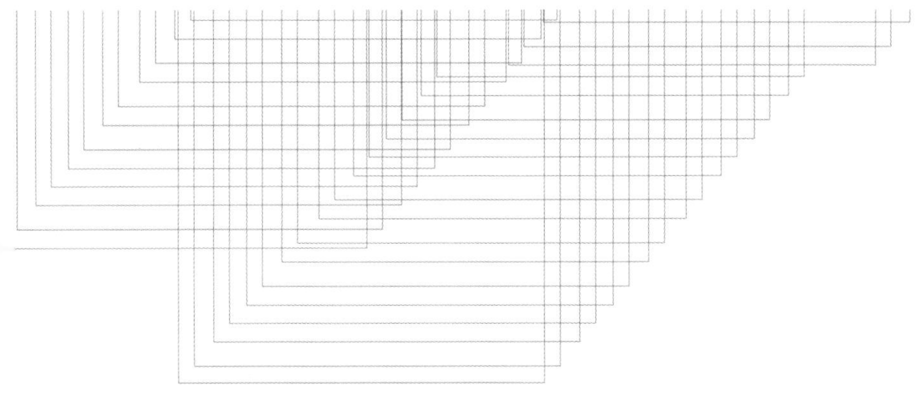

中国财经出版传媒集团

经济科学出版社
Economic Science Press

图书在版编目（CIP）数据

变革与重塑：巴塞尔协议Ⅲ实施背景下中国商业银行资产定价研究／莫立君著．-- 北京：经济科学出版社，2023.9

ISBN 978－7－5218－5134－2

Ⅰ.①变…　Ⅱ.①莫…　Ⅲ.①国际清算银行－协议②商业银行－资产评估－研究－中国　Ⅳ.①F831.2②F832.33

中国国家版本馆 CIP 数据核字（2023）第 176252 号

责任编辑：杜　鹏　郭　威
责任校对：靳玉环
责任印制：邱　天

变革与重塑

——巴塞尔协议Ⅲ实施背景下中国商业银行资产定价研究

莫立君　著

经济科学出版社出版、发行　新华书店经销

社址：北京市海淀区阜成路甲 28 号　邮编：100142

编辑部电话：010－88191441　发行部电话：010－88191522

网址：www.esp.com.cn

电子邮箱：esp_bj@163.com

天猫网店：经济科学出版社旗舰店

网址：http://jjkxcbs.tmall.com

固安华明印业有限公司印装

710×1000　16 开　16.5 印张　250000 字

2023 年 9 月第 1 版　2023 年 9 月第 1 次印刷

ISBN 978－7－5218－5134－2　定价：98.00 元

（图书出现印装问题，本社负责调换。电话：010－88191545）

序　言

巴塞尔协议作为全球银行监管领域最有影响力的国际标准，其核心在于防范系统性金融风险；其监管目标在于在追求银行体系稳定的基础上实现银行之间的公平竞争；其演变历程始终代表着不同市场条件下金融监管和金融机构风险管理的发展趋势及改革方向。2017 年 12 月 8 日，巴塞尔银行监管委员会发布了《巴塞尔协议Ⅲ：后危机改革的最终方案》，并于 2023 年正式开始实施，其实施将对全球银行业产生持久、重大而深远的影响。

中国作为巴塞尔银行监管委员会的成员方之一，一直坚持积极推动巴塞尔协议的实施。当前，在资本充足硬约束的背景下，转变发展方式，精细化资本管理、风险管理和定价管理，优化资产与盈利结构，实现集约化经营和可持续发展成为商业银行的必然选择。特别是在经济金融形势日趋复杂、行业竞争加剧、利率市场化纵深推进、存贷利差持续收窄、盈利能力面临较大冲击的情况下，商业银行建立一套科学有效的资产定价和决策机制，是其获得竞争优势和实现高质量发展的关键。

莫立君博士长期从事商业银行经营与管理工作，亦长期对国际国内监管政策开展跟踪研究。他在巴塞尔协议Ⅲ实施背景下，创新性地将“商业银行资产定价机制”放在监管背景、市场因素、客户特点、资源禀赋和时期演变等“更全、更深、更远”的角度去考量，提出了商业银行资产多维定价的新逻辑和新方法。

本书从研究巴塞尔协议的演进路径出发，解析了《巴塞尔协议Ⅲ：后危机改革的最终方案》的影响，进而从商业银行的视角，探寻新监管政策的应对之策，创新性地提出了“多维定价机制”，进而探究了商业银行资产定价的发展趋势及其影响因素。本书有三大特色：一是脉络清晰。它既系统梳理了巴塞尔协议的演进脉络和逻辑，又系统梳理了商业银行资产定价方法的演进脉络和逻辑，为后续研究奠定坚实基础。二是实务性强。它既注重监管实务研究，又注重银行实务研究。它基于监管政策出台背景深入分析了监管政策的影响，并在对不同类型商业银行的调研访谈的基础上，总结和提炼出了若干监管新政实施的策略。三是视角独特。它将宏观视角与微观视角进行巧妙结合，在宏大、深远的资本新规背景下，深入、细致地开展资产定价研究，在资产多维分类的基础上给出多维定价策略，可谓“运用之妙，存乎一心”。

本书是莫立君博士把理论研究与实务工作和实务研究相融合的结晶，其所做的努力和取得的研究成果值得肯定。相信对商业银行业务感兴趣的朋友，无论是初入行的银行从业人员，还是银行经营管理者，阅读本书之后都不无裨益。希望本书的出版能为促进商业银行建立更加科学合理的资产定价机制发挥重要作用。

2022 年 11 月于澳门大学

前　　言

商业银行是金融体系重要组成部分，是国民经济发展的纽带，保障商业银行的健康发展对于世界范围的经济社会发展具有至关重要的作用。2008年，全球金融危机对经济社会造成了巨大的冲击，危机的背后也反映出银行监管体系存在的漏洞与不足。在这样的时代背景和发展需求下，巴塞尔协议Ⅲ作为危机应对监管政策应运而生，以增强全球金融体系的稳健性。2014年以来，巴塞尔银行监管委员会探索强化监管改革，在信用风险、市场风险和操作风险计量框架方面进行重构，2017年发布《巴塞尔协议Ⅲ：后危机改革的最终方案》（以下简称《最终方案》），由此确立了国际银行业监管新标杆①。

我国作为巴塞尔银行监管委员会成员方之一，坚持积极推动巴塞尔协议Ⅲ的落地。2010~2019年，国内监管部门根据巴塞尔协议Ⅲ推出了一系列相应的监管政策。2012年发布《商业银行资本管理办法（试行）》，2015年发布《商业银行流动性风险管理办法（试行）》，2018年发布《商业银行大额风险暴露管理办法》。在巴塞尔银行监管委员会发布《最终方案》后，中国

① 受到新冠疫情的冲击，原定于2022年初实施的《最终方案》推迟实施。

银保监会已于2020年3月正式下发通知，就巴塞尔协议Ⅲ落地问题广泛征求意见，并组织银行业进行最大规模的一轮定量测算（QIS）。在立法层面，2020年10月发布的《中华人民共和国商业银行法（修改建议稿)》已将巴塞尔协议Ⅲ部分重要监管规则纳入，如系统重要性银行、逆周期资本缓冲等。2021年10月29日，中国人民银行会同银保监会、财政部联合发布《全球系统重要性银行总损失吸收能力管理办法》，并于2021年12月1日开始实施。这标志着我国金融监管政策与国际监管要求进一步接轨，为促进我国大型银行提升资本实力和信用评级，更好地参与全球竞争带来了积极影响。

从本质上来看，商业银行是通过承担风险获取相应回报的特殊经营主体，其获利的主要来源是存贷利差。风险与收益常常是相伴而生的，高预期收益对应高风险，低预期收益对应低风险。科学合理的资产定价机制是商业银行更好地发挥金融属性和企业属性，寻求安全性、流动性和盈利性均衡的关键要素和重要工具。《最终方案》作为国际银行业监管新标杆，对商业银行的经营管理，尤其是资本管理、风险管理和定价管理提出了新的挑战。商业银行在资本稀缺的情况下，要依靠内生资本开展集约化经营才能得以持续发展。从收益端来讲，以何种价格投放何种资产以达成利润目标，对于商业银行的可持续经营至关重要。因此，在巴塞尔协议Ⅲ背景下，重塑商业银行资产定价逻辑，用新金融理念践行新监管标准，以推进商业银行实现可持续发展，是一个尚未解决而又亟须解决的问题。

本书的研究目的是在巴塞尔协议Ⅲ背景下，厘清新监管标准对商业银行资产定价影响的内在逻辑，将商业银行资产定价机制放在更全面、更深远的视角下去考虑探究，从而提出重塑资产定价逻辑以主动适应新监管环境的破题之道，为促进我国商业银行建立更加科学合理的资产定价机制提供有益借鉴。

本书在商业银行资产定价领域具有较强的实务应用和文献贡献意义。在实务方面，通过梳理商业银行传统定价方法和创新定价方法，对商业银行资产定价方法作了系统性回顾，同时创新性地提出了主动适应巴塞尔协议Ⅲ的资产多维定价机制，为优化解决巴塞尔协议Ⅲ背景下商业银行资产定价问题提供了可供借鉴的系统性方案。在文献贡献方面，梳理了国内外商业银行资产定价策略研究和巴塞尔协议Ⅲ对商业银行影响的已有研究，发现了尚无专门研究探讨巴塞尔协议Ⅲ实施后商业银行资产定价策略问题的文献，本书弥补了这一交叉细分领域的空白。

本书共分为五篇十章。第一篇是把握监管变革方向，主要探讨了巴塞尔协议的演进历程并解读了《最终方案》的最新进展。第一章从商业银行视角看巴塞尔协议Ⅰ到巴塞尔协议Ⅲ的演进历程。第二章解读了《最终方案》的影响。

第二篇是解读资产定价基石，探讨商业银行资产是如何定价的。第三章厘清了商业银行资产相关概念并对商业银行定价策略研究进行综述。第四章阐述了商业银行资产传统定价方法并提出定价方法优化策略。

第三篇是应对巴塞尔协议Ⅲ挑战，从商业银行视角出发，探讨在新监管政策下该如何应对。第五章梳理了巴塞尔协议Ⅲ实施前监管政策的变革与挑战。第六章基于对不同类型商业银行的调研访谈，提炼了商业银行应对巴塞尔协议Ⅲ的落地实施准备。

第四篇是重塑资产多维定价机制，创新性地提出多维定价机制，对商业银行资产定价机制提出新思路。第七章从资本成本计量影响、风险识别影响和经营战略影响三个方面分析了巴塞尔协议Ⅲ对商业银行资产定价的影响机理。第八章重塑商业银行资产多维定价机制，在资产多维分类的基础上给出多维定价策略。

第五篇是探讨资产定价未来，给出巴塞尔协议Ⅲ实施背景下的补充建议，展望前沿性资产定价技术方法，分析未来商业银行资产定价机制可能面临的挑战，并强调商业银行只有坚守本源才能行稳致远。第九章阐述了巴塞尔协议Ⅲ实施背景下商业银行资产定价策略补充建议。第十章对商业银行资产定价作了前瞻性探讨。

总体来说，本书为商业银行各级经营者特别是商业银行资产负债管理从业人员提供了有价值的参考。但由于时间和水平有限，书中内容还有不足和疏漏之处，恳请广大读者批评指正。

莫立君

2022年10月

目　　录

第一篇　把握监管变革方向

第二篇　解读资产定价基石

第三篇　应对巴塞尔协议Ⅲ挑战

第四篇　重塑资产多维定价机制

第五篇　探讨资产定价未来

第一篇

把握监管变革方向

第一章

从商业银行视角看巴塞尔协议Ⅰ到巴塞尔协议Ⅲ的演进历程

本章是从商业银行的视角来分析巴塞尔协议Ⅰ到巴塞尔协议Ⅲ的演进历程，并解读《巴塞尔协议Ⅲ：后危机改革的最终方案》（以下简称《最终方案》）的总体架构和主要变化。从商业银行视角看巴塞尔协议Ⅰ到巴塞尔协议Ⅲ的演进历程主要可以分为四个阶段：第一个阶段是国际银行业监管标准诞生阶段；第二个阶段是资本监管框架改革阶段；第三个阶段是巴塞尔协议Ⅲ前中国版监管协议实施阶段；第四个阶段是金融危机后的全面改革阶段。在此基础上，本章从商业银行视角解读《巴塞尔协议Ⅲ：后危机改革的最终方案》，得出需要“因变而变”，强化资产定价研究，统筹金融属性、公司价值和社会责任（ESG 评价）主动适应新监管标准，从而将监管挑战转化为推进商业银行可持续发展的驱动力（如图 1－1 所示）。

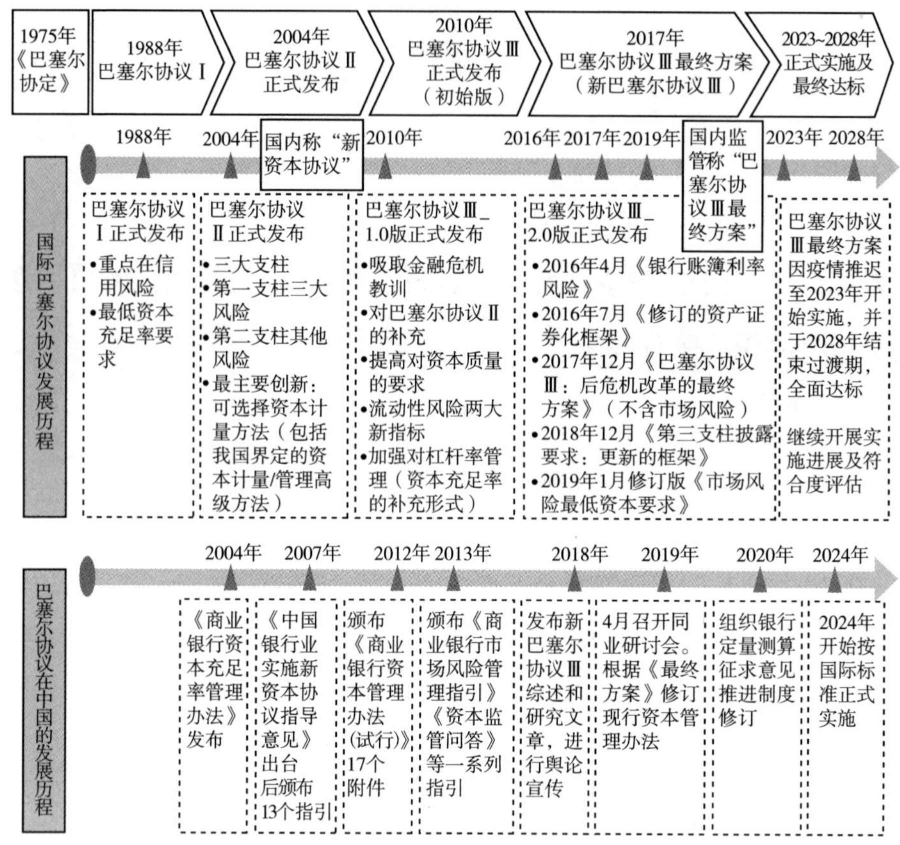

图1－1　巴塞尔协议及中国实施情况概览

资料来源：笔者根据巴塞尔监督管理委员会及国家金融监督管理总局网站公开信息整理得到。

第一节　巴塞尔协议Ⅰ：国际银行业监管标准诞生

一、出台背景

20 世纪 70 年代，布雷顿森林体系解体后，各国相继放松金融管制，放松外资金融机构金融市场准入与退出限制，推进金融自由化。在此背景下，发达国家大型银行业务全球化加快，利率与汇率进一步市场化，市场对金融衍生品等风险对冲工具的需求不断增强，而通信技术发展又为银行与非银行金融机构经营分化提供了便利条件，全球金融市场系统性风险大幅提高。1974 年，主要从事国际银行间市场汇率业务的银行——赫斯塔特银行倒闭，同年，美国最大 20 家银行之一的富兰克林国民银行由于外汇投机业务发生巨大亏损，宣布无力偿还债务而倒闭，严重影响了全球金融业经营，建立统一的国际银行监管体系势在必行。

此后，十国集团于 1975 年 2 月在位于瑞士巴塞尔的国际清算银行成立了银行监管委员会，以建立一套统一标准来规范银行内部风险管理，并促使不同国家银行机构公平竞争，委员会成员由美国、英国、德国、法国、意大利、加拿大、日本、荷兰、比利时和瑞典十国监管部门组成。巴塞尔银行监管委员会（以下简称巴塞尔委员会）发布的第一份文档就是关于解决跨国银行在母国和东道国之间的协同监管问题。经过长期探索，巴塞尔委员会最终将资本充足率作为约束银行内部经营与风险管理的核心，并于 1988 年颁布了《巴塞尔委员会关于统一国际银行资本衡量和资本标准的协议》（以下简称巴塞尔协议Ⅰ）。

二、监管框架

巴塞尔协议Ⅰ是全球第一个统一的国际银行监管架构，如图 1－2 所示，主要内容包括统一资本构成标准、制定风险计量框架、提出最低资本充足率要求。

1. 资本构成及资本监管要求。巴塞尔协议Ⅰ重点强调资本充足的重要性。资本可分为核心资本和附属资本。核心资本由实收资本、资本公积、盈余公积、一般风险准备、未分配利润构成；附属资本由未披露资本储备、重估储备、贷款损失一般准备、优先股、可转换债、次级债构成，且附属资本以核心资本净额（核心资本减去核心资本扣减项）的 100% 为计入上限。巴塞尔协议Ⅰ要求核心资本充足率不得低于 4%，资本充足率（核心资本＋附属资本）不得低于 8%（国内版《商业银行资本管理办法（试行）》亦是此标准）。

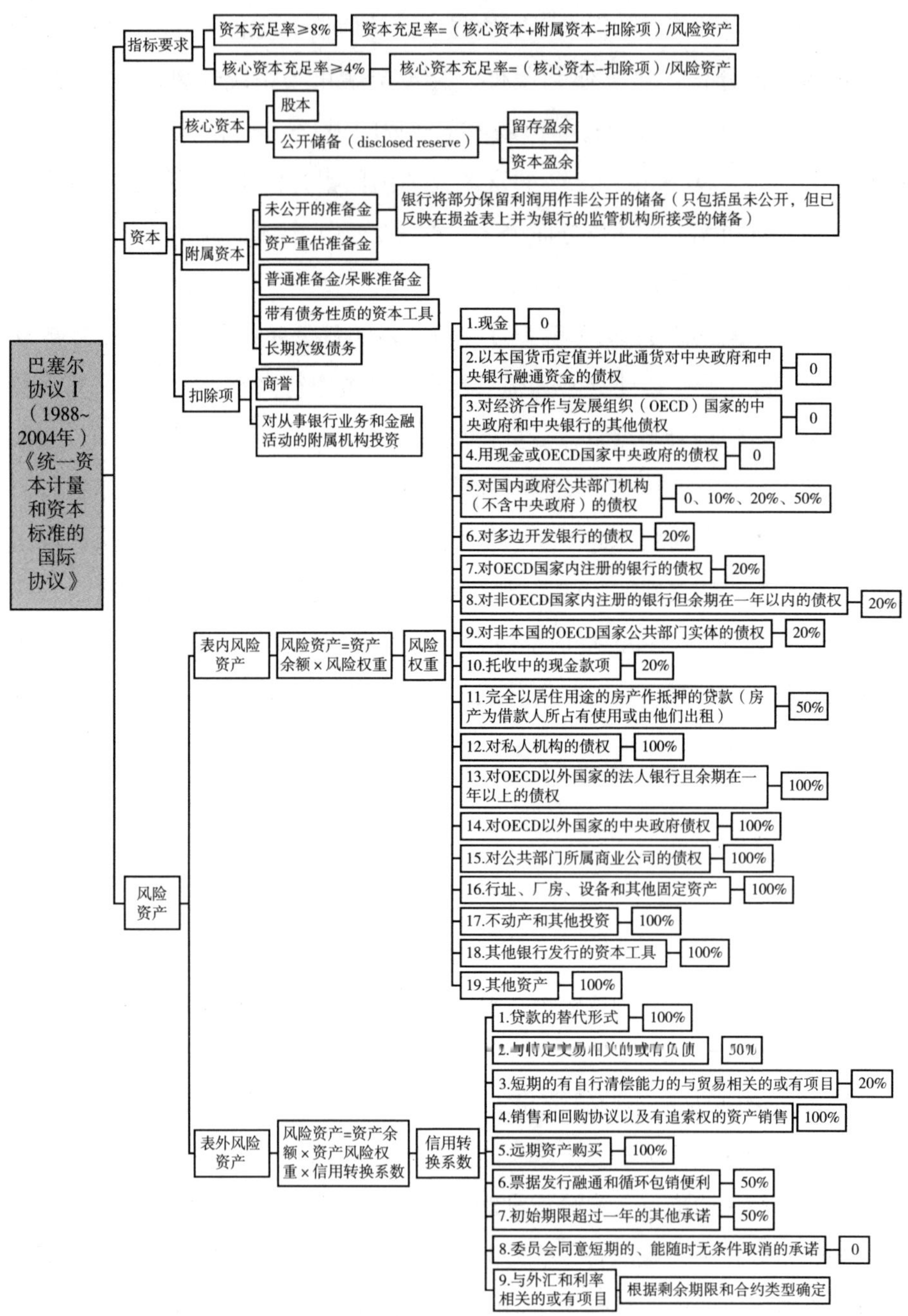

图1－2　巴塞尔协议Ⅰ思维导图

资料来源：笔者根据巴塞尔委员会公布的巴塞尔协议Ⅰ文本整理得到。

2. 风险计量框架。巴塞尔协议Ⅰ的风险计量框架仅针对信用风险，表外风险暴露通过信用转换系数转换成可比表内风险暴露来计算资本，但未包括市场风险与操作风险，且风险计量框架设计相对简单。表内信用风险暴露对应的风险权重有5档：0、10%、20%、50%和100%。表外业务信用风险转换系数有4档：0、20%、50%和100%。

巴塞尔协议Ⅰ按表内风险权重和表外风险转换系数确定了风险加权计算方法：

$$\text{表内加权风险资产} = \sum (\text{表内资产} \times \text{相应资产风险权重})$$

$$\text{表外加权风险资产} = \sum (\text{表外资产} \times \text{对应信用转换系数} \times \text{相应表内资产风险权重})$$

三、局限性和不足

一是风险管理未全覆盖。巴塞尔协议Ⅰ仅就信用风险和部分市场风险有所考量，未覆盖商业银行经营的信用、市场和操作三大风险，由于风险暴露分类比较原始，风险敏感性较低，银行可通过资产证券化使部分资产出表并获得手续费收入。由于高质量资产备受市场青睐而容易被证券化，银行资产负债表中的低质量资产越积越多。同时，由于巴塞尔协议Ⅰ也未覆盖流动性风险、银行账簿利率风险等其他类型风险，银行业市场与利率等风险敞口大量累积。

二是存在监管套利空间。资本充足率和加权风险资产不同权重的计算，给银行提供了通过各种经营手段调节资产负债表结构的天然动机，把高风险权重的业务向低风险权重资产转化，从而达到节约资本、提高资本充足率的目的。随着金融创新进一步深化，银行衍生品交易产生的损失事件不断增加，最终促使巴塞尔委员会于1996年颁布了《关于市场风险资本的补充规定》，将市场风险纳入资本计量框架，对外汇、大宗商品交易、债券与权益类证券以及衍生品与或有项目进行风险识别与计量，并相应计提资本。

第二节　巴塞尔协议Ⅱ：资本监管框架改革

一、出台背景

巴塞尔协议Ⅰ提出资本要求后，银行业监管套利比较普遍，银行和其他金融中介之间大量运用金融工程工具来规避监管，以最小化每单位风险加权资产对应的资本监管要求。同时，由于银行资产负债表日趋复杂，商业模式演变加快，监管部门难以对银行实施全面、持续的监管。为此，巴塞尔委员会于1999年首次提出银行业监管三大支柱的监管设想，其中，第一支柱规范资本监管规则，第二支柱规范监管检查，第三支柱规范信息披露。由金融市场来监督和约束银行行为，监管重心逐步从第一支柱转移到第二、第三支柱，并借助市场约束来规范银行内部风险管理。

二、主要变化

巴塞尔协议Ⅱ于2004年出台，并于2006年进行了修订（如图1-3所示）。其最大变化是建立了以三大支柱为特征的监管框架。第一支柱细化了风险暴露分类，优化了标准法下的风险权重，以增强风险敏感性；在监管部门核准的前提下，银行还可采用内部评级法计量信用风险资本，采用内部模型法计量市场风险。操作风险的计量则有三种方法可供选择：基本指标法、标准法和高级法，其中标准法和高级法须获得监管部门批准，一般银行只允许采用基本指标法。

第二支柱涵盖了除第一支柱中规范的信用风险、交易账簿市场风险和操作风险之外的所有其他风险，包括集中度风险、流动性风险、银行账簿利率风险、声誉风险、战略风险、国别风险、模型风险、外包风险、科技风险等。这些风险难以准确量化，无法在第一支柱中计量风险加权资产。银行须

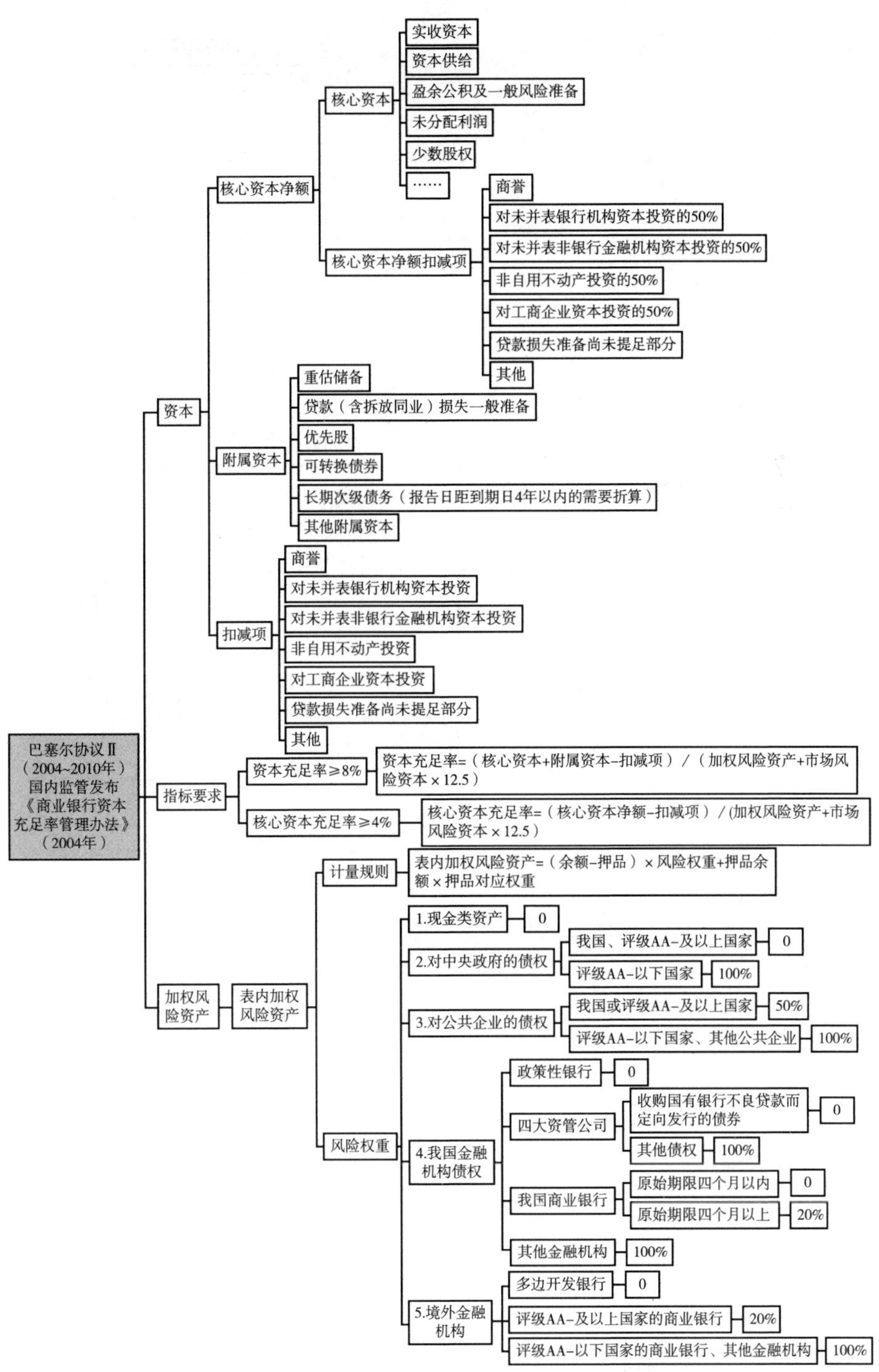
巴塞尔协议Ⅱ
（2004~2010年）
国内监管发布
《商业银行资本
充足率管理办法》
（2004年）
资本
核心资本净额
核心资本
实收资本
资本供给
盈余公积及一般风险准备
未分配利润
少数股权
……
核心资本净额扣减项
商誉
对未并表银行机构资本投资的50%
对未并表非银行金融机构资本投资的50%
非自用不动产投资的50%
对工商企业资本投资的50%
贷款损失准备尚未提足部分
其他
附属资本
重估储备
贷款（含拆放同业）损失一般准备
优先股
可转换债券
长期次级债务（报告日距到期日4年以内的需要折算）
其他附属资本
扣减项
商誉
对未并表银行机构资本投资
对未并表非银行金融机构资本投资
非自用不动产投资
对工商企业资本投资
贷款损失准备尚未提足部分
其他
指标要求
资本充足率≥8%
资本充足率=（核心资本+附属资本-扣减项）/（加权风险资产+市场风险资本×12.5）
核心资本充足率≥4%
核心资本充足率=（核心资本净额-扣减项）/(加权风险资产+市场风险资本×12.5）
加权风险资产
表内加权风险资产
计量规则
表内加权风险资产=（余额-押品）×风险权重+押品余额×押品对应权重
风险权重
1.现金类资产
0
2.对中央政府的债权
我国、评级AA-及以上国家
0
评级AA-以下国家
100%
3.对公共企业的债权
我国或评级AA-及以上国家
50%
评级AA-以下国家、其他公共企业
100%
4.我国金融机构债权
政策性银行
0
四大资管公司
收购国有银行不良贷款而定向发行的债券
0
其他债权
100%
我国商业银行
原始期限四个月以内
0
原始期限四个月以上
20%
其他金融机构
100%
5.境外金融机构
多边开发银行
0
评级AA-及以上国家的商业银行
20%
评级AA-以下国家的商业银行、其他金融机构
100%

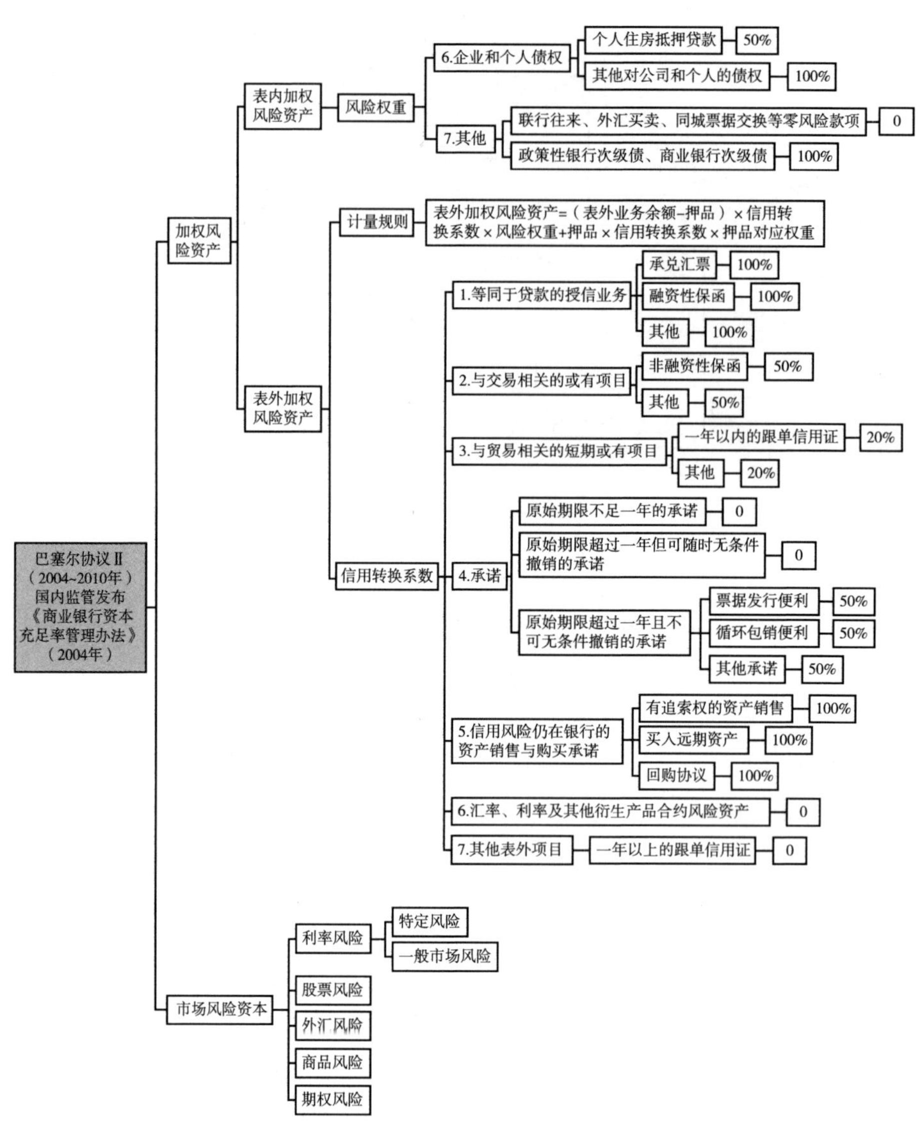

图 1-3　巴塞尔协议Ⅱ思维导图

资料来源：笔者根据巴塞尔委员会公布巴塞尔协议Ⅱ文本整理得到。

在内部资本充足评估程序（ICAAP）中建立并完善针对这些风险的管理制度、流程、政策等，并按年进行自我评估，最终确定商业银行的第二支柱资本要求。若监管部门认为ICAAP制度及其实施过程不够审慎，则可在银行自行评估的基础上额外增加第二支柱资本最低要求。

第三支柱强调市场约束，要求银行必须及时提供可靠的信息（含信息披露），由市场来约束银行的经营行为，同时进一步强化对银行内部信息披露的外部监管要求，以市场的约束促进商业银行风险管理和资本管理水平提升。

三、局限性与不足

1. 资本质量参差不齐。为提高资本充足率，大型银行在监管资本领域开展了很多金融创新，而巴塞尔协议Ⅱ却允许将这些创新资本工具计入监管资本。2008 年金融危机表明，这些所谓的创新资本工具根本起不到资本该有的作用。

2. 资本具有较强的顺周期性。若发生经济衰退，则会在很大程度上降低银行资本水平，进而削弱银行提供信贷的能力，货币部门难以通过银行信贷管道为实体经济注入足量的流动性，货币政策无法实现逆经济周期调控的功能，从而加剧经济衰退，最终形成恶性循环。反之亦然，当经济出现过热时，银行利润增速加快，资本筹集能力趋强，银行提供信贷能力也随之增强，信贷规模扩张加速，从而进一步加剧经济过热，最终也会形成恶性循环。

3. 标准法的风险敏感性不高。在信用风险方面，除了风险暴露划分比较粗略之外，风险权重未与任何风险因子挂钩，风险敏感性较差。在市场风险方面，无论是计量框架，还是参数设置，均低估了市场风险带来的损失，特别是针对衍生产品计提的资本，远低于金融危机发生后银行实际发生的损失。在操作风险方面，无论是基本指标法，还是标准法，均未引入操作风险损失参数，风险敏感性非常低。

4. 高级方法不够审慎。在信用风险方面，内部评级法适用面不断扩大，像商业银行、大型公司等违约样本非常少，在此基础上构建的内部评级体系显然不够审慎。在市场风险方面，基于向量自回归模型（VaR 模型）计算的资本，只考虑相应置信度下最低损失，而未考虑小概率事件发生时的巨额损失。在操作风险方面，受损失样本约束，利用高级法计算的资本缺乏实证研究支撑。

第三节　巴塞尔协议Ⅲ：金融危机后的全面改革

一、出台背景

在2008年金融危机前，发达国家金融市场已发生深刻变化，市场规模迅速扩张，并大量涉足直接融资市场，规模不断增大，业务结构日趋复杂，杠杆率不断提高。

资产负债期限错配越来越严重，银行对短期银行间市场批发性负债的依赖性越来越强。银行从吸收存款转移到大量使用其他融资来源，如货币市场基金、短期商业票据、买断回购等。

净息差对营业收入的重要性下降，银行交易资产逐步取代贷款，成为银行最重要的资产类型。美国、欧盟和英国的大型银行交易型资产占总资产的比重均有了大幅提升。

随着金融工具的不断创新，证券化业务的快速发展，银行业务越来越向非银行金融领域（影子银行）聚集，银行与非银行金融机构之间融资端及资产端的联系更加紧密，而资产证券化业务又在割裂了借款方与最终出资方关系的同时，降低了银行监控和调查借款者风险状况的动力，监管部门对银行的监管难度越来越大。从市场约束角度来看，一方面，由于银行信息披露不够透明和规范，又进一步限制了外界评估银行风险暴露和潜在溢出效应的能力；另一方面，随着跨境业务不断深化，各国金融市场之间的联系更加紧密，一国的金融冲击也更容易传达至其他国家。

上述各类因素相互叠加，致使银行系统日益脆弱，最终导致金融危机爆发。金融危机揭露了全球金融系统中严重的结构性问题，需要一场彻底的改革来加强全球金融系统的稳定性，同时避免发生新一轮系统性金融危机。

2009 年，二十国集团（G20）在加强金融系统一系列改革措施上达成统一意见，2010 年，巴塞尔委员会提出了更为详尽的银行体系资本监管以及流动性和银行账簿利率风险监管规则（以下简称《2010 年版巴塞尔协议Ⅲ》），重新定义监管资本，提高了资本监管要求，并获二十国集团通过。2011 年，巴塞尔委员会对其进行了修订，并于 2013 年开始实施（如图 1－4 所示）。

二、巴塞尔协议Ⅲ主要变化

（一）《2010 年版巴塞尔协议Ⅲ》的主要内容

1. 重新定义监管资本。提升了资本质量，核心一级资本主要由所有者权益组成；提高了资本管理要求，核心一级资本充足率、一级资本充足率、资本充足率不得低于 4.5%（我国 5%）、6% 和 8%。

2. 在最低资本要求的基础上，增加储备资本要求、逆周期资本要求、系统重要性银行附加资本要求。其中储备资本要求为 2.5%（若不能满足 2.5% 的要求，则须限制股东分红和高管薪酬）；各国政府根据本国经济周期在 0～2.5% 合理确定逆周期资本要求；全球系统重要性银行附加资本要求为 0～3.5%，并要求各国监管部门建立国内系统重要性银行附加资本要求。

3. 信用风险标准法下，提高了商业银行风险权重，3 个月以下（含）的风险权重为 20%，3 个月以上的为 25%；降低了普惠小微企业贷款和个人债权风险权重，从 100% 下降至 75%。市场风险内部模型法下，增加了压力情景下资本要求。

4. 改革了交易对手信用风险（SACCR）和信用估值调整（CVA）计量方法。

5. 增加了杠杆率监管要求，即不得低于一级资本净额的 3%（我国为 4%），以降低风险加权资产计量模型风险。

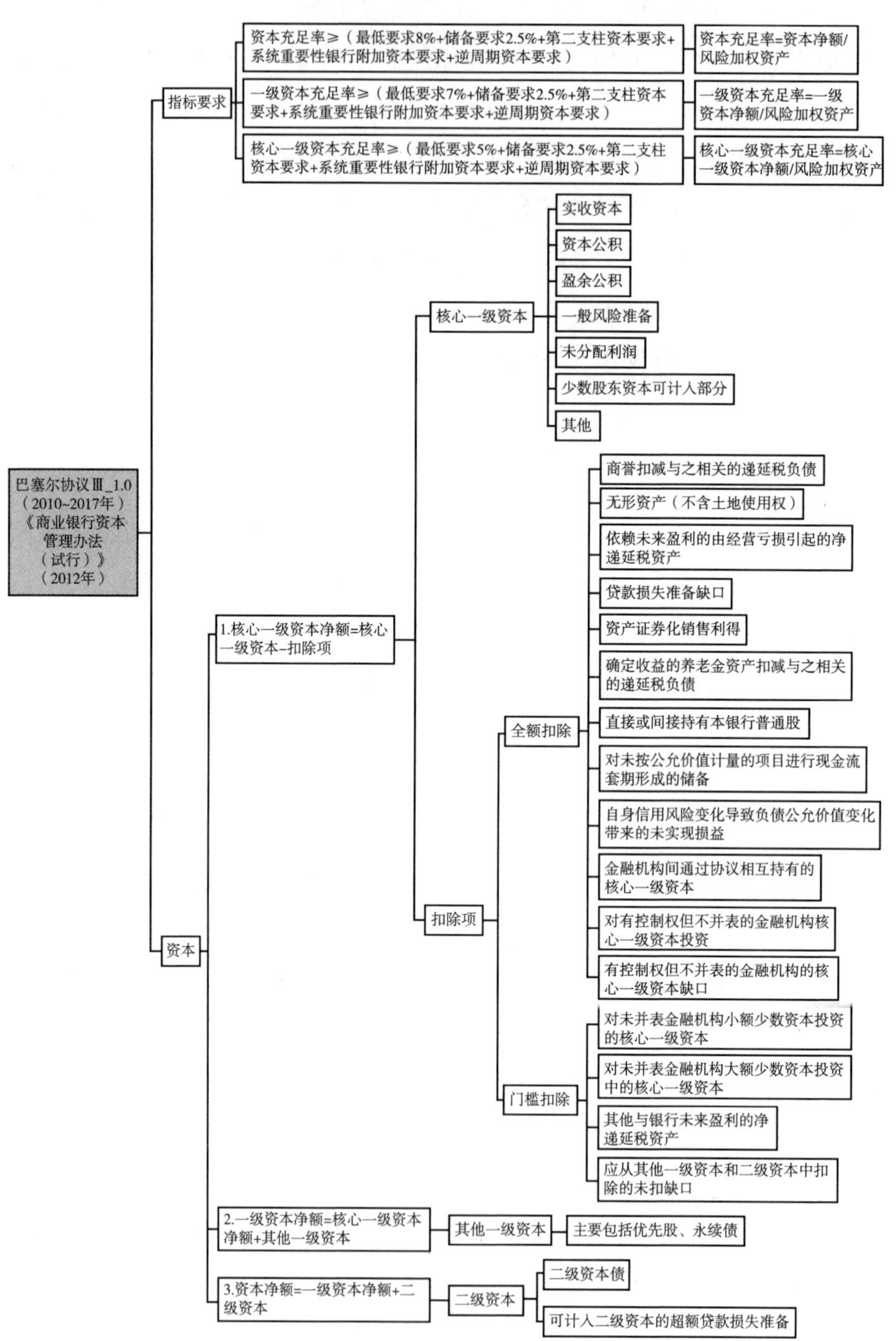
巴塞尔协议Ⅲ_1.0
（2010~2017年）
《商业银行资本
管理办法
（试行）》
（2012年）
指标要求
资本充足率≥（最低要求8%+储备要求2.5%+第二支柱资本要求+
系统重要性银行附加资本要求+逆周期资本要求）
资本充足率=资本净额/
风险加权资产
一级资本充足率≥（最低要求7%+储备要求2.5%+第二支柱资本
要求+系统重要性银行附加资本要求+逆周期资本要求）
一级资本充足率=一级
资本净额/风险加权资产
核心一级资本充足率≥（最低要求5%+储备要求2.5%+第二支柱
资本要求+系统重要性银行附加资本要求+逆周期资本要求）
核心一级资本充足率=核心
一级资本净额/风险加权资产
资本
1.核心一级资本净额=核心
一级资本–扣除项
核心一级资本
实收资本
资本公积
盈余公积
一般风险准备
未分配利润
少数股东资本可计入部分
其他
扣除项
全额扣除
商誉扣减与之相关的递延税负债
无形资产（不含土地使用权）
依赖未来盈利的由经营亏损引起的净
递延税资产
贷款损失准备缺口
资产证券化销售利得
确定收益的养老金资产扣减与之相关
的递延税负债
直接或间接持有本银行普通股
对未按公允价值计量的项目进行现金流
套期形成的储备
自身信用风险变化导致负债公允价值变化
带来的未实现损益
金融机构间通过协议相互持有的
核心一级资本
对有控制权但不并表的金融机构核
心一级资本投资
有控制权但不并表的金融机构的核
心一级资本缺口
门槛扣除
对未并表金融机构小额少数资本投资
的核心一级资本
对未并表金融机构大额少数资本投资
中的核心一级资本
其他与银行未来盈利的净
递延税资产
应从其他一级资本和二级资本中扣
除的未扣缺口
2.一级资本净额=核心一级资本
净额+其他一级资本
其他一级资本
主要包括优先股、永续债
3.资本净额=一级资本净额+二
级资本
二级资本
二级资本债
可计入二级资本的超额贷款损失准备

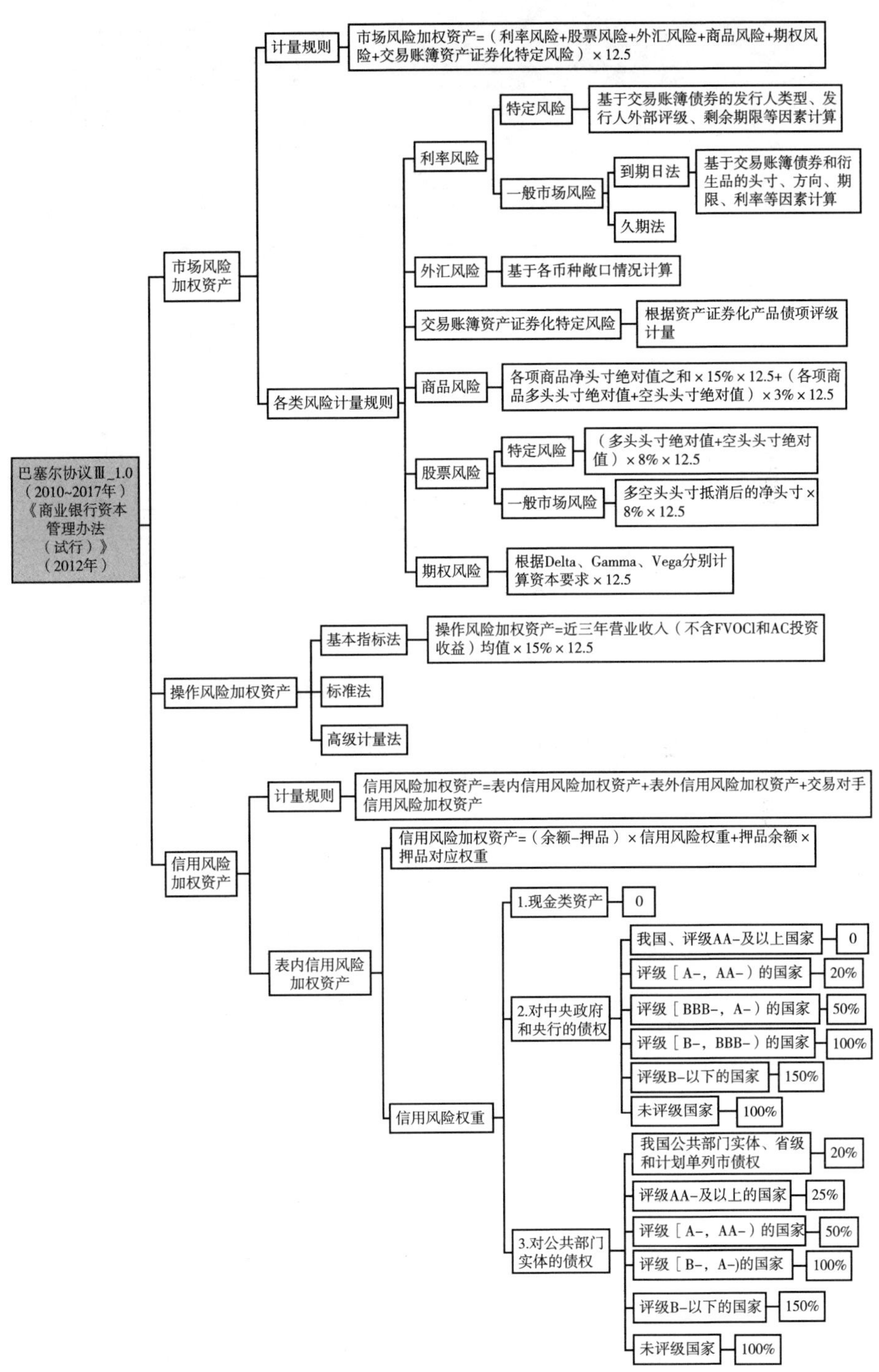

巴塞尔协议Ⅲ_1.0
（2010~2017年）
《商业银行资本管理办法（试行）》
（2012年）
市场风险加权资产
计量规则
市场风险加权资产=（利率风险+股票风险+外汇风险+商品风险+期权风险+交易账簿资产证券化特定风险）×12.5
各类风险计量规则
利率风险
特定风险
基于交易账簿债券的发行人类型、发行人外部评级、剩余期限等因素计算
一般市场风险
到期日法
基于交易账簿债券和衍生品的头寸、方向、期限、利率等因素计算
久期法
外汇风险
基于各币种敞口情况计算
交易账簿资产证券化特定风险
根据资产证券化产品债项评级计量
商品风险
各项商品净头寸绝对值之和×15%×12.5+（各项商品多头头寸绝对值+空头头寸绝对值）×3%×12.5
股票风险
特定风险
（多头头寸绝对值+空头头寸绝对值）×8%×12.5
一般市场风险
多空头头寸抵消后的净头寸×8%×12.5
期权风险
根据Delta、Gamma、Vega分别计算资本要求×12.5
操作风险加权资产
基本指标法
操作风险加权资产=近三年营业收入（不含FVOCI和AC投资收益）均值×15%×12.5
标准法
高级计量法
信用风险加权资产
计量规则
信用风险加权资产=表内信用风险加权资产+表外信用风险加权资产+交易对手信用风险加权资产
表内信用风险加权资产
信用风险加权资产=（余额−押品）×信用风险权重+押品余额×押品对应权重
信用风险权重
1.现金类资产
0
2.对中央政府和央行的债权
我国、评级AA−及以上国家
0
评级［A−，AA−）的国家
20%
评级［BBB−，A−）的国家
50%
评级［B−，BBB−）的国家
100%
评级B−以下的国家
150%
未评级国家
100%
3.对公共部门实体的债权
我国公共部门实体、省级和计划单列市债权
20%
评级AA−及以上的国家
25%
评级［A−，AA−）的国家
50%
评级［B−，A−)的国家
100%
评级B−以下的国家
150%
未评级国家
100%

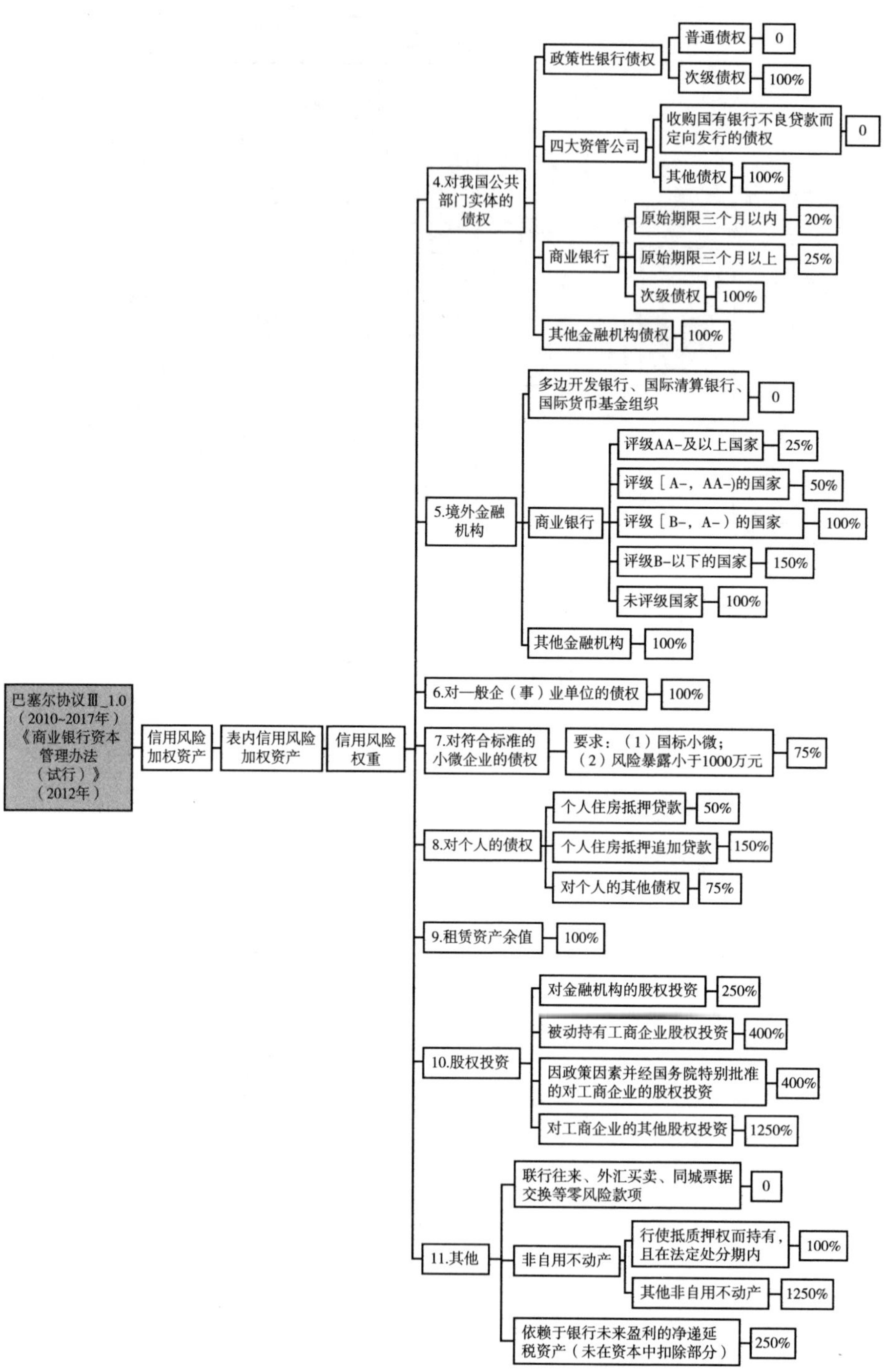
巴塞尔协议Ⅲ_1.0（2010~2017年）《商业银行资本管理办法（试行）》（2012年）
信用风险加权资产
表内信用风险加权资产
信用风险权重
4.对我国公共部门实体的债权
政策性银行债权
普通债权
0
次级债权
100%
四大资管公司
收购国有银行不良贷款而定向发行的债权
0
其他债权
100%
商业银行
原始期限三个月以内
20%
原始期限三个月以上
25%
次级债权
100%
其他金融机构债权
100%
5.境外金融机构
多边开发银行、国际清算银行、国际货币基金组织
0
商业银行
评级AA-及以上国家
25%
评级［A-，AA-)的国家
50%
评级［B-，A-）的国家
100%
评级B-以下的国家
150%
未评级国家
100%
其他金融机构
100%
6.对一般企（事）业单位的债权
100%
7.对符合标准的小微企业的债权
要求：（1）国标小微；（2）风险暴露小于1000万元
75%
8.对个人的债权
个人住房抵押贷款
50%
个人住房抵押追加贷款
150%
对个人的其他债权
75%
9.租赁资产余值
100%
10.股权投资
对金融机构的股权投资
250%
被动持有工商企业股权投资
400%
因政策因素并经国务院特别批准的对工商企业的股权投资
400%
对工商企业的其他股权投资
1250%
11.其他
联行往来、外汇买卖、同城票据交换等零风险款项
0
非自用不动产
行使抵质押权而持有，且在法定处分期内
100%
其他非自用不动产
1250%
依赖于银行未来盈利的净递延税资产（未在资本中扣除部分）
250%

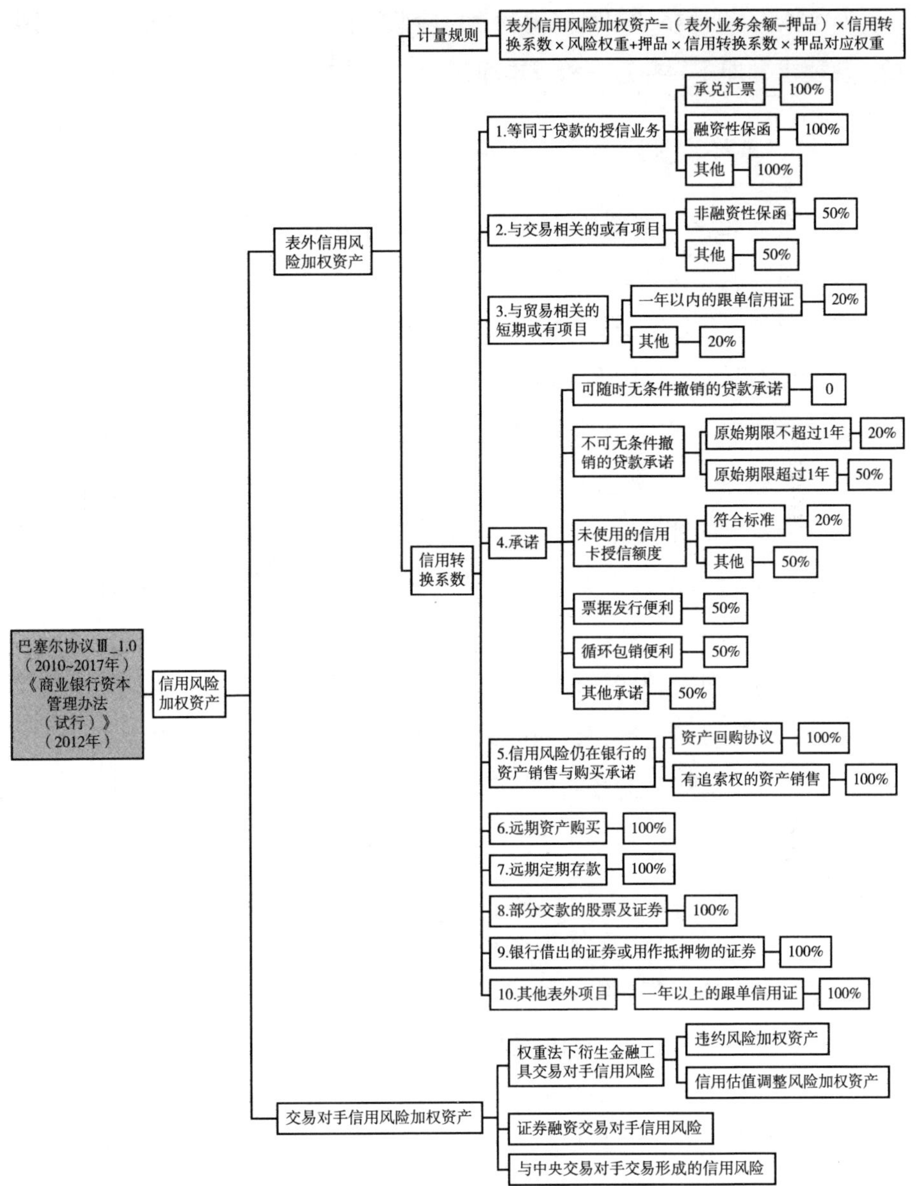

图 1－4　《2010 年版巴塞尔协议Ⅲ》思维导图

资料来源：笔者根据巴塞尔委员会公布巴塞尔协议Ⅲ文本整理得到。

6. 制定了更严格的流动性监管标准，提出流动性覆盖率（LCR）和净稳定资金比例（NSFR）监管要求，两个指标均不得低于100%。

7. 制定了更严格的银行账簿利率风险监管标准，提出经济价值变动损失最大值要求，即不得超过一级资本净额的15%。

（二）《最终方案》的主要内容

2017年，巴塞尔委员会对外公布了《最终方案》（如图1－5所示），全面改革了风险加权资产计量方法，并于2022年1月1日开始实施。受全球新冠疫情影响，推迟至2023年1月1日开始实施。

1. 信用风险。信用风险标准法改革目标是增强风险敏感性，提升标准法与内部评级法的逻辑一致性，同时兼顾简单化和可比性。修订内容主要包括：

一是借鉴内部评级法，细化了风险暴露分类，防止监管套利。鉴于房地产对稳定银行体系的重要性，将“房地产风险暴露”单独列为一大类资产。

二是降低对外部评级的依赖。银行使用外部评级时，要加强对债务人的尽职调查；对不使用外部评级的国家，规定了更加详细的计量方法。

三是增加了各类风险暴露的权重档次，以提高风险敏感性。如公司风险暴露，增加了投资级公司和中小企业债权两档风险权重，分别为65%（我国为75%）和85%。

内部评级法的修订内容主要有：

一是限制高级内部评级法的使用范围。

二是提高非零售内部评级的风险参数底线。

三是调整初级内部评级法的相关监管参数。

根据巴塞尔委员会统计信息，2008年金融危机中，因交易对手违约造成的损失仅占1/3，其余2/3交易对手信用风险均由信用估值调整（CVA）所致，[①] 这使得CVA成为危机后银行业监管改革的重要议题。CVA的修订内容主要有：

① 资料来源：国际清算银行官网（www. bis. org）。

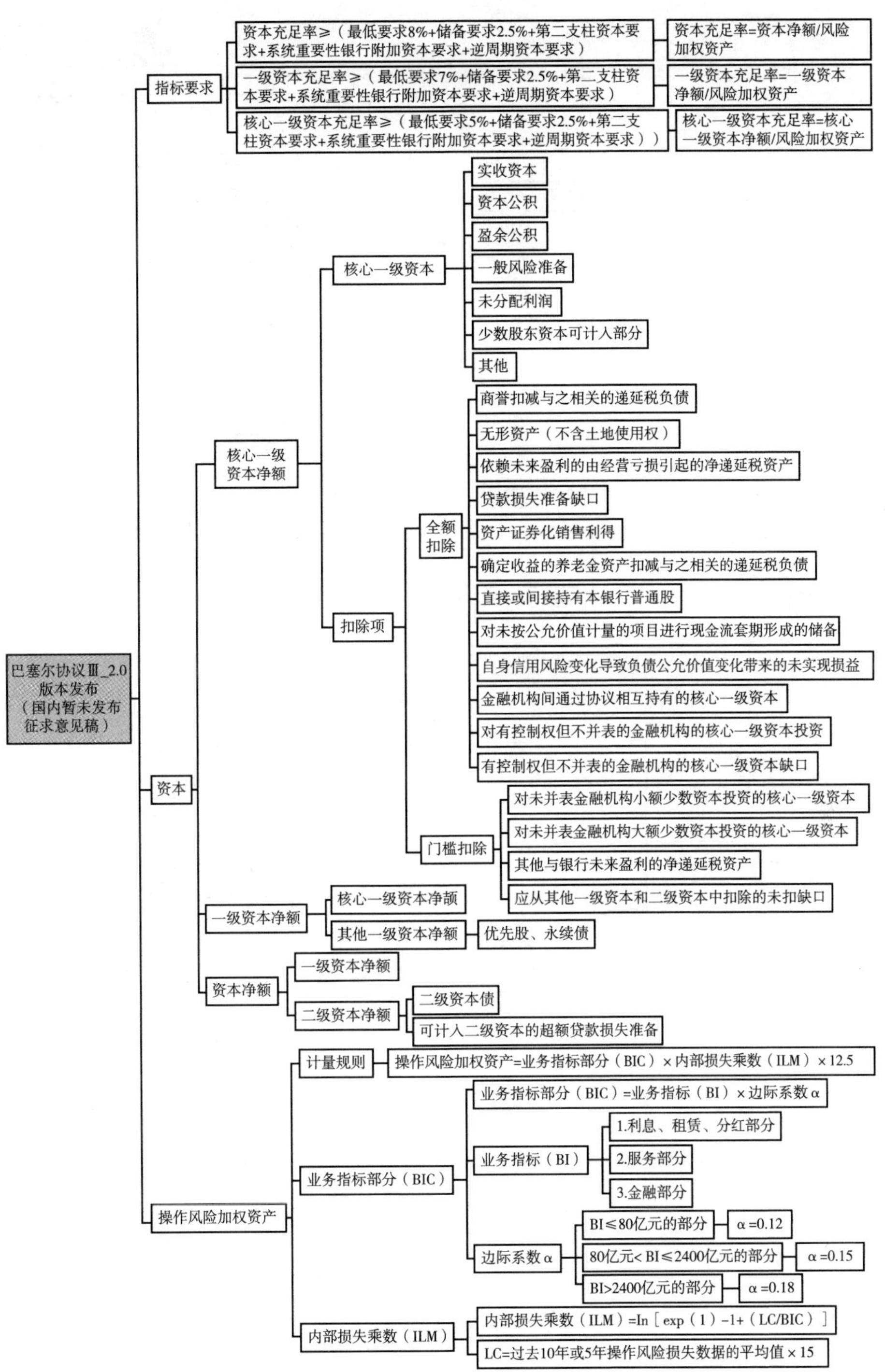
巴塞尔协议Ⅲ_2.0版本发布（国内暂未发布征求意见稿）
指标要求
资本充足率≥（最低要求8%+储备要求2.5%+第二支柱资本要求+系统重要性银行附加资本要求+逆周期资本要求）
资本充足率=资本净额/风险加权资产
一级资本充足率≥（最低要求7%+储备要求2.5%+第二支柱资本要求+系统重要性银行附加资本要求+逆周期资本要求）
一级资本充足率=一级资本净额/风险加权资产
核心一级资本充足率≥（最低要求5%+储备要求2.5%+第二支柱资本要求+系统重要性银行附加资本要求+逆周期资本要求））
核心一级资本充足率=核心一级资本净额/风险加权资产
资本
核心一级资本净额
核心一级资本
实收资本
资本公积
盈余公积
一般风险准备
未分配利润
少数股东资本可计入部分
其他
扣除项
全额扣除
商誉扣减与之相关的递延税负债
无形资产（不含土地使用权）
依赖未来盈利的由经营亏损引起的净递延税资产
贷款损失准备缺口
资产证券化销售利得
确定收益的养老金资产扣减与之相关的递延税负债
直接或间接持有本银行普通股
对未按公允价值计量的项目进行现金流套期形成的储备
自身信用风险变化导致负债公允价值变化带来的未实现损益
金融机构间通过协议相互持有的核心一级资本
对有控制权但不并表的金融机构的核心一级资本投资
有控制权但不并表的金融机构的核心一级资本缺口
门槛扣除
对未并表金融机构小额少数资本投资的核心一级资本
对未并表金融机构大额少数资本投资的核心一级资本
其他与银行未来盈利的净递延税资产
应从其他一级资本和二级资本中扣除的未扣缺口
一级资本净额
核心一级资本净额
其他一级资本净额
优先股、永续债
资本净额
一级资本净额
二级资本净额
二级资本债
可计入二级资本的超额贷款损失准备
操作风险加权资产
计量规则
操作风险加权资产=业务指标部分（BIC）×内部损失乘数（ILM）×12.5
业务指标部分（BIC）
业务指标部分（BIC）=业务指标（BI）×边际系数α
业务指标（BI）
1.利息、租赁、分红部分
2.服务部分
3.金融部分
边际系数α
BI≤80亿元的部分
α=0.12
80亿元< BI≤2400亿元的部分
α=0.15
BI>2400亿元的部分
α=0.18
内部损失乘数（ILM）
内部损失乘数（ILM）=In［exp（1）-1+（LC/BIC）］
LC=过去10年或5年操作风险损失数据的平均值×15

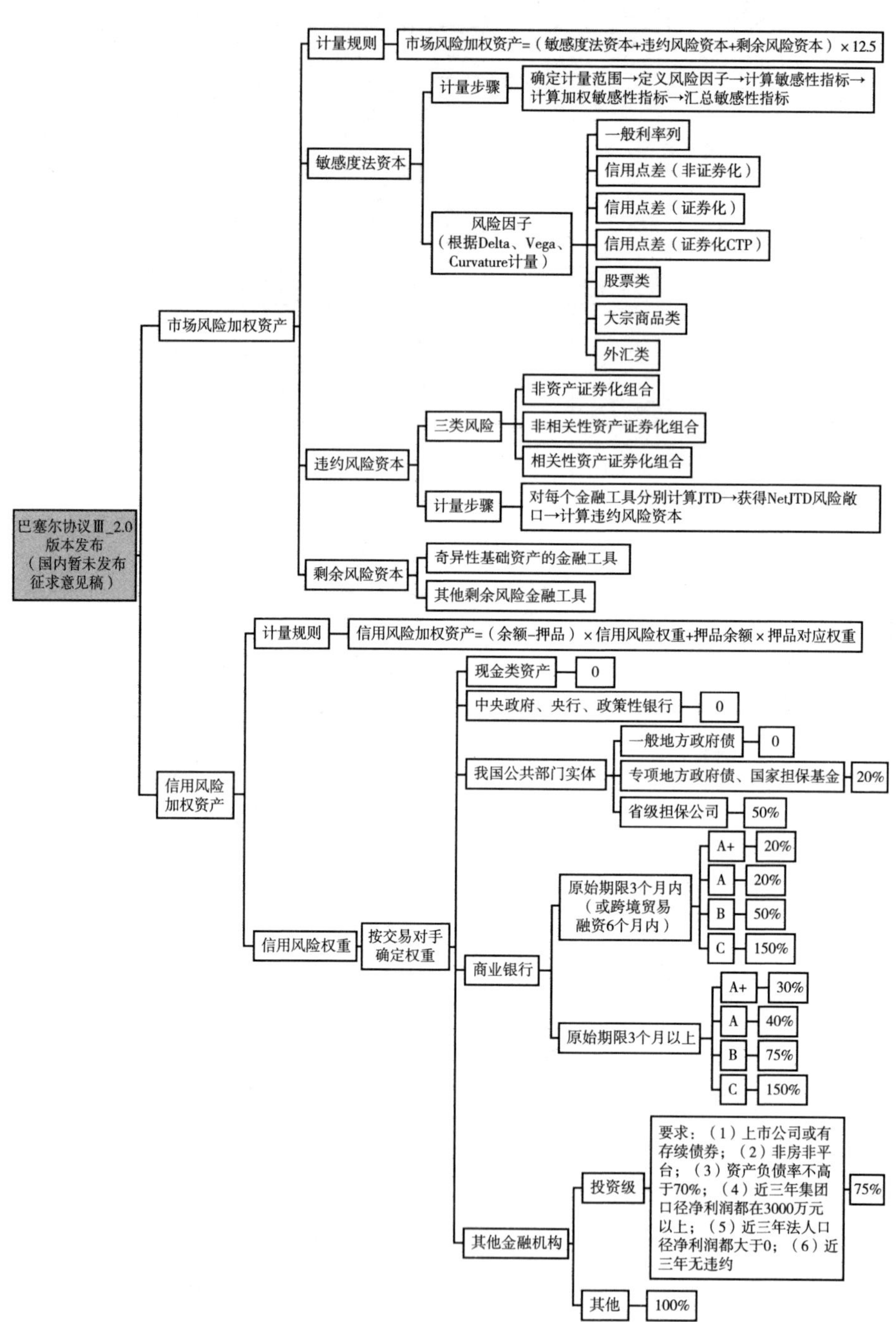
巴塞尔协议Ⅲ_2.0版本发布（国内暂未发布征求意见稿）
市场风险加权资产
计量规则
市场风险加权资产=（敏感度法资本+违约风险资本+剩余风险资本）×12.5
敏感度法资本
计量步骤
确定计量范围→定义风险因子→计算敏感性指标→计算加权敏感性指标→汇总敏感性指标
风险因子（根据Delta、Vega、Curvature计量）
一般利率列
信用点差（非证券化）
信用点差（证券化）
信用点差（证券化CTP）
股票类
大宗商品类
外汇类
违约风险资本
三类风险
非资产证券化组合
非相关性资产证券化组合
相关性资产证券化组合
计量步骤
对每个金融工具分别计算JTD→获得NetJTD风险敞口→计算违约风险资本
剩余风险资本
奇异性基础资产的金融工具
其他剩余风险金融工具
信用风险加权资产
计量规则
信用风险加权资产=（余额-押品）×信用风险权重+押品余额×押品对应权重
信用风险权重
按交易对手确定权重
现金类资产
0
中央政府、央行、政策性银行
0
我国公共部门实体
一般地方政府债
0
专项地方政府债、国家担保基金
20%
省级担保公司
50%
商业银行
原始期限3个月内（或跨境贸易融资6个月内）
A+
20%
A
20%
B
50%
C
150%
原始期限3个月以上
A+
30%
A
40%
B
75%
C
150%
其他金融机构
投资级
要求：（1）上市公司或有存续债券；（2）非房非平台；（3）资产负债率不高于70%；（4）近三年集团口径净利润都在3000万元以上；（5）近三年法人口径净利润都大于0；（6）近三年无违约
75%
其他
100%

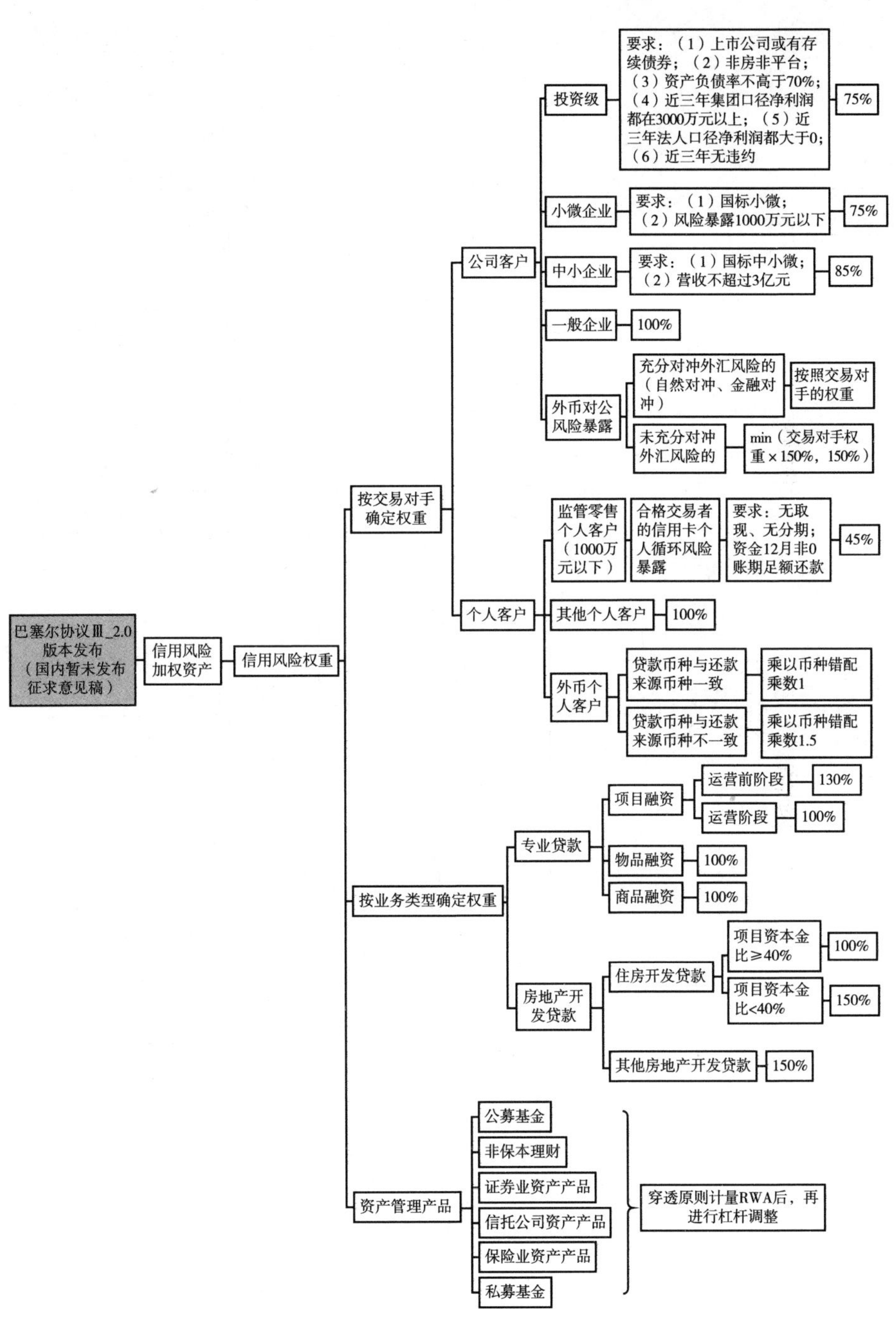

巴塞尔协议Ⅲ_2.0版本发布（国内暂未发布征求意见稿）
信用风险加权资产
信用风险权重
按交易对手确定权重
公司客户
投资级
要求：（1）上市公司或有存续债券；（2）非房非平台；（3）资产负债率不高于70%；（4）近三年集团口径净利润都在3000万元以上；（5）近三年法人口径净利润都大于0；（6）近三年无违约
75%
小微企业
要求：（1）国标小微；（2）风险暴露1000万元以下
75%
中小企业
要求：（1）国标中小微；（2）营收不超过3亿元
85%
一般企业
100%
外币对公风险暴露
充分对冲外汇风险的（自然对冲、金融对冲）
按照交易对手的权重
未充分对冲外汇风险的
min（交易对手权重×150%，150%）
个人客户
监管零售个人客户（1000万元以下）
合格交易者的信用卡个人循环风险暴露
要求：无取现、无分期；资金12月非0账期足额还款
45%
其他个人客户
100%
外币个人客户
贷款币种与还款来源币种一致
乘以币种错配乘数1
贷款币种与还款来源币种不一致
乘以币种错配乘数1.5
按业务类型确定权重
专业贷款
项目融资
运营前阶段
130%
运营阶段
100%
物品融资
100%
商品融资
100%
房地产开发贷款
住房开发贷款
项目资本金比≥40%
100%
项目资本金比<40%
150%
其他房地产开发贷款
150%
资产管理产品
公募基金
非保本理财
证券业资产产品
信托公司资产产品
保险业资产产品
私募基金
穿透原则计量RWA后，再进行杠杆调整

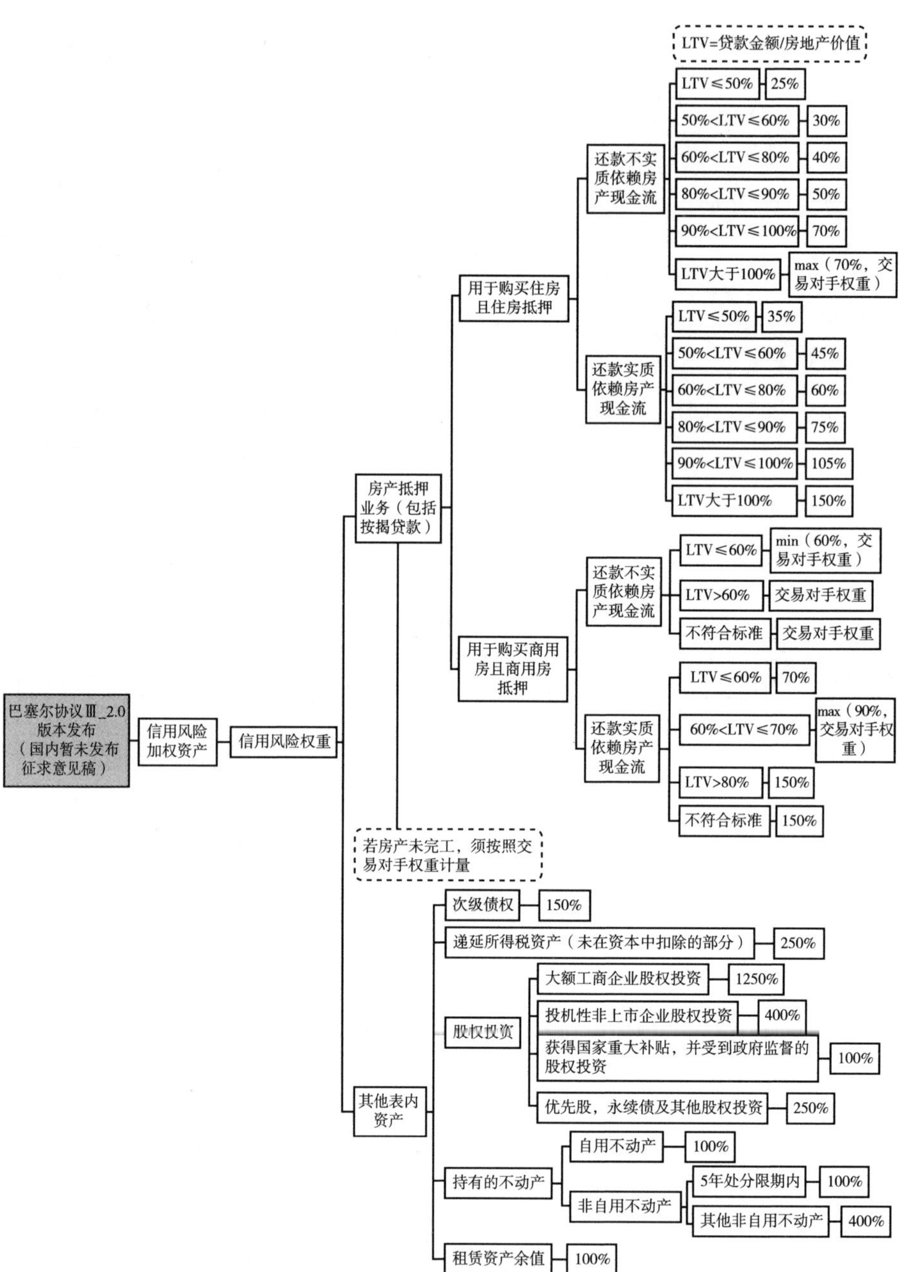

图1-5 巴塞尔协议Ⅲ《最终方案》思维导图

资料来源：笔者根据巴塞尔委员会公布巴塞尔协议Ⅲ最终版文本整理得到。

一是由于计量 CVA 的内部模型法太复杂，为提高简单性和可比性，删除了内部模型法，仅保留基础法和标准法。

二是增加了对证券融资交易 CVA 的计量要求。原先 CVA 只涉及场外衍生产品，但新规则增加了具有交易对手信用风险的证券融资交易 CVA 资本要求。

三是适度调降了基础法下风险权重，一定程度上降低了各行业交易对手的风险权重。

2. 市场风险。2008 年金融危机期间，许多跨境银行交易账簿遭受了巨额损失，远超按监管要求计提的市场风险资本，暴露出银行市场风险监管方面的重大缺陷。从 2009 年开始，巴塞尔委员会经过反复征求意见，于 2016 年发布《市场风险最低资本要求监管标准》，并于 2019 年进行了修订。主要内容有：

一是实施更为严格的账户划分标准，降低内部模型审批层级。细化交易账簿定义，防止银行在交易账簿和银行账簿之间进行监管资本套利；将内部模型的审批层级下沉至交易台，要求银行按交易台计量内部模型法和标准法下的监管资本，并建立前、中台联动的交易台评价和报告机制。

二是提升标准法的风险敏感性，增强标准法和内部模型法的可比性。新规则通过多重相关性下几何加权平均方式计量市场风险资本要求，以各风险因子敏感度为核心指标，分别计量敏感度资本、违约风险资本要求和剩余风险资本附加共 3 大类 10 小类资本要求。同时，新规则从方法论和计量结果两方面整合标准法和内部模型法，以增强两者的可比性，减少银行采取内部模型法进行监管套利的机会。

三是构建基于预期尾部损失的内部模型法计量体系。为解决原内部模型法无法捕捉到的尾部风险等问题，新内部模型法使用了预期尾部损失（ES）来替代风险价值（VaR）和压力风险价值（SVaR）（对《2010 年版巴塞尔协议Ⅲ》进行了修订），并通过比例系数对压力时期风险因子的预期尾部损失（ES）进行调整。新规则提出了按照风险因子的流动性期限计量监管资本，并设置了五档流动性期限，取代 10 天持有期的规定。

3. 操作风险。2008 年金融危机暴露了现行操作风险计量框架的两大缺陷：一是操作风险的资本要求不足以弥补一些银行的操作风险损失；二是行为不当、系统和控制不足等损失类型难以通过内部模型来估算操作风险资本要求。经历 2014 年和 2016 年两轮征求意见后，巴塞尔委员会从以下几方面加以变革：

一是取消多样化的操作风险计量方法，以提升资本水平的可比性。用于计量操作风险最低资本要求的新标准法①将替代巴塞尔协议Ⅱ中的三种计量方法。

二是创建业务指标（BI），作为操作风险计量的基础。业务指标（BI）由利息、租金及分红部分（ILDC），服务部分（SC），以及金融部分（FC）三者构成，旨在体现银行整体业务规模所蕴含的操作风险大小。最后在 BI 基础上采取分段方法计算业务指标参数（BIC）。

三是引入内部损失乘数（ILM），提高风险计量的敏感性。最终的操作风险资本要求等于 BIC 与 ILM 的乘积。ILM 取决于单个银行的操作风险历史损失（LC）与 BIC 之比，LC 为银行过去 10 年（至少 5 年）年均操作风险损失的 15 倍，当 LC/BIC 比值上升时，ILM 将呈现非线性上升。

4. 风险加权资产底线过渡期安排。为降低监管套利空间，减少内部模型法（包含信用风险的内部评级法和市场风险的内部模型法）与标准法的差异，确保内部模型法下 RWA 计量结果的审慎性与可比性，巴塞尔委员会明确了以内部模型法计算的 RWA 不得低于标准法计算 RWA 的 72.5%，但允许银行有 5 年过渡期，具体如表 1－1 所示。

表 1－1　　风险加权资产底线过渡期安排

日期	底线要求（%）
2023－1－1	50
2024－1－1	55
2025－1－1	60
2026－1－1	65
2027－1－1	70
2028－1－1	72.5

① 书中提到的新标准法即中国版巴塞尔协议Ⅲ。

第四节　巴塞尔协议Ⅲ前中国版监管协定实施情况

一、巴塞尔协议中国1.0版

2004年3月，中国银监会在巴塞尔协议Ⅰ的基础上并参考巴塞尔协议Ⅱ部分条款，制定了《商业银行资本充足率管理办法》（以下简称2004年版资本办法）。根据该办法，中国所有商业银行均采用标准法计量风险加权资产（如图1-6所示）。

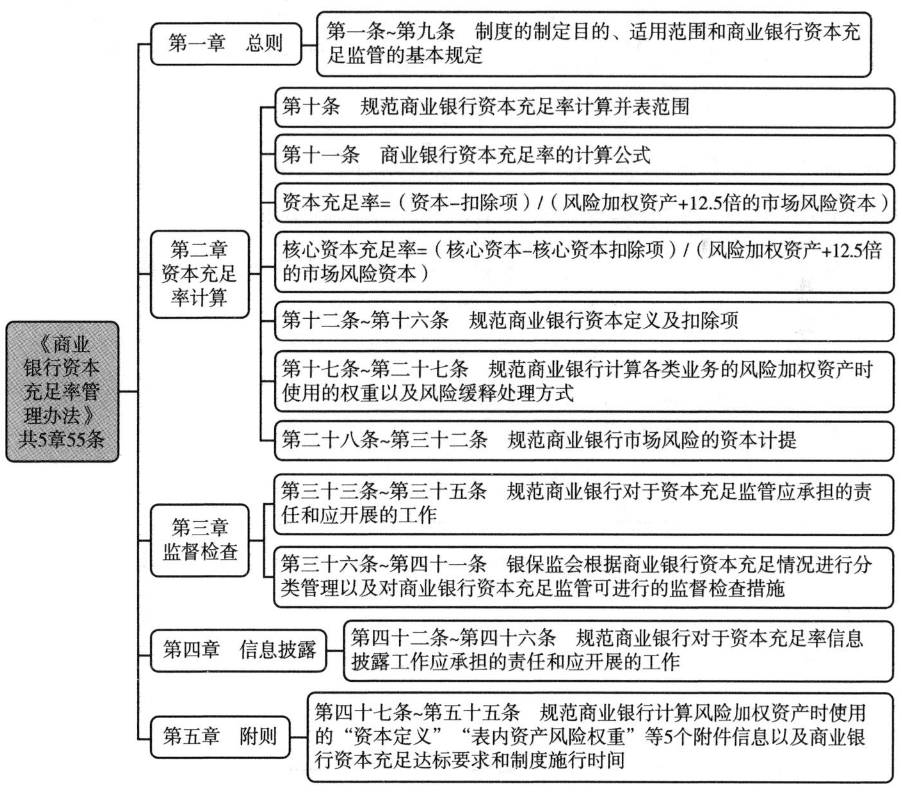

图1-6　中国2004年版《商业银行资本充足率管理办法》内容纲要

资料来源：《商业银行资本充足率管理办法》。

（一）历史沿革及主要内容

巴塞尔协议Ⅰ实施后，我国监管机构一直致力于参考、借鉴并结合中国国情制定监管规则。中国人民银行于1994年发布了《商业银行资产负债比例管理考核暂行办法》，在资本监管体制上迈出了重要一步。在国家法律建设层面，1995年国家颁布了《中华人民共和国中国人民银行法》《中华人民共和国商业银行法》《中华人民共和国保险法》，为加强金融及银行业监管奠定了法律基础。2003年中国启动银行监管体制改革，将过去由中国人民银行行使监管职能调整为由新成立的中国银行业监督管理委员会（以下简称银监会）负责对全国银行业金融机构实施监管工作，并经全国人民代表大会常务委员会审议通过，同时修订了《中华人民共和国中国人民银行法》和《中华人民共和国商业银行法》，颁布了《中华人民共和国银行业监督管理法》。银监会成立后于2004年发布了《商业银行资本充足率管理办法》（以下简称2004年版资本办法），2004年版资本办法大部分继承了巴塞尔协议Ⅰ的主要内容和部分巴塞尔协议Ⅱ的内容，2004年版资本办法全文共5章55条，除了大部分章节对资本充足率计算进行明确外，还着力对监管检查和信息披露相关政策进行了明确。

（二）关键要点

1. 明确了两项资本充足率计算公式，即：

$$资本充足率 = (资本 - 扣除项) \div (风险加权资产 + 12.5倍的市场风险资本)$$

$$核心资本充足率 = (核心资本 - 核心资本扣除项) \div (风险加权资产 + 12.5倍的市场风险资本)$$

2. 明确了资本计量范围。商业银行资本包括核心资本和附属资本。

核心资本包括实收资本或普通股、资本公积、盈余公积、未分配利润和少数股权。

附属资本包括重估储备、一般准备、优先股、可转换债券和长期次级债务。

3. 确立了风险计量方法。2004 年版资本办法对信用风险和市场风险的计量方法予以明确，而操作风险暂未纳入计量范围（如表 1 –2 所示）。

表 1 –2　　　　　中国 2004 年版资本办法三大风险计量方法

信用风险	市场风险	操作风险
权重法	标准法	暂未纳入计量范围
	经审查批准可以用内部模型法	

资料来源：《商业银行资本充足率管理办法》。

4. 提出最低资本要求。2004 年版资本办法提出最低资本要求，即商业银行资本充足率不得低于 8%，核心资本充足率不得低于 4%，附属资本不得超过核心资本的 100%。

5. 加权风险资产权重表。2004 年版资本办法对表内外资产风险权重及转换系数进行了明确，具体如表 1 –3、表 1 –4 所示。

表 1 –3　　　　　中国 2004 年版资本办法表内资产风险权重

项目	权重（%）
a. 现金类资产	
aa. 库存现金	0
ab. 黄金	0
ac. 存放人民银行款项	0
b. 对中央政府和中央银行的债权	
ba. 对我国中央政府的债权	0
bb. 对中国人民银行的债权	0
bc. 对评级为 AA – 及以上国家或地区政府和中央银行的债权	0
bd. 对评级为 AA – 以下国家或地区政府和中央银行的债权	100
c. 对公用企业的债权（不包括下属的商业性公司）	
ca. 对评级为 AA – 及以上国家或地区政府投资的公用企业的债权	50
cb. 对评级为 AA – 以下国家或地区政府投资的公用企业的债权	100
cc. 对我国中央政府投资的公用企业的债权	50

续表

项目	权重（%）
cd. 对其他公用企业的债权	100
d. 对我国金融机构的债权	
da. 对我国政策性银行的债权	0
db. 对我国中央政府投资的金融资产管理公司的债权	
dba. 金融资产管理公司为收购国有银行不良贷款而定向发行的债券	0
dbb. 对金融资产管理公司的其他债权	100
dc. 对我国商业银行的债权	
dca. 原始期限四个月以内（含四个月）	0
dcb. 原始期限四个月以上	20
e. 对在其他国家或地区注册金融机构的债权	
ea. 对在评级为 AA - 及以上国家或地区注册的商业银行或证券公司的债权	20
eb. 对在评级为 AA - 以下国家或地区注册的商业银行或证券公司的债权	100
ec. 对多边开发银行的债权	0
ed. 对其他金融机构的债权	100
f. 对企业和个人的债权	
fa. 对个人住房抵押贷款	50
fb. 对企业和个人的其他债权	100
g. 其他资产	100

资料来源：《商业银行资本充足率管理办法》。

表 1-4　　中国 2004 年版资本办法表外项目的信用转换系数

项目	信用转换系数（%）
等同于贷款的授信业务	100
与某些交易相关的或有负债	50
与贸易相关的短期或有负债	20
承诺 原始期限不足 1 年的承诺 原始期限超过 1 年但可随时无条件撤销的承诺 其他承诺	 0 0 50
信用风险仍在银行的资产销售与购买协议	100

资料来源：《商业银行资本充足率管理办法》。

二、巴塞尔协议中国2.0版

（一）全面推行《商业银行资本管理办法》

2008年国际金融危机爆发，在吸取金融危机经验教训基础之上，2012年6月，中国银监会发布了《商业银行资本管理办法（试行）》（以下简称管理办法），并于2013年1月1日开始实施。管理办法在稳步推进巴塞尔协议Ⅱ落地实施的同时，也开始部分引入《2010年版巴塞尔协议Ⅲ》的新理念和新指标。

管理办法更加突出审慎监管的原则，全面引入杠杆率、流动性覆盖率和净稳定资金比率等指标，由过去的单一关注银行资产负债表的资产端转向资产负债表所有要素，同时新办法在原有框架内，在参考《2010年版巴塞尔协议Ⅲ》的基础上，还作了以下三方面调整：一是提高了核心一级资本充足率的监管要求，即从4.5%提高至5%。二是提高了杠杆率的监管要求，即从3%提高至4%。三是中国铁路总公司（原铁道部）债权风险权重从100%下降至20%。由此，一个监管标准要求高于巴塞尔协议Ⅱ，同时部分指标和监管要求接轨《2010年版巴塞尔协议Ⅲ》的突出中国特色的新监管协议开始在后金融危机时代落地实施，详细内容如图1-7所示。

（二）主要内容

管理办法主要内容较2004年版资本办法有了较大变化，在原来5章55条的基础上充实到10章180条，主要内容包括资本充足率计算和监管要求、资本定义、信用风险加权资产计量、市场风险加权资产计量、操作风险加权资产计量、商业银行内部充足率评估程序、监管检查、信息披露等。

（三）关键要点

1. 推行巴塞尔协议Ⅱ三大支柱：管理办法全面对接巴塞尔协议Ⅱ的“三

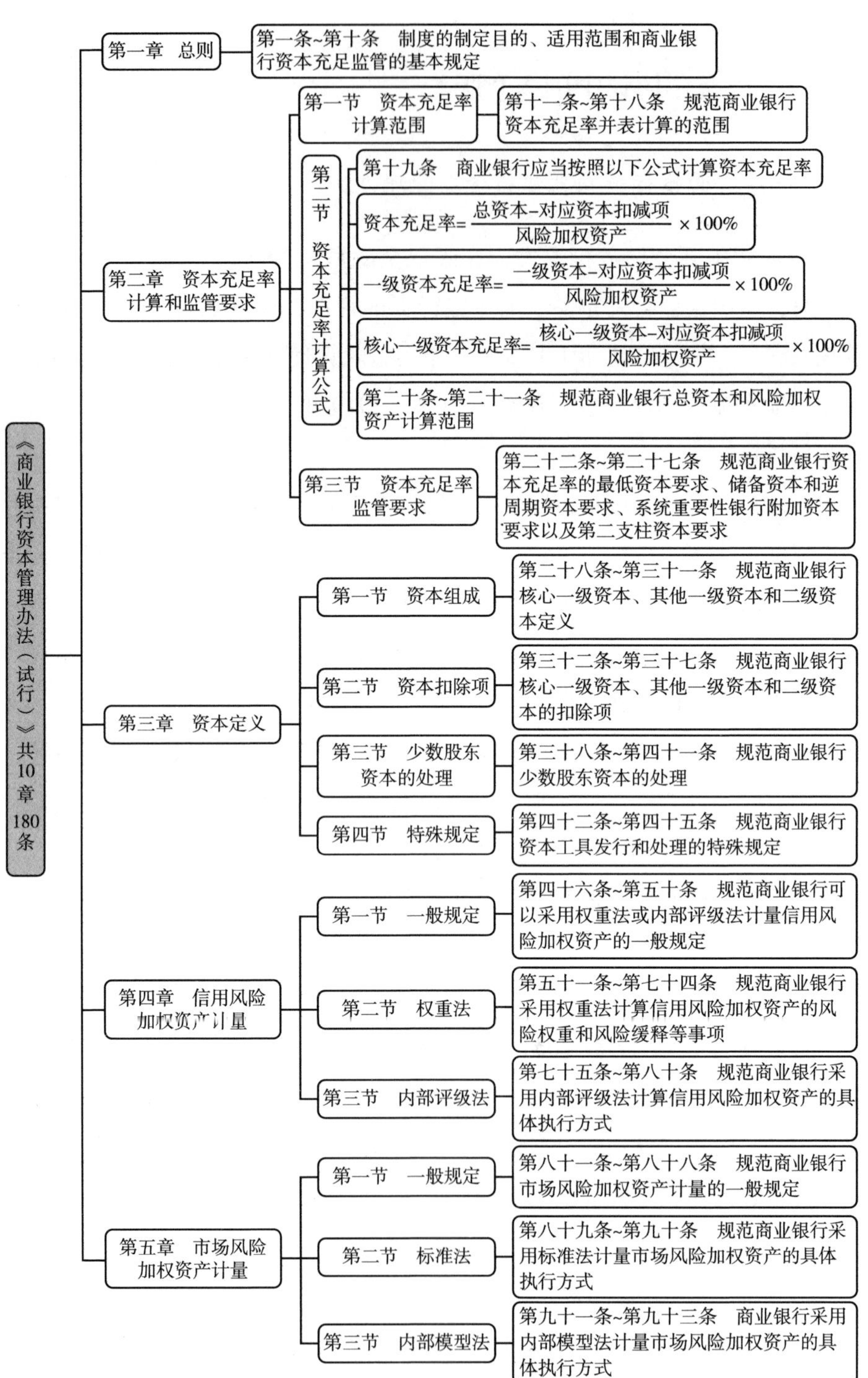
《商业银行资本管理办法（试行）》共10章180条
第一章　总则
第一条~第十条　制度的制定目的、适用范围和商业银行资本充足监管的基本规定
第二章　资本充足率计算和监管要求
第一节　资本充足率计算范围
第十一条~第十八条　规范商业银行资本充足率并表计算的范围
第二节　资本充足率计算公式
第十九条　商业银行应当按照以下公式计算资本充足率
资本充足率=总资本-对应资本扣减项/风险加权资产×100%
一级资本充足率=一级资本-对应资本扣减项/风险加权资产×100%
核心一级资本充足率=核心一级资本-对应资本扣减项/风险加权资产×100%
第二十条~第二十一条　规范商业银行总资本和风险加权资产计算范围
第三节　资本充足率监管要求
第二十二条~第二十七条　规范商业银行资本充足率的最低资本要求、储备资本和逆周期资本要求、系统重要性银行附加资本要求以及第二支柱资本要求
第三章　资本定义
第一节　资本组成
第二十八条~第三十一条　规范商业银行核心一级资本、其他一级资本和二级资本定义
第二节　资本扣除项
第三十二条~第三十七条　规范商业银行核心一级资本、其他一级资本和二级资本的扣除项
第三节　少数股东资本的处理
第三十八条~第四十一条　规范商业银行少数股东资本的处理
第四节　特殊规定
第四十二条~第四十五条　规范商业银行资本工具发行和处理的特殊规定
第四章　信用风险加权资产计量
第一节　一般规定
第四十六条~第五十条　规范商业银行可以采用权重法或内部评级法计量信用风险加权资产的一般规定
第二节　权重法
第五十一条~第七十四条　规范商业银行采用权重法计算信用风险加权资产的风险权重和风险缓释等事项
第三节　内部评级法
第七十五条~第八十条　规范商业银行采用内部评级法计算信用风险加权资产的具体执行方式
第五章　市场风险加权资产计量
第一节　一般规定
第八十一条~第八十八条　规范商业银行市场风险加权资产计量的一般规定
第二节　标准法
第八十九条~第九十条　规范商业银行采用标准法计量市场风险加权资产的具体执行方式
第三节　内部模型法
第九十一条~第九十三条　商业银行采用内部模型法计量市场风险加权资产的具体执行方式

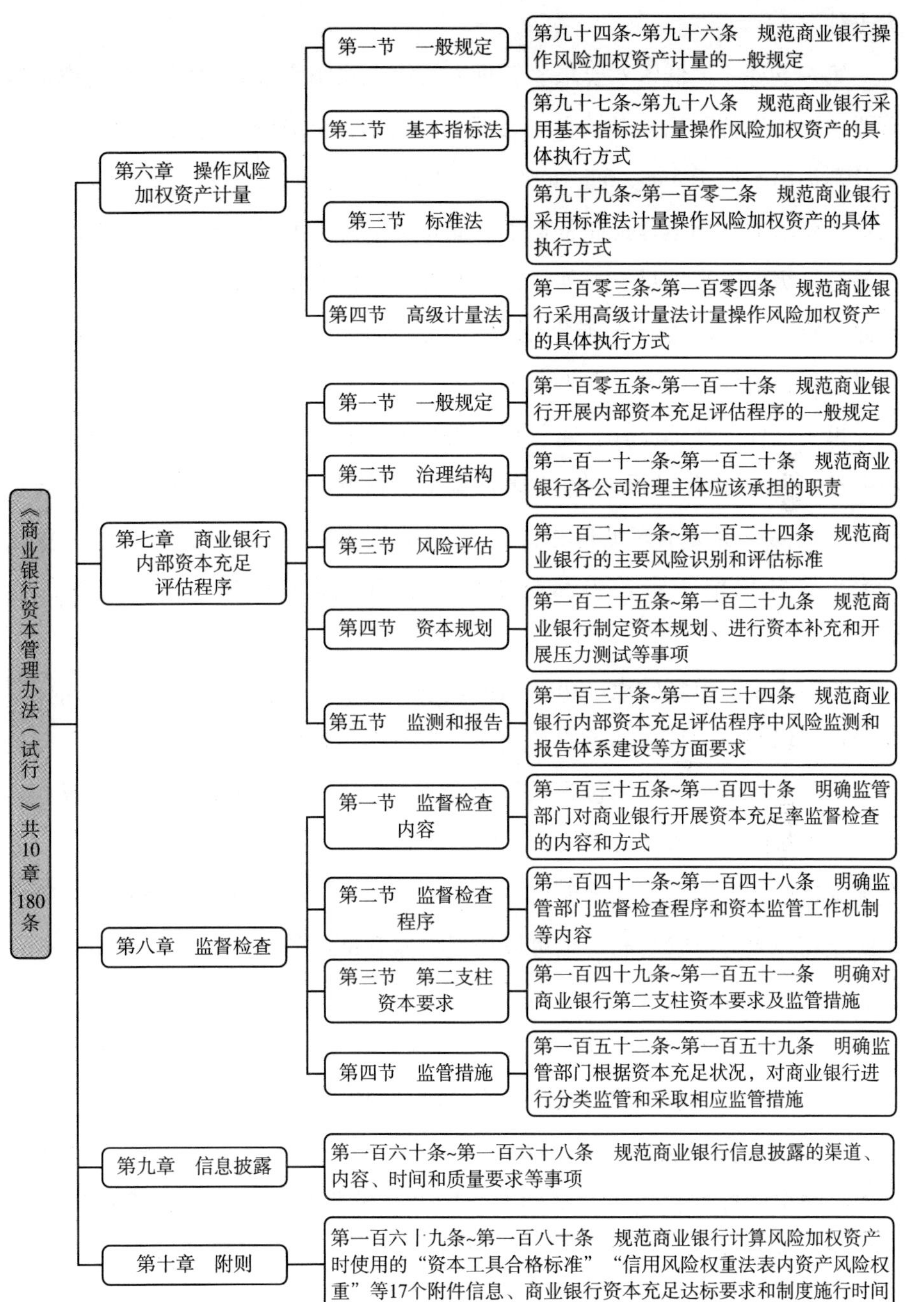

图1－7　中国2012年版《商业银行资本管理办法（试行）》大纲

资料来源：《商业银行资本管理办法（试行）》。

大支柱”。

第一支柱：最低资本要求。管理办法第二章第三节就对资本充足率的监管要求逐一进行明确，对核心一级资本充足率、一级资本充足率和资本充足率分别提出不低于5%、6%和8%的最低要求，同时明确商业银行应当在最低资本要求的基础上计提储备资本。储备资本要求为风险加权资产的2.5%，由核心一级资本来满足。另外，特定情况下，商业银行应当在最低资本要求和储备资本要求之上计提逆周期资本。逆周期资本要求为风险加权资产的0~2.5%，由核心一级资本来满足。

第二支柱：外部监管。监管机构的监管与检查是第一支柱的有效补充，新办法一方面要求银行强化自身资本充足情况评估（ICAAP），并结合自身情况提高自身资本充足目标；另一方面监管机构通过加强监管来避免监管套利，并保留一定监管目标弹性，来确定监管举措，确保监管的有效性。

第三支柱：市场约束。市场约束是第一、第二支柱的重要补充，强化商业银行市场约束的最有效手段是加强信息披露，管理办法要求商业银行在披露资本充足率信息时必须包含风险管理体系、资本充足率计量范围、资本构成、三大风险计量方法等七大方面内容，通过公开渠道，向投资者和社会公众披露这些相关信息，并确保信息披露的集中性、可访问性和公开性，既可以防止商业银行监管套利，也可以加强对监管部门的约束，进而推动商业银行和金融体系稳定发展。

2. 三大风险全覆盖：管理办法中首次将操作风险资产计量方法单独明确，新办法全面涵盖了信用风险、市场风险和操作风险。

3. 对采用高级法计量予以明确：管理办法在继续延用和细化2004年版资本办法单一标准权重法的基础上，提出经过监管部门批准，信用风险计量还可以使用内部评级初级法和内部评级高级法，市场风险计量可以使用内部模型法，操作风险计量可以使用基本指标法和高级计量法（如表1-5所示）。

表1－5　管理办法中三大风险计量方法

信用风险	市场风险	操作风险
权重法	标准法	基本指标法
经核准可用内部评级法	经核准可用内部模型法	经核准可用标准法或高级计量法

资料来源：《商业银行资本充足率管理办法（试行）》。

4. 大幅度充实和细化了表内外加权风险权重表。管理办法在执行信用风险权重法方面也进行了大幅度充实和细化，具体如表1－6和表1－7所示。

表1－6　管理办法表内资产风险权重

项目	权重（%）
1. 现金类资产	
1.1 现金	0
1.2 黄金	0
1.3 存放中国人民银行款项	0
2. 对中央政府和中央银行的债权	
2.1 对我国中央政府的债权	0
2.2 对中国人民银行的债权	0
2.3 对评级AA－（含AA－）以上的国家或地区的中央政府和中央银行的债权	0
2.4 对评级AA－以下，A－（含A－）以上的国家或地区的中央政府和中央银行的债权	20
2.5 对评级A－以下，BBB－（含BBB－）以上的国家或地区的中央政府和中央银行的债权	50
2.6 对评级BBB－以下，B－（含B－）以上的国家或地区的中央政府和中央银行的债权	100
2.7 对评级B－以下的国家或地区的中央政府和中央银行的债权	150
2.8 对未评级的国家或地区的中央政府和中央银行的债权	100
3. 对我国公共部门实体的债权	20
4. 对我国金融机构的债权	
4.1 对我国政策性银行的债权（不包括次级债权）	0
4.2 对我国中央政府投资的金融资产管理公司的债权	

续表

项目	权重（%）
4.2.1 持有我国中央政府投资的金融资产管理公司为收购国有银行不良贷款而定向发行的债券	0
4.2.2 对我国中央政府投资的金融资产管理公司的其他债权	100
4.3 对我国其他商业银行的债权（不包括次级债权）	
4.3.1 原始期限3个月以内	20
4.3.2 原始期限3个月以上	25
4.4 对我国商业银行的次级债权（未扣除部分）	100
4.5 对我国其他金融机构的债权	100
5. 对在其他国家或地区注册的金融机构和公共部门实体的债权	
5.1 对在评级AA-（含AA-）以上国家或地区注册的商业银行和公共部门实体的债权	25
5.2 对在评级AA-以下，A-（含A-）以上国家或地区注册的商业银行和公共部门实体的债权	50
5.3 对在评级A-以下，B-（含B-）以上国家或地区注册的商业银行和公共部门实体的债权	100
5.4 对在评级B-以下国家或地区注册的商业银行和公共部门实体的债权	150
5.5 对在未评级的国家或地区注册的商业银行和公共部门实体的债权	100
5.6 对多边开发银行、国际清算银行及国际货币基金组织的债权	0
5.7 对其他金融机构的债权	100
6. 对一般企业的债权	100
7. 对符合标准的微型和小型企业的债权	75
8. 对个人的债权	
8.1 个人住房抵押贷款	50
8.2 对已抵押房产，在购房人没有全部归还贷款前，商业银行以再评估后的净值为抵押追加贷款的，追加的部分	150
8.3 对个人其他债权	75
9. 租赁资产余值	100
10. 股权	
10.1 对金融机构的股权投资（未扣除部分）	250

续表

项目	权重（%）
10.2 被动持有的对工商企业的股权投资	400
10.3 因政策性因素并经国务院特别批准的对工商企业的股权投资	400
10.4 对工商企业的其他股权投资	1250
11. 非自用不动产	
11.1 因行使抵押权而持有并在法律规定处分期限内的非自用不动产	100
11.2 其他非自用不动产	1250
12. 其他	
12.1 依赖于银行未来盈利的净递延税资产（未扣除部分）	250
12.2 其他表内资产	100

资料来源：《商业银行资本管理办法（试行）》。

表1－7　　管理办法表外项目信用转换系数

项目	信用转换系数（%）
1. 等同于贷款的授信业务	100
2. 贷款承诺	
2.1 原始期限不超过1年的贷款承诺	20
2.2 原始期限1年以上的贷款承诺	50
2.3 可随时无条件撤销的贷款承诺	0
3. 未使用的信用卡授信额度	
3.1 一般未使用额度	50
3.2 符合标准的未使用额度	20
4. 票据发行便利	50
5. 循环认购便利	50
6. 银行借出的证券或用作抵押物的证券	100
7. 与贸易直接相关的短期或有项目	20
8. 与交易直接相关的或有项目	50
9. 信用风险仍在银行的资产销售与购买协议	100
10. 远期资产购买、远期定期存款、部分交款的股票及证券	100
11. 其他表外项目	100

资料来源：《商业银行资本管理办法（试行）》。

三、六家金融机构先行先试资本管理高级方法

2006 年之后，中国银监会根据巴塞尔协议Ⅱ逐步引进三大支柱监管框架，并允许部分大型商业银行先行开展对内部模型法（包括信用风险的内部评级法、市场风险的内部模型法和操作风险的标准法）的探索与研究，为推行和实施资本管理高级方法奠定基础。2014 年第二季度起，中国工商银行、中国农业银行、中国银行、中国建设银行、交通银行和招商银行 6 家银行经中国银监会核准开始实施资本管理高级方法，其余银行仍沿用原方法。至此，在《最终方案》落地实施前，中国银行业按管理办法监管政策执行的是两套资本监管协议，以上六家银行应用高级方法，其他商业银行应用标准权重法。

高级方法对商业银行的公司治理、风险管理体系、IT 系统建设、信息披露等相关工作提出了更高的要求，通过查阅实施高级方法的六家银行资本充足率监管资本信息披露报告，从中可以更加详细地了解高级方法执行情况（如表 1 – 8 所示）。

表 1 – 8　　中国六家应用高级方法银行实施情况

六家银行	2014 年实施初期情况	过渡期安排	截至 2021 年末实施情况
中国工商银行	2014 年 4 月，中国银监会正式批复本行实施资本管理高级方法。符合监管要求的公司信用风险暴露采用初级内部评级法、零售信用风险暴露采用内部评级法、市场风险暴露采用内部模型法、操作风险暴露采用标准法计量	未披露过渡期	符合监管要求的公司信用风险暴露采用初级内部评级法、零售信用风险暴露采用内部评级法、市场风险采用内部模型法、操作风险采用标准法计量
中国农业银行	2014 年 4 月，中国银监会正式批复本行实施资本管理高级方法。信用风险非零售内部评级初级法、零售内部评级法以及操作风险标准法计量，中国农业银行由此成为中国第一批实施资本管理高级方法的银行	2017 年结束并行	采用非零售内部评级初级法、零售内部评级法计量信用风险加权资产，采用权重法计量内部评级法未覆盖的信用风险加权资产，采用内部模型法计量市场风险加权资产，采用标准法计量内部模型法未覆盖的市场风险加权资产，采用标准法计量操作风险加权资产

续表

六家银行	2014 年实施初期情况	过渡期安排	截至 2021 年末实施情况
中国银行	2014 年 4 月，中国银监会正式批复本行实施资本管理高级方法。 公司和中小企业信用风险暴露采用内部评级初级法计量，个人住房抵押贷款、符合条件的合格循环零售和银行卡信用风险暴露、其他零售信用风险暴露采用内部评级法计量。其他类型信用风险暴露及其他并表机构的所有信用风险暴露均采用权重法计量。市场风险暴露采用内部模型法和标准法计量。操作风险暴露采用标准法计量	未披露过渡期	公司和中小企业信用风险暴露采用内部评级初级法计量，个人住房抵押贷款、符合条件的合格循环零售和银行卡信用风险暴露、其他零售信用风险暴露采用内部评级法计量。其他类型信用风险暴露及其他并表机构的所有信用风险暴露均采用权重法计量。市场风险暴露采用内部模型法和标准法计量。操作风险暴露采用标准法计量
中国建设银行	2014 年 4 月，中国银监会正式批复本行实施资本管理高级方法。 符合监管要求的公司信用风险暴露资本要求采用初级内部评级法计量，零售信用风险暴露资本要求采用内部评级法计量，市场风险暴露资本要求采用内部模型法计量，操作风险暴露资本要求采用标准法计量	2020 年扩大计量范围	符合监管要求的金融机构信用风险暴露和公司信用风险暴露资本要求采用初级内部评级法计量，零售信用风险暴露资本要求采用内部评级法计量，市场风险暴露资本要求采用内部模型法计量，操作风险暴露资本要求采用标准法计量
交通银行	2014 年 4 月，中国银监会正式批复本行实施资本管理高级方法。 信用风险暴露采用内部评级法、市场风险暴露采用内部模型法、操作风险暴露采用标准法计量	2018 年结束并行并扩大计量范围	符合监管核准要求的信用风险采用内部评级法、市场风险暴露采用内部模型法、操作风险暴露采用标准法计量，内部评级法未覆盖的信用风险采用权重法计量，内部模型法未覆盖的市场风险暴露采用标准法计量，标准法未覆盖的操作风险暴露采用基本指标法计量
招商银行	2014 年 4 月，中国银监会正式批复本行实施资本管理高级方法。 符合监管要求的公司信用风险暴露采用初级内部评级法、零售信用风险暴露采用高级内部评级法、市场风险暴露采用内部模型法、操作风险暴露采用标准法计量，内部评级法未覆盖的信用风险暴露采用权重法计量，内部模型法未覆盖的市场风险暴露采用标准法计量	未披露过渡期	符合监管要求的公司信用风险暴露采用初级内部评级法、零售信用风险暴露采用高级内部评级法、市场风险暴露采用内部模型法、操作风险暴露采用标准法计量，内部评级法未覆盖的信用风险暴露采用权重法计量，内部模型法未覆盖的市场风险暴露采用标准法计量

资料来源：笔者根据六家银行网站监管资本披露信息汇总整理得到。

（一）风险计量方法及评级体系

1. 信用风险。通过汇总整理，可发现六家银行实施信用风险内部评级法的范围及采用的方法（如表1－9所示）。

表1－9　　中国六家应用高级方法银行信用风险常用实施方法情况

机构范围	风险暴露分类	风险暴露子类	实施方法
总行、境内分行	公司风险暴露	一般公司	内部评级初级法
		中小企业	
		专业贷款	监管映射法
	零售风险暴露	个人住房抵押贷款	内部评级法
		合格循环零售	
		其他零售	
	其他风险暴露		权重法
其他并表机构	所有风险暴露		权重法

资料来源：笔者根据六家银行网站监管资本披露信息汇总整理得到。

2. 市场风险。六家银行大多都采用内部模型法计提市场风险资本，具体实施方法及范围如表1－10所示。

表1－10　　中国六家应用高级方法银行市场风险常用实施方法情况

风险类别	集团层面			
	法人层面		境内子公司	境外子公司
	总行、境内分行	境外分行		
汇率风险	内部模型法	内部模型法	内部模型法	内部模型法
商品风险	内部模型法	内部模型法	标准法	标准法
利率一般风险	内部模型法	内部模型法	内部模型法	内部模型法
股票一般风险	—	—	标准法	标准法
利率特定风险	标准法	标准法	标准法	标准法
股票特定风险	—	—	标准法	标准法

资料来源：笔者根据六家银行网站监管资本披露信息汇总整理得到。

（二）信息披露

根据管理办法有关信息披露的要求，六家经监管机构核准采用高级方法的商业银行每年均需专项披露《资本充足率信息披露报告》。报告内容均涵盖新办法要求商业银行在披露资本充足率信息时必须包含的风险管理体系、资本充足率计量范围、资本构成、三大风险计量方法等七大方面内容，相关内容接受监管机构及投资机构（投资者）的监督。相比其他未执行高级方法的商业银行，在资本充足率信息披露环节更具体、更全面、更透明。

本章就商业银行资本监管协议在特定经济金融环境推动下的演变，详细分析了从巴塞尔协议Ⅰ、巴塞尔协议Ⅱ到《2010 年版巴塞尔协议Ⅲ》再到《最终方案》的演进历程（有关变化情况如图 1－8 所示），进而展开对中国版资本监管政策的剖析，自 20 世纪 90 年代初期的最低资本要求雏形，到 2004 年版资本办法全面接轨巴塞尔协议Ⅰ和巴塞尔协议Ⅱ，再到 2012 年的管理办法全面融合巴塞尔协议Ⅱ并对接部分《2010 年版巴塞尔协议Ⅲ》，且在中国工商银行、中国农业银行、中国银行、中国建设银行、交通银行和招商银行六家银行率先推行高级方法，走出了一条既与国际标准接轨，又切合中国国情的监管标准之路。

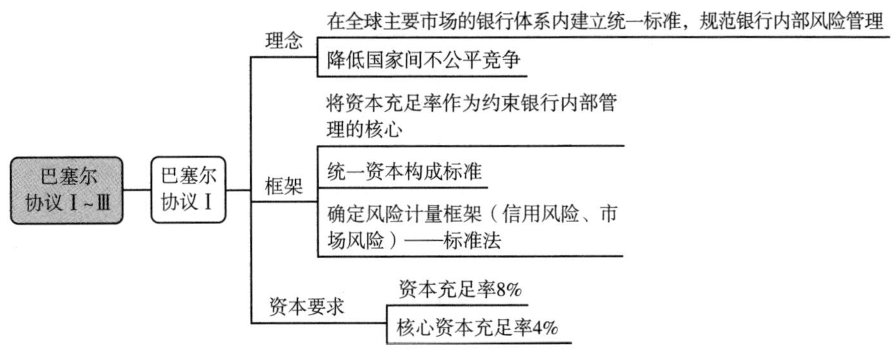

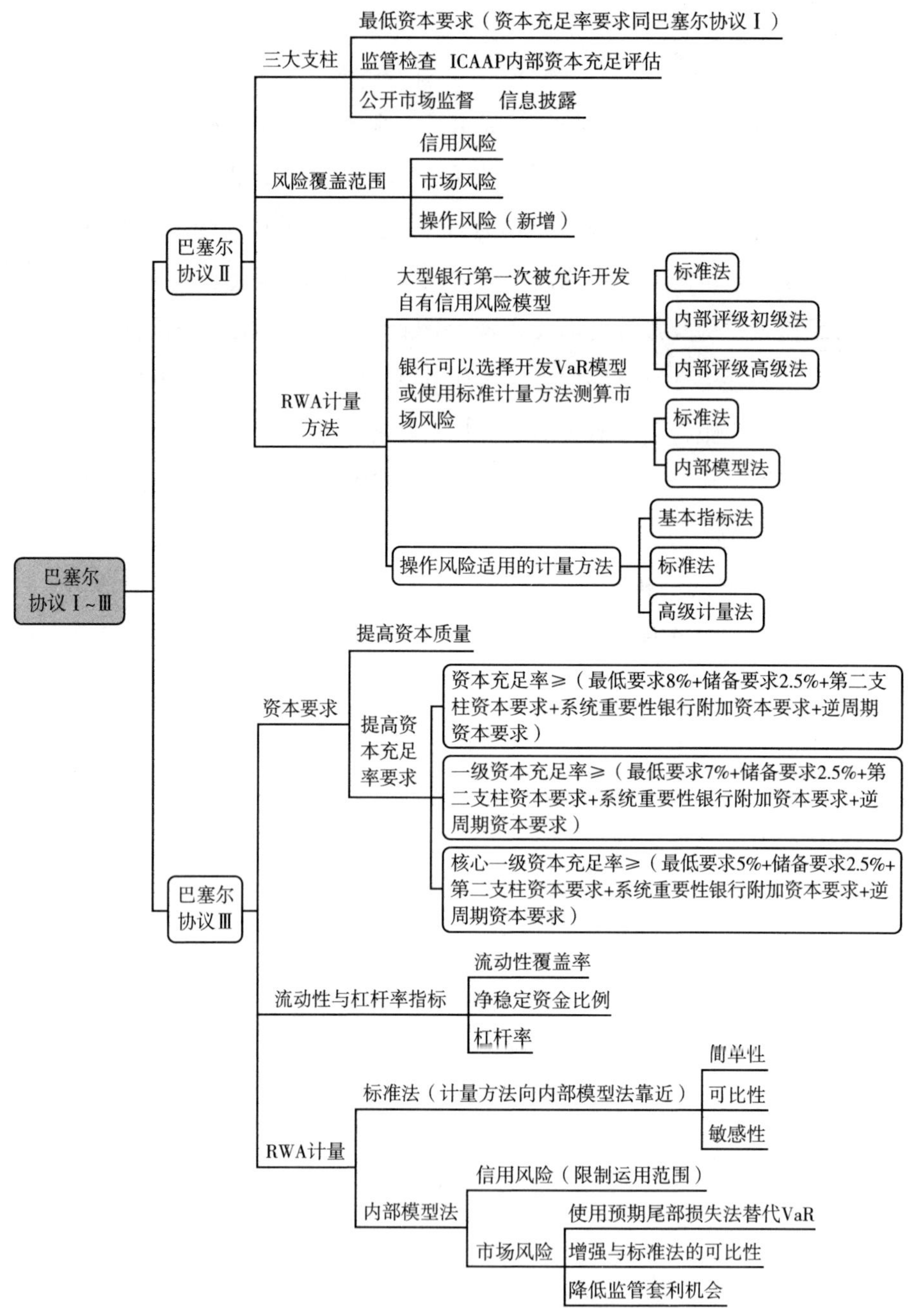

图1-8 巴塞尔协议Ⅰ~Ⅲ概要变化图示

资料来源：笔者根据巴塞尔委员会公布巴塞尔协议文本整理得到。

| 第二章 |

从商业银行视角解读《巴塞尔协议Ⅲ：后危机改革的最终方案》

本章从商业银行视角解读《巴塞尔协议Ⅲ：后危机改革的最终方案》。巴塞尔委员会于2010年12月正式审议并通过了《巴塞尔协议Ⅲ：流动性风险计量、标准和检测的国际框架》和《巴塞尔协议Ⅲ：一个更稳健的银行及银行体系的全球监管框架》。到了2017年12月，巴塞尔委员会又颁发了《巴塞尔协议Ⅲ：后危机改革的最终方案》（以下简称《最终方案》），正式完成巴塞尔协议Ⅲ的修订。本章从对金融市场的影响、对宏观经济与监管政策的影响、对商业银行竞争的影响三个方面来分析《最终方案》的影响，并对已有研究展开综述。

对于《最终方案》的改革变化，除了对资本管理产生深远影响外，也给金融工具市场价格形成及商业银行内部定价管理带来较大冲击。

第一节　对金融市场的影响

新标准法下，市场风险资本要求大幅提高与商业银行信用风险权重大幅上升，是《最终方案》影响金融市场及金融工具价格的两个重大因素。

在具体实践中，以资本和风险管理为目的的账簿分类与会计准则三分类存在一定的对应关系。根据《国际财务报告准则第 9 号——金融工具》和《企业会计准则第 22 号——金融工具确认和计量》要求，商业银行债券资产须按照业务模式和合同现金流量特征两个标准划分会计三分类。其中，业务模式是指债券投资的主要目的，即赚取价差、收取本息或两者兼有；合同现金流量特征是指现金流量是否仅为本金和利息，若存在利率挂钩发行人 ROE、含次级条款或减记条款、嵌入衍生工具等情况，则表明合同现金流量并非本金和利息。具体如表 2－1 所示。

表 2－1　　商业银行债券资产分类

业务模式	合同现金流量特征	会计分类
持有模式	仅为本金和利息	以摊余成本计量（AC）
	非本金和利息	以公允价值计量且其变动计入当期损益（FVTPL）
持有并出售模式	仅为本金和利息	以公允价值计量且其变动计入其他综合收益（FVOCI）
	非本金和利息	以公允价值计量且其变动计入当期损益（FVTPL）
其他模式	—	以公允价值计量且其变动计入当期损益（FVTPL）

一般情况下，交易账簿对应 FVTPL，银行账簿对应 AC 和 FVOCI。

一、银行债券的市场流动性下降

新标准法下，交易账簿债券（含资产证券化产品）资本要求大幅提高。虽然这样做能提升商业银行抵御市场风险的能力，但总体而言，资本要求大幅提高，特别是久期较长的债券，与银行账簿信用风险计量框架相比，交易账簿资本要求明显偏高。为节约资本耗用，商业银行很可能调整债券资产的持有目的，进而调整账簿分布结构，以降低交易账簿债券配置比例。在银行账簿下，FVOCI 债券交易的便利性相比交易账簿大大下降，这可能导致银行债券交易活跃度下降，甚至出现交易量萎缩。而市场交易活跃度下降，对债券流动性也会产生较大影响：轻则影响债券交易价格，提高债券流动性风险溢价；重则影响债券变现能力，报价再低也无法随时变现。据 Wind 资料统计，2021 年我国银行间债券市场现券成交 214.5 万亿元，日均成交 8578.0

亿元。新标准法实施后，假设金融机构交易账簿债券配置量下降 10%，银行间债券市场现券成交可能减少 21.45 万亿元，对交易量影响较大。

二、银行负债成本上升助推负债多元化

新标准法下，即使将银行同业发行的债券划分至银行账簿，期限在 3 个月以上的银行债权的信用风险权重也会由 25% 上升至 40%（若银行评级降至 B 或 C，风险权重更高），持有银行同业债券的资本成本大幅上升。因此，银行债券购买方可能直接要求提高银行债券收益率，或直接降低银行债券配置比例，间接推升银行债券利率。商业银行发行债券（含同业存单）的融资成本上升，同样，同业存/拆放款项的融资成本也随之上升，商业银行可能寻找其他成本更低的方式替代同业负债，导致存款市场竞争可能更趋激烈，这将在一定程度上推升存款市场利率。对于二级交易市场，因持有银行债券成本上升，交易活跃度可能下降，流动性风险溢价可能提高，有可能导致银行债券收益率上升幅度远超 15%。

在同业负债成本上升的背景下，商业银行负债管理将可能呈现以下两方面特点：一是在主动负债方面，预判收益率曲线变动趋势显得更加重要。要踩准主动负债的吸收时点，在利率开始趋升时，主动拉长负债期限，反之，缩短负债期限。二是存款市场竞争日趋激烈，一方面，要尽快提升综合金融服务能力，增加低成本结算性存款占比；另一方面，随着社会财富进一步积累，社会对财富管理的需求进一步增强。商业银行要加大负债创新能力，加大结构性存款研发力度，尽量提升结构性存款占比。

三、票据市场流动性结构性下降

新标准法下，由于商业银行债权的信用风险权重上升，持有银行票据或以银行票据为缓释工具业务的资本成本增加，票据资产的资本成本上升，对整个银行业票据业务市场产生一定的负面效应。

在中国大陆，商业银行分为第一档（计算杠杆率的分母大于等于5000亿元）和第二档（计算杠杆率的分母小于5000亿元）。处于第一档的商业银行必须对银行交易对手区分A+/A/B/C，而处于第二档的商业银行则不要求区分，将银行同业统一认定为A。

如果小商业银行资本充足不达标或出现负面信息，评级可能下降至B或C。一旦评级下降，不仅仅是融资成本提高的问题，更严重的是，将在同业市场上难有立足之地，流动性管理几乎没有余地。因此，小商业银行的票据更倾向于在小商业银行之间流通，大中型商业银行买入小商业银行票据的可能性大大下降，从而使票据市场被隐性分割成大行票据、小行票据这两个子市场，最终降低票据市场整体流动性。这不但制约票据业务规模扩张，而且由于票据是商业银行资产负债管理的有效手段，从而压缩商业银行（不论规模大小）资产负债管理的空间。

2021年末，国有商业银行、股份制银行以及北京银行、上海银行、江苏银行、杭州银行、宁波银行（主要为国内系统性重要银行）合计票据承兑余额8.63万亿元，较上年末增加9061亿元，占比67.35%，占比较上年末上升1.91个百分点。票据贴现及转贴现余额2.82万亿元，较上年末增加5776亿元，占比65.43%，占比较上年末上升3.09个百分点，[①] 呈现大行票据市场份额扩大趋势。

在票据利率方面，大行由于资本充足率相对较高，其票据更容易被同业接受，而小型银行的票据主要局限于小型商业银行之间流通形势，票据利率可能远高于大中型商业银行，票据流动性和市场规模可能下降更快。

四、对衍生品市场产生较大冲击

巴塞尔委员会改革风险加权资产计量方法，特别是交易账簿市场风险计量方法，主要原因之一是2008年金融危机中，很多商业银行由于持有大量

① 相关数据是笔者自各银行年报中查询计算得到。

衍生产品敞口，最终使很多商业银行亏损严重。因此，《最终方案》大幅提高了衍生产品耗用的资本，从而降低商业银行持有衍生产品的冲动，最终约束衍生品市场规模扩张，甚至不能排除衍生品市场规模萎缩的可能性。

我国衍生品市场规模较小，产品设计相对简单，实施新标准法后，由于衍生产品耗用资本大幅提高，衍生品市场规模难以有效扩张。另外，结构越复杂的衍生产品，其耗用的资本越多，从而进一步削弱衍生品市场创新动力，衍生品市场活跃度下降，将对商业银行衍生品风险定价产生较大负面影响，同时套期保值的操作空间也随之缩小。

第二节　对宏观经济与监管政策的影响

一、强化监管政策与宏观调控政策整体协同

现在国家实施宏观政策调整时，往往货币、利率政策发挥着强有力的作用，银行监管部门注重结果监管，政策落实客观上存在时滞，政策工具和监管工具相互协同的前瞻性不够，巴塞尔协议Ⅲ落地后两大工具更加具体、有效、协同，两只“无形的手”持续发力，强化了监管政策与宏观调控政策的整体协同。

二、淡化央行货币政策传导效果

跟票据市场的道理一样，银行间融资市场也可能被隐性分割成大行融资市场和小行融资市场，最终使得央行通过公开市场操作注入的流动性可能局限于大行之间流转，较难流向小行子市场，这对央行精细化调控提出了较高要求。央行通过公开市场操作降低中小微企业融资成本的货币政策传导效果将可能被淡化，需要适时补充选择再贷款或再贴现等政策工具直接将流动性注入小行子市场来强化和平衡全国市场。

三、分化人民币利率市场化

一方面，银行间市场可能被隐性分割成大行和小行两个子市场，资金在两个子市场之间流通受阻，对 LPR 等基准利率形成机制产生一定的负面影响，从而影响人民币贷款利率一体推进的市场化进程。

另一方面，由于交易账簿债券资本耗用大幅增加，可能导致交易量下降。没有一定的交易量作保障，市场收益率曲线的公允性也将大打折扣。

四、细化政策性窗口指导政策

对于使用内部评级法计量信用风险加权资产的六家商业银行，可在内部评级模型中考虑类似于绿色信贷、国家重大项目融资等政策性因素，也可在主标尺设计过程中考虑提高中小微企业评级结果。但对于实施新标准法的绝大多数商业银行，由于新标准法在风险权重设计过程中没有考虑到绿色信贷等社会责任或政策性支持因素，央行或国家金融监督管理总局需要另行细化、深化符合我国国情的政策性窗口指导。

第三节　对商业银行竞争格局的影响

价格优势是核心竞争力中不可或缺的优势之一。在商业银行成本中，资本成本占比较高，也是商业银行管理与创新的重点领域。本节主要从资本成本优劣势角度来分析商业银行竞争格局变化。

一、小微和零售业务竞争格局将产生较大变化

2014 年以来，国家金融监督管理总局仅批准了中国工商银行、中国农业

银行、中国银行、中国建设银行、交通银行、招商银行这六家商业银行采用内部评级法计算风险加权资产，采用内部模型法计算市场风险，采用标准法计算操作风险。信用风险和市场风险在计量方法上的先天优势使得上述六家银行具有明显的市场竞争优势，特别是采用零售化管理的小微企业和零售业务，以及市场风险的内部模型法，大幅节省监管资本，从而在小微、零售业务，以及资金交易领域具有先天的价格优势，市场竞争力明显增强。

但在小微企业贷款中，房地产抵押的比例相对较高，实施新标准法后，房地产抵押贷款（含按揭贷款）风险权重大幅下降，信用卡透支业务风险权重也从75%下降至40%（见图1－5），这使得中小商业银行在风险定价方面有了更大的回旋余地，从而大大缩小与上述六家商业银行的竞争劣势。

二、同业资金交易优劣势进一步分化

由于采用内部模型法计算市场风险资本，可节省更多资本，使得六家大型银行在资金交易中具有先天定价优势，而实施新标准法后，其价格优势进一步扩大，同时对于银行债权根据银行实际经营及评级情况细化并普遍提升了风险权重，此项重大的变化对于商业银行做低资信等级银行同业业务有较大的政策性抑制作用。另外，由于这六家银行的市场占有率较高，使得广大中小商业银行失去资金市场的定价权，从而进一步挤压中小商业银行在债券和衍生产品交易市场上的利润空间。未来一定程度上通过监管导向可以抑制当前小银行、村镇银行发展。

三、房地产开发业务格局将产生较大变化

新标准法下，商用房地产开发贷款以及项目资本金比例低于40%的居住用房地产开发贷款，风险权重从现行100%上升至150%；项目资本金比例大于等于40%的居住用房地产开发贷款风险权重维持100%不变。

从上述六家商业银行角度来看，虽然《最终方案》也在一定程度上提高

了内部评级法下耗用的风险加权资产，但幅度不大。在现行法下，采用内部模型法（包括信用风险的内部评级法和市场风险的内部模型法）计算的风险加权资产不得低于采用权重法计算的风险加权资产的80%；但实施新标准法后，从2023年开始，内部模型法风险加权资产不得低于标准法风险加权资产的50%，以后逐年上升至2029年的72.5%。也就是说，上述六家银行由于采用了内部模型法，其耗用风险加权资产上升比较有限，但其他绝大多数商业银行由于实施新标准法，房地产开发贷款风险加权资产将大幅增加，使得这六家商业银行的房地产开发贷款在风险定价方面有更大的竞争优势。这六家商业银行由于资金实力雄厚，其客户往往定位为大型开发商，而大型开发商往往资金实力雄厚，项目资本金比例大于等于40%的可能性远比中小开发商高。2020年末和2021年末，上述六家银行房地产贷款占比分别为8.92%和8.97%。[①] 受房地产贷款集中度监管指标影响，虽然六家银行房地产贷款占比难以继续上升，但不影响结构调整，大型优质房地产贷款可能进一步向上述六家银行集中。

四、创新能力决定市场竞争力

以上几方面的竞争优劣势主要取决于监管规则等外部因素，但在监管规则既定的前提下，内部创新能力可在很大程度上影响甚至改变中小商业银行之间的市场竞争优劣势。

（一）业务创新

房产抵押贷款一直被商业银行视为优质业务，市场竞争本就十分激烈。实施新标准法后，由于房产抵押贷款风险权重大幅下降，市场竞争将更趋白热化。在此背景下，房产抵押贷款定价模式将从先前的成本加成法，逐步过渡到价格先导法，单个商业银行无法主导房产抵押贷款市场定价。因此，同

① 根据六家银行披露的公开数据计算得到。

样的抵押房产价值，同样的最高抵押率，谁能通过业务创新有效降低资本耗用，谁的定价就有优势，市场竞争力就强。例如，对于房产抵押贷款，按行业惯例，客户可在最高限额内随借随还，如果做成标准的循环贷款，贷款价值比（LTV）则按最高授信额度/抵押房产价值测算，LTV 和风险权重相对较高。但如果通过业务创新，将循环贷款变成非标准化的循环贷款，既能保证客户在正常情况下能够随借随还，又能降低 LTV（实际贷款余额/抵押房产价值）。虽然房产抵押贷款风险权重从先前的静态变成动态变化，增加资本管理难度，但可大幅降低全行 LTV，从而降低资本耗用，最终增强风险定价能力。

房产抵押贷款风险权重动态变化的特点是存量贷款和增量贷款风险权重同升同降，致使全行 RWA 可能波动幅度较大。为降低全行 RWA 的波动性，可在合同与借据层面就提前做好业务拆分，争取在风险权重上升时，固定存量贷款的风险权重；但在风险权重下降时，存量与增量贷款风险权重同时下降，以最大限度发挥房产抵押对降低资本耗用的效用。

（二）风险量化技术创新

如前所述，通过业务创新后，房产抵押贷款风险权重变成动态变化。投资级公司虽然权重固定不变，但统计范围随着客户财务和风险状况变化而变化，大大增加了风险定价和资源分配的管理难度，客观上需要对动态变化的风险权重进行事先预测。只有创新风险量化技术，合理预测风险权重，才能在增强市场竞争力的同时，又能保证合理的资本回报率。

（三）资产组织者创新

小额分散是资产组织者的有效手段之一。当前，在国家力推降低小微企业融资成本之后，通过小额分散来降低非系统性风险的空间已经不大。为此，有学者主动提出构建弱经济周期性资产组合的策略，以降低宏观经济周期或产业周期给商业银行带来的系统性风险。但弱经济周期性行业的优质资产毕竟有限，而且降低系统性风险本就不是资产组织者范畴，拓展空间相对有限。

实施新标准法后，房地产开发贷款、项目贷款以及市场风险资本耗用大幅上升，客观上要求商业银行提高这些资产的收益率。但大型优质房地产开发公司、项目贷款，以及债券和衍生产品，连同上市/拟上市公司、央企及其他大型国有企业授信业务的定价权往往由大型国有商业银行主导，而大型商业银行采用内部评级法和内部模型法计算风险加权资产，其耗用的资本远低于中小商业银行。要想拓展上述优质资产，在资本成本处于相对劣势的前提下，广大中小商业银行必须通过强化资产相关性研究，尽可能降低资产组合的非系统性风险，进而降低非系统性风险对应的减值准备，弥补资本成本劣势，最终提升由价格优势转化而来的核心竞争力。

第四节　巴塞尔协议Ⅲ对商业银行影响的研究综述

巴塞尔银行监管委员会（Basel Committee on Banking Supervision）一直对相关理论研究进行跟进和分析，形成一系列综述成果。在研究巴塞尔协议Ⅲ对商业银行影响方面，甘巴科塔（Gambacorta，2011）作了开创性的工作。甘巴科塔研究表明，在银行贷款管道中，银行贷款利差由基于风险的资本和流动性比率水平决定。实证表明，实施巴塞尔协议Ⅲ后，更高的资本和流动性比率要求会增加银行融资成本，银行会通过提高贷款收益来弥补银行融资成本的上升。孔蒂（Conti，2018）对意大利经济使用了非结构性贝叶斯VAR模型测算，结果表明银行资本比率的冲击相当大，对贷款数量、贷款利率和国内生产总值（GDP）都有较大影响。在2015—2016年，资本比率提高了近2个百分点。这些冲击对意大利的GDP产生了负面影响，其影响幅度在0.15个百分点至0.25个百分点。

在巴塞尔委员会发布《最终方案》后，国内学者及时梳理归纳了各版本巴塞尔协议的修正内容。李腾飞（2018）梳理了第一版巴塞尔协议以来的重大修正和巴塞尔协议Ⅲ在中国的实施效果，并列举了《最终方案》提出的一系列新要求。陈三毛和陈杨（2019）比较了各版本巴塞尔协议和监管标准，分析了巴塞尔协议的改革路径。

不少学者围绕《最终方案》对我国商业银行的影响进行了初步评估。杨凯生等（2018）指出，信用风险标准法和非零售信用风险内部评级法的修订相比现行方法更少计量风险加权资产；零售信用风险内部评级法和 CVA 的修订将比现行方法多计量风险加权资产；操作风险新标准法带来的影响具有不确定性；资本底线的重新校准、杠杆率缓冲要求短期内基本无影响。然而，不同商业银行将呈现一定的差异性。王胜邦（2018a）估计，《最终方案》下的风险加权资产计量框架改革对国内银行资本充足率的影响有限。王胜邦（2018b）强调，《最终方案》对全球系统重要性银行（G－SIBs）的影响差异性很大，仅是加权后呈现出总体对资本充足率和杠杆率的影响不大但正面。巴曙松和高英（2019）指出，由于我国《商业银行资本管理办法（试行）》监管标准更严格，因此《最终方案》对国内银行的资本充足率总体影响不大，但会对商业银行各类信用风险暴露占比、资本充足率水平产生一定影响，从而促进商业银行资产结构调整。

随着《最终方案》落地实施期限的临近，学术界开始越来越关注商业银行应对巴塞尔协议Ⅲ的具体策略。徐景（2020）指出，巴塞尔委员会在平衡风险敏感度、简单性及可比性的同时，并未降低对风险敏感度要求。因此商业银行应从战略和全局的高度出发，综合提升商业银行风险管理质效。于品显（2020）认为，我国要依据自身金融体系特性，充分运用自由裁量权，制定差异化的监管标准，以促进金融体系健康稳定发展。魏星（2021）分析了巴塞尔协议Ⅲ市场风险新监管标准，提出要持续推进数据化治理，以提升对于市场风险的评估，并强调以新金融理念践行新监管标准。

通过上述文献综述发现，虽然国外研究已经关注到巴塞尔协议Ⅲ实施对商业银行贷款定价会产生影响，但主要是从资本成本的角度展开讨论，视角相对单一，缺少从资产分类及商业银行主动适应的角度来进行研究。国内研究大多聚焦在对巴塞尔协议Ⅲ新监管标准内容的研究，注重梳理新旧标准变化及对资本管理的影响。目前，还未有研究专门探讨巴塞尔协议Ⅲ实施后商业银行资产定价策略问题。近年来，随着新标准法落地实施日趋紧迫，学术界开始探讨应对之道，但缺少实务性数据支撑，没有形成系统性解决方案。

第二篇

解读资产定价基石

| 第三章 |

商业银行资产概念及定价策略

本章从相关概念界定入手，厘清商业银行资产的概念及特点，综述了商业银行资产定价策略研究。商业银行资产定价策略研究主要可以分为三大类：第一类是提出商业银行资产定价策略的优化设想；第二类是探讨商业银行净利差的影响因素；第三类是围绕 RAROC 贷款定价法分析商业银行贷款定价。通过文献综述，得出在巴塞尔协议Ⅲ背景下，重塑商业银行资产定价逻辑是一个尚未解决而又亟待解决的问题，但几乎没有研究探讨过中国版巴塞尔协议Ⅲ（新标准法）实施后商业银行资产定价策略问题。

第一节 商业银行资产的概念及特点

商业银行是金融市场的重要组成部分，肩负着吸纳社会剩余资金为实体企业提供融资服务，促进实体经济高质量发展的重任。商业银行资产是商业银行过去的交易或者事项形成的、由商业银行拥有或者控制的、预期会给商业银行带来经济利益的资源。从传统视角来看，商业银行最主要的资产是贷款、债券投资和同业资产。不同类型的资产在流动性、安全性和盈利性上有着不同的特点（见表 3 - 1）。

表 3-1　　商业银行不同资产的特点

资产	流动性	安全性	盈利性
贷款	期限较长、流动性较差，通常只能持有至到期	承担较高的信用风险、操作风险和市场风险，整体风险较高	收益水平较高
债券投资	尽管期限较长，但通常情况下，银行能够及时处置或质押债权来融入资金。流动性略弱于现金类资产和同业资产	银行债券投资以高信用等级债券为主，信用风险较小，有一定市场风险，整体风险较低	盈利性高于同业资产，低于贷款。但综合考虑免税效应和资本节约效应后，债权总体收益回报并不一定低于贷款
同业资产	期限较短，交易市场发达，能够较快实现资产处置，流动性较高	交易对手主要是金融机构，整体风险较小	同业资产价格透明，与金融市场利率联动紧密，期限较短，收益较低

资料来源：王良，薛斐．商业银行资产负债管理实践［M］．北京：中信出版社，2021.

第二节　商业银行资产定价策略的研究综述

我国利率市场化改革推行之初，商业银行资产定价策略问题开始逐渐被学术界所关注。目前，国内已形成了一批关注商业银行资产定价策略问题的研究成果。总体上，国内已有研究可以分为三大类：第一类是提出商业银行资产定价策略的优化设想；第二类是探讨商业银行净利差的影响因素；第三类是围绕 RAROC 贷款定价法分析商业银行贷款定价。

一、探讨商业银行资产定价策略

随着我国利率市场化改革进程的逐步推进，不少学者在参考西方发达国家商业银行定价策略的基础上，结合我国实际情况，给出了优化设想。在早期，牛锡明（1997）论述了我国商业银行实施贷款定价的必要性。后来，有学者研究了利率市场化下的贷款定价方法。史泽友等（2002）探讨了利率市场化下的贷款定价，并提出定价设想。先作整体贷款定价，明确利率浮动范围，而后开展单笔定价，控制浮动利率的贷款结构，从而将综合贷款利率控制在整体贷款目标利率的范围之内。也有不少研究借鉴西方商业银行贷款定价方法，探讨利率市场化下我国商业银行应采取的定价方法。曹清山等（2005）参照西方发达国家商业银行经典的贷款定价法，提出了我国商业银行建立以价格先导定价法为基础，确定贷款定价区间，再通过客户盈利分析定价法确定每笔贷款的最终指导定价。中国人民银行海口中心支行课题组（2005）指出，结合我国实际，商业银行选择价格先导定价法是较为适宜的定价策略。但随着客户收益和成本核算体系的持续提升，客户盈利分析定价法将成为主流模式。随着我国商业银行定价管理水平的不断上升，定价管理趋于精细化，学术界开始研究细分领域的资产定价问题，包括基准利率的选择方式、不同规模商业银行定价模式的差异、定价管理方式上的管理配套等。王俊寿（2004）对违约损失概率、负债及股权成本和信息不对称三种贷款定价模型进行了比较分析。雷雨林和欧阳建刚（2009）提出最符合市场化要求的基准利率应是银行对最优客户发放的流动资金贷款最低利率。孔春丽等（2015）指出我国商业银行贷款定价存在的主要问题，并提出我国商业银行贷款定价的深化策略应包括确定内部资金转移价格、构建信贷风险评价体系、建立运营成本分摊系统、构建贷款定价信息系统和构建科学的贷款定价激励机制等。曾懿亮等（2019）研究表明，不同规模的商业银行将采取差异化的最优贷款利率定价策略。陈龙和林茂仙（2021）提出优化的成本加成贷款利率定价，并结合案例分析，证明优化后的成本加成贷款利率定价具备竞争优势。王立君等（2021）实证检验得到，农村商业银行的利润随着贷款基准利率的上升而下降，并认为基准利率加点模式、成本加成定价模式和客户盈利分析模式已经不能满足市场化程度不断深化的需求。

二、探讨商业银行净利差的影响因素

学术界对商业银行净利差的影响因素已展开了广泛的研究。钟伟和沈闻一（2006）对国际银行业的净利差水平及其变动原因进行研究，并提出中国银行业应维持适当的净利差水平。郭梅亮和徐璋勇（2012）系统梳理了净利差的决定因素及实证研究。吴许均（2007）验证了信贷合约要素对贷款定价的影响。黄国平等（2007）、周开国等（2008）都指出，存贷款利差取决于违约率、损失率、流动性风险、资本缓冲与信贷类资产的比率、无风险基准利率。何娜和李泽广（2009）实证研究发现，影响净利差的最主要因素是风险溢价效应。而赵旭（2009）实证检验得到，银行的风险管理未对银行利差造成显著影响，并指出这可能是由我国商业银行缺乏科学合理的定价机制带来的。隋聪和邢天才（2013）针对中国非完全利率市场化特点，推导出相应的贷款定价模型，实证检验得到我国商业银行还未充分运用调整贷款定价来控制违约风险。杨艳纯和周鸿卫（2015）实证检验表明，随着利率市场化推进，我国商业银行的主动定价水平不断提高，也更加重视风险因素和非传统业务因素。黄磊和李健全（2018）基于贝叶斯模型平均法，验证了商业银行经营目标设定、自身管理水平以及央行货币政策对贷款利率的影响。

三、围绕 RAROC 贷款定价法分析商业银行贷款定价

RAROC 资产定价法将成本控制、风险控制、资本配置与资产定价有机联系起来，受到了学术界的关注。周凯（2008）基于 RAROC 贷款定价模型，分析了贷款定价的依据。刘新军和周鸿卫（2009）引入了市场环境、银企关系和动态调整因素，改进了 RAROC 贷款定价模型。孟彩云（2014）实证检验得出，银行现行定价总体上略高于贷款风险定价。陈志刚和吴姬姬（2015）比较分析了贷款利率和 RAROC 利率，探讨了 RAROC 模型在提高商业银行风险控制能力、内部管理水平和资本使用效率方面的作用。

通过上述文献综述发现，我国商业银行资产定价策略较多是在利率市场化背景下研究的，几乎没有研究探讨过中国版巴塞尔协议Ⅲ（新标准法）实施后商业银行资产定价策略问题。

| 第四章 |

商业银行资产定价方法适用性及创新方法概述

资产定价管理是商业银行管控风险、追求利润的重要手段，是银行经营管理的核心内容之一。优化商业银行资产定价策略可以有效提升商业银行竞争力，促进整体经营效益提升。随着利率市场化日益深化，商业银行资产定价策略的科学性和合理性是体现银行经营管理水平的重要方面。本章系统梳理了商业银行资产定价方法，并提出了创新方法，为研究商业银行资产定价方法提供了有价值的参考。在资产定价方法中，成本加成定价法、价格先导定价法、客户盈利分析定价法也经常被称为传统的定价方法，RAROC 定价法将风险管理与资产定价融合，有利于实现资产定价与风险相匹配。在回顾以往定价方法的基础上，本章还提出了创新组合定价法。最后，对资产定价不同方法的适用性进行梳理和小结。

第一节　成本加成定价法

一、成本加成定价法要素分解

彼得（Peter）制定的成本加成定价法（cost - plus loan pricing）是应用

得最为普遍的一种定价方法。该方法凭借自身操作难度低的优势，已经成为现阶段国内商业银行在为贷款产品制定价格的过程中应用得最为频繁的一种方法。该方法以银行的经营成本为基本立足点来制定合适的贷款利率，并认为商业银行在制定贷款利率的过程中，要着重分析下述四个方面：第一，制定的利率需要实现筹资成本的全部覆盖；第二，要将经营活动中所形成的管理费用加入其中；第三，制定的贷款利率需要与自身承担的风险相匹配；第四，制定的利率要能够为银行带来丰厚的经济效益。简单来说，就是资金成本、经营性成本、风险对价、利润目标四个组成部分，总结起来，就是在制定贷款利率的过程中，以贷款成本为基础，适当加上利差，因此，也被称作成本相加定价法。

贷款利率的计算公式为：

贷款利率 = 资金成本 + 经营成本 + 风险补偿费 + 银行目标利润水平

（一）资金成本

一般而言，国内商业银行在筹资过程中，主要使用两大渠道：一是社会公众、企业等主体的存款；二是金融同业存款。结合现阶段国内的金融环境，在核算筹资资金成本的过程中，我们应当以全国货币市场利率为参考，包括信用拆借利率、回购利率等。

（二）经营成本

经营成本指的是贷款业务办理过程中所形成的各种费用，如抵押物价格评估、信用状况调查、资料整理、贷款回收、工作人员的薪资报酬与福利、办公用品折旧等。在分摊成本的过程中，要综合考虑贷款业务的复杂性，仅以贷款金额为依据来分摊成本显然是不合理的，这种方式会让部分成本无法展现出来，进而导致成本少计的现象，影响了银行经营效果评价的准确性。

（三）风险补偿费

在核算风险补偿费的过程中，通常需要考虑两个方面：一是违约风险补偿费用；二是期限风险补偿费用。

就前者而言，指的是借款人无法在约定时效范围内偿还贷款的本金与利息，导致银行出现经济损失。商业银行可以基于数据库中存储的客户信用、担保物、抵押物、违约次数等各种信息来确定相应的补偿费用，从而控制自身的风险。

就后者而言，指的是商业银行因为贷款资产与债务资金不相协调而导致自身陷入流动性危机的风险。如果选择和贷款期限相一致的市场资金品种的利率作为债务资金的成本利率，那么贷款期限风险补偿费用就已经包含在了市场资金成本之中。

（四）银行目标利润水平

一般来说，利润目标由上级银行制定，通过综合经营计划的方式下达给各个支行，指的是为了满足各大股东的资本收益率要求而分摊到贷款上的利润值，在确定这一目标的过程中，可以将最近一段时期贷款平均净收益水平以及行业平均值作为参考依据。

在利用成本加成定价法来核算成本的过程中，银行需要清楚地了解自身的成本水平，不仅要让不同形式的贷款都能够为自身带来利润，还要保持在客户的承受能力范围之内。银行想要准确把控资金的理想成本、经营成本具有比较高的难度，要想实现这一目标，就一定要构建一个覆盖全面的信息化系统。

第一，在制定贷款价格的过程中，银行要将各种债务的边际成本计算出来，并以此为基础计算新增债务资金的加权平均边际成本；第二，计算拓展贷款业务过程中所形成的经营成本，将员工的薪资报酬、经常性开支、管理费用等分摊到所有的贷款业务上。在计算违约成本的过程中，针对不同等级的风险水平来进行差异化计算是银行应用得比较普遍的方法，然后基于历史数据计算不同风险水平的贷款的违约率，从而计算出一个相对比较合理的补偿费率。目标利润是为了满足各个股东的资本收益率要求而分摊到每笔贷款上的利润值。

以一笔 100 万元的贷款为例，倘若银行以 1% 的利率筹集到了这些资金，那么筹资边际成本即为 1%，银行管理贷款的经营成本、违约补偿费率、目标利润率分别为 1%、2%、1%，那么贷款利率为上述数据相加的结果，即为 5%。

成本加成定价法认为，贷款价格是由各项成本与预期利润加和后的结果，综合考虑了筹资成本、经营成本、违约成本三个方面，保证了价格的合理性。其优势集中表现在定价时利用定量计算，不仅能够将成本控制在较低水平，还能够让目标利润率得到落实，帮助银行获得合理的经济效益，同时也有效防止了市场陷入低价竞争的不利局面之中。

二、成本加成定价法优劣分析

成本加成定价法并不是毫无缺陷的，也有其自身的不足，主要表现在四个方面：

第一，这一定价方法对于银行成本核算系统的要求比较高，系统可以准确地对成本进行归集与分摊尤为关键。但是从实际情况来看，大部分商业银行对自身的定位基本上都是“金融超市”“多元业务”，导致成本无法得到合理的分摊。

第二，尽管这一定价方法属于“单笔贷款定价”模型的一种，计算难度较低，但是在进行具体实操时，商业银行和客户之间的关系也比较复杂，并不仅仅是贷款关系。这一定价方法并没有关注整个业务链，对于客户关系持续、稳定的发展产生了极大的阻碍作用。

第三，这一定价方法属于“内向型”模型，更多的是站在银行的立场来分析成本、费用以及利润目标，忽视了市场利率的发展走向以及行业竞争水平。实际上，随着市场竞争的加剧，银行逐渐失去了价格的主导权，往往是随行就市。之所以出现这种现象，主要是因为一旦自身的定价与市场不相匹配，那么客户就会选择其他竞争者。

第四，在利用这一定价方法核算成本的过程中，要综合考虑贷款违约风险、期限风险等。但是在现实生活中，想要准确评估风险出现的可能性以及有可能造成的损失具有非常大的难度，既需要银行构建比较完善的信用评级制度，还需要组建一支专业性较强的风险评价团队。

三、成本加成定价法优化方案

在借助成本加成定价法制定价格的过程中，商业银行想要增强定价的合理性，能够在信贷市场中占据竞争优势的目标，可以通过下述策略来实现。

第一，提高资本充足率，使其符合监管标准；第二，利用多种措施来减少筹资成本支出以及费用支出；第三，减少管理成本与风险成本；第四，基于产品类型、客户类型的差异构建与之相匹配的定价模型。如果商业银行并不能在短时间内让管理水平迈上一个新的台阶，也无法减少筹资成本以及相关费用的支出，那么股东也要对自身的回报目标率进行相应的调整，借助合理性较高的定价策略来保障银行能够长期处于稳定、健康的经营状态之中。

对于商业银行而言，要想进一步提升成本加成定价法的使用效率，可以借助下述集中措施来弥补该方法的不足。

第一，不断完善管理会计核算体系。商业银行要借助先进的管理会计系统准确地将成本分摊到具体的业务上，尤其是部分复杂程度较高、工作量较大的业务，通过这一工具能够大幅提升成本分摊的效率性、精确性。成本加成定价法以此为基础来核算贷款成本，确保制定的价格符合市场发展走向。

第二，构建全面、立体的贷款风险计量模型以及风险管理系统。商业银行要基于我国当前的客观实情来构建客户信用评价体系，评估不同客户的信用状况，从而将原本抽象的风险以定量的形式展现出来。在建立风险计量模型的过程中，数据的保存、分析尤为重要，通过对历史数据的分析，能够较为准确地计算出违约现象出现的可能性。

第三，针对使用成本加成定价法核算的贷款价格的合理性进行评价，以同业利率、市场利率为参照对象，对比模型定价结果，找出其中的差异。并且银行还要深入分析不同客户的差异化需求以及回报期望值，立足长远，与客户建立稳定、持续的合作关系。

第二节　价格先导定价法

一、价格先导定价法要素分解

价格先导定价法（price leadership loan pricing）也是应用得比较普遍的一种方法，在使用时，通常会以某一基准利率为基础，然后再参考客户的信用状况来核算与之相匹配的风险溢价，进而计算出相对比较准确的贷款利率。计算公式为贷款利率 = 基准利率 + 风险溢价点数（或贷款利率 = 基准利率 × 风险溢价乘数）。

这一方法也有其他称呼，如价格领导模型定价法、基准利率定价法等，这些方法都是以一个相对比较合理的基准利率为基础，加上合适的价差或是选择一个合适的系数相乘来确定贷款价格。基准利率的类型众多，如国库券利率、同业拆借利率、票据利率等，因为这些工具或合约出现违约事件的可能性比较小，因此，人们也将其称作无风险利率，即“riskless interest rate”，是金融市场中应用得比较频繁的参照对象，所以人们也将其称作基准利率。对于自己主动选择的客户，一般来说，银行通常会同意客户选择某一期限的基准利率作为定价依据，贷款风险溢价因为客户的信用水平不同而存在区别。基于价格先导定价法的相关要求，银行在为客户提供贷款时，可以按照下列公式来计算利率，即贷款利率 = 基准利率 + 借款者的违约风险溢价 + 长期贷款的期限风险溢价。

在确定贷款价格的过程中，基准收益率的确定尤为关键，理论上来讲，是可贷资金成本率、变动性贷款费用率、贷款含税率、目标利润率相加后得出的结果。

可贷资金的来源比较丰富，主要包括客户存款、债券、同业拆借、股东出资等。因为来源渠道不同，所以成本也存在很大的差异。银行的经营与一般企业不同，资金运营与资金来源之间并不是一一对应的，想要准确计算可贷资金成本具有比较高的难度，因此，可以借助加权平均法来计算贷款的资金成本，综合考虑各种因素的影响，从而计算出准确的贷款价格。

通常来说，变动性贷款费用的含义有着广义与狭义之分，就广义上的理解而言，包括管理费、承诺费、补偿存款、安排费等；就狭义上的理解而言，仅仅是管理费与安排费的总和。本书选择了狭义上的理解来展开分析。银行在收取和贷款业务相关的各种费用的过程中，如质押物价格评估费用、信用调查费用等，往往会以贷款手续的复杂程度、管理难度、客户信用状况、收入水平等为参照依据。针对这些费用，商业银行有必要构建一个具体的量化体系，通过打分的方式准确计算出变动性贷款的费用。

基于税法中的相关要求，银行需要按照相应的比例来缴纳增值税，这一费用也属于成本费用的范畴。

利润目标是驱动银行开展经营活动的主要力量，指的是通过发放贷款的渠道能够创造出的经济效益，也可以理解为每笔贷款能够为银行带来的最小收益。商业银行在确定每笔贷款应当实现的利润目标时，可以选择资产目标收益作为参照，一般来说，是资本金支持率与资本目标收益率、贷款额相乘的结果。相较于风险水平相对较低的贷款资本金，风险水平相对较高的贷款资本金的支持率比较高，所以，利润目标也要将各类贷款的风险水平体现出来。

二、价格先导定价法优劣分析

价格先导定价法最突出的优势就是，基准利率、风险溢价能够将市场利率的发展走向以及违约成本的差异清晰、准确地展现出来，不仅可以让市场利率对于商业银行资产定价的决定性影响更好地表现出来，也体现了各大商业银行风险承受能力的不同。与成本加成定价法相比，这一方法与市场的发展走向更加契合，并且综合权衡了利率风险与贷款违约风险，合理性更强。其衍生出来的其他方法能够针对各类客户实施差异化设计，竞争力更加突出，可操作性也比较强。但是该方法也有其自身的不足，主要体现在无法将商业银行贷款业务所产生的实际成本准确地展现出来，忽略了借款人和银行合作关系所造成的影响。

这一方法属于“外向型”定价模型，在制定贷款价格的过程中，选择了市场一般价格水平作为依据，是以市场为指引的定价方法。该方法不仅充分考虑了市场，也考虑了贷款违约的可能性，合理性相对较强，计算出来的价格与市场发展实情的契合度较高，能够帮助商业银行在竞争中占据优势。

通过这一方法来制定贷款的价格，使得风险管理的难度进一步提升，该方法需要同时兼顾贷款风险与理论风险两个方面，包括各式各样因素所导致的基准利率波动，这对于风险管理而言显然是不利的。

这一方法制定的价格是否合理，主要取决于采用何种基准利率。在竞争逐渐趋于白热化的背景下，越来越多的商业银行在确定基准利率的过程中不再选择优惠利率，而是将国债利率、同业拆借利率作为定价依据，尽管这种选择能够让基准利率与市场真实利率更加契合，但是也对商业银行的利润造成了极大的负面影响。

三、价格先导定价法的实际应用

由于客户违约有可能会给商业银行带来巨大的损失，所以在制定贷款价格时，商业银行需要借助信用评级体系对客户的信用状况进行深入分析，包括经济收入、负债规模、现金流量、利润水平等，准确计算客户出现违约的可能性，并基于信用水平的高低将其划分为不同的类别，一般来说，商业银行大多用 AAA、AA、A、BBB、BB 等符号来表示。以客户的信用评级为依据确定与之相匹配的风险溢价率，结合历史数据，确定违约风险溢价率。除此以外，由于不同贷款的期限存在差异，所以贷款损失的概率也有着显著的差异。期限越久，代表银行有可能遇到不确定性因素就越多，利率风险水平也就越高，期限风险溢价率也就越大。部分学者针对国债利率期限结构复利模型展开了深入的分析，该模型能够将期限结构与市场利率之间的相互关系，可以借助商业银行信贷市场来将资金的期限风险展现出来，同时也可以保证期限风险溢价计算结果的准确性、可靠性能够维持在一个相对较高的水平。

在价格先导法定价公式中，后两部分是以基准利率为基础进行的加价。在制定违约风险溢价的过程中，可供选择的风险调整方法非常多，一般而言，通常是以风险等级为依据。但是，对于部分风险水平相对较高的客户，银行仅仅是一味地提升风险溢价，并不能实现贷款违约风险的有效控制。所以，大多数银行都是本着信贷配给的理念，直接拒绝这类客户的借款申请，从而从源头上控制风险。此外，倘若贷款时间较久，那么银行还要另外加上期限风险溢价。

以 20 世纪 70 年代为分界线，在此之前，西方发达国家的银行在使用基准利率定价法制定贷款价格的过程中，基本上都是以规模相对较大的银行的优惠利率为参照的。在此之后，在银行业国家化水平不断提升的背景下，伦敦银行同业拆借利率逐渐取代了过去的优惠利率，越来越多的银行在选择基准利率时，选择伦敦同业拆借利率（LIBOR）作为参照依据。LIBOR 的出现让不同国家的银行都获得了一个相同的参照标准。从 20 世纪 80 年代开始，低于基准利率的贷款定价模式开始形成并得到了大规模推广，因为短期商业票据市场的发展势头尤为迅猛，并且国外银行制定的贷款利率与筹资成本的差距逐渐缩小，为了保持市场竞争力，越来越多的银行开始以低于优惠利率的利率为客户提供贷款。但也不是所有的客户都能够享受到这一优惠，只有部分大客户能够享受，中小客户的贷款业务依旧按照优惠利率执行。

第三节　客户盈利分析定价法

一、客户盈利分析定价法要素分解

成本收益定价法也被称作客户盈利分析定价法，英文全称是“customer

profitability analysis”，取其首字母，简称为“CPA”。该方法的复杂性程度相对较高，强调客户关系对于贷款定价具有非常重要的影响，银行在确定贷款定价的过程中，需要综合评估银行在和客户建立业务关系过程中形成的成本以及得到的经济回报。客户盈利分析定价法评估的是客户账户带给银行的经济收益是否有利于银行利润目标的达成，所以也被称作账户利润分析法。

银行要对客户账户为银行创造的经济收益、银行为之支付的成本以及银行的利润目标进行全面、深入的比较分析，发现其中的差距，并以此为依据来制定价格。倘若账户总成本与目标利润相加的结果小于账户总收入，则说明账户带给银行的收益高于银行制定的利润目标。倘若账户总成本与目标利润相加的结果与总收入完全相等，则说明账户贷款银行的收益将达到银行制定的利润目标。倘若账户总成本与目标利润相加的结果大于账户总收入，分为两种情况，一种是账户收入低于成本支出，导致账户陷入了亏损状态之中；另一种是账户收入高于成本支出，但是利润率相对较低，没有达到既定的利润目标。无论是哪种情况，银行都需要对贷款定价进行相应的调整，从而确保利润目标能够达成。本节将在下述内容中对各个要素的构成以及具体的计算方法进行详细说明。

账户总成本主要包括四个组成部分，分别是资金成本、服务费、管理费、违约成本。就资金成本而言，指的是银行发放贷款资金所形成的边际成本，此处选择的是债务资金的加权边际成本；就服务费、管理费而言，主要指的是管理客户存款账户所产生的费用、签发支票的服务费用、贷款管理费（贷款回收费用、信用调查费用等）；就违约成本而言，指的是以贷款风险为依据推测出来的每笔贷款的违约有可能给自身带来的经济损失。

账户总收入由三个部分组成：第一，客户账户能够带来的可投资存款所创造的投资收入，指的是客户在某一时限范围内的平均存款余额在扣除托收未达现金、法定存款准备金以后得到的余额，在计算出可投资存款余额以后，参考存款收益率指标，就能够较为准确地计算出客户存款能够为银行创造的投资收入；第二，表内外业务服务费，主要包括贷款承诺费、结算手续费；第三，客户贷款利息收入，即客户从银行贷款需要支付的利息。

目标利润指的是银行为客户提供的每一笔贷款能够给自身带来的收益。在确定目标利润的过程中，要综合考虑三个方面，分别是股东目标收益率、资本金比例、贷款金额，具体计算公式是：目标利润 = 资本/总资产 × 资本的目标收益率 × 贷款额。倘若银行借助账户利润分析法来制定贷款价格，那么必须对客户的账户活动进行预测，并以此为依据计算账户总成本、总收入，银行也可以通过这一方法评价老客户贷款价格的合理性。整体而言，倘若目标利润与账户净收益完全相等，那么则意味着贷款价格的合理性相对较高；倘若目标利润高于账户净收益，那么则说明针对客户贷款制定的价格并不合理，需要进行相应的调整。当然，银行也可以借助服务价格的调整来增强贷款价格的合理性。

二、客户盈利分析定价法优劣分析

客户盈利分析定价法最突出的优势就是将客户的利益摆在第一位，不再简单以资产业务为依据来制定贷款价格，而是通过对银企关系的深入分析，针对不同的客户制定与之相匹配的策略，从而为客户提供更加优质的服务，提升客户的满意度水平，让双方的关系能够长期处于稳定、健康的发展状态之中，帮助银行创造更多的收益。但是这一方法也有其自身的不足，主要表现在对银行的管理能力有着非常高的要求。

客户盈利分析定价法强调以银行与客户的关系为依据来制定与之相匹配的贷款价格。通过该方法计算出来的贷款价格能够在市场中更具竞争力。它是银行将客户摆在第一位的有力体现，能够为不同的客户制定合适的贷款价格，从而让那些能够帮助银行创造经济效益的客户与银行之间的关系处于比较稳定的状态之中。

这一方法对银行的成本核算有着比较高的要求，要求银行既要进行“分产品核算”，也要进行“分客户核算”，从而保证客户服务成本核算结果的准确性、可靠性。虽然这种方式会使得成本核算难度更大，但是在贷款市场竞争日趋白热化的背景下，银行需要进一步提升成本管理力度，只有这样，才能够适应市场竞争，战胜其他竞争对手。不过在计算机技术发展水平不断提升的背景下，部分银行开始实施作业成本管理制度。

三、客户盈利分析定价法的实际应用

客户盈利分析定价法将商业银行提供的各项服务都纳入了分析范围，所以在准确掌握其他业务信息的基础上，能够非常便捷地为银行新推出的业务、服务制定价格，由于一共只有3个未知数，如果能够清楚地了解其他2个未知数，那么就能够快速求出第三个未知数的解，运用这一方法制定的价格属于一揽子价格，包括了贷款利率、补偿存款余额等，所以银行在开展市场营销活动的过程中，也可以应用该方法。

这一方法可以大幅提升企业账户的集中程度。作为综合性较强的定价方法，从企业的角度来看，倘若商业银行可以吸引企业将所有的账户都转移给自己，那么就能够帮助自身获得非常丰厚的中间业务收入，因为目标利润是确定的，所以商业银行能够以优惠利率为依据来为客户提供贷款。或者是在相同利率的情况下，商业银行可以为企业提供质量更好或价格更低的中间服务；因为商业银行在资金管理方面比较专业，所以其可以基于流动资金的个性特征，为企业提供更具针对性的理财服务，从企业的角度来看，能够为其带来更多的收益；从商业银行的角度来看，因为企业账户都集中在了一起，所以能够更加准确地了解企业的发展状况，大大增强了企业风险评估结果的准确性，借助高质量的服务来保持客户黏性，增强了客户的忠诚度，这一方法对于银行成本控制策略的制定具有一定参考作用。

这一方法对商业银行的经营管理能力进行了评估。其中税收、资金成本、收费大都是外生的，每一家商业银行基本上都一样，只有操作成本存在差异。操作成本主要取决于商业银行的经营管理能力，部分经营能力较强的银行借助相对较低的操作成本来降低服务价格，从而在竞争中占据优势，或是在大致相当的价格水平上取得更多的收益。倘若商业银行制定的贷款价格超过了其他竞争对手，那么就无法对客户产生吸引力，即便是通过调整组合的方式让客户的业务需求得到了满足，但是价格上依旧处于劣势，针对这种情况，银行需要调整公式右边的参数，例如减少资金成本与经营成本，在不改变目标利润的情况下调整贷款组合的价格，从而增强自身的竞争力，实际上这就是借助贷款定价来提升成本核算与管理水平的有力表现。

第四节　RAROC 定价法

一、RAROC 定价法要素分解

在 20 世纪 70 年代，随着布雷顿森林体系的解体，全球性金融危机随之爆发，美国许多投资研究机构开始将资本配置、风险控制和绩效产出联系起来评估企业绩效，其中美国信孚银行（Bank Trust）提出了 RAROC（risk - adjusted return on capital）的概念，即风险调整后的资本收益率。商业银行通过设定经济资本的目标（最低）收益率，再推导出某笔贷款的目标（最低）收益率，从而实现贷款定价，即 RAROC 定价法。

随着世界经济一体化进程的加速，商业银行金融风险逐渐提升，商业银行将风险管理摆在了更为突出的位置，不再过度追求经营规模的扩展与收益率的提升，而是围绕风险管理来开展经营活动，RAROC 风险管理模型也随之出现，并得到了大规模推广。

RAROC 模型属于风险管理模型的具体形式之一，其主要目的是提升银行信贷业务的风险管理效果，将信贷资产组合的风险控制在一个相对较低的水平。通过反复的实践，RAROC 模型逐渐完善，现已成为大多数跨国商业银行风险管控的主要手段，RAROC 指标成为风险定价的主要参考依据。商业银行先制定经济资本目标收益率，然后以此为基础计算贷款的目标收益率，进而完成贷款定价，这也被称作 RAROC 定价法，是风险调整后收益与经济资本的比值，前者用 AI 表示，后者用 EC 表示，具体公式为：

$$RAROC = \frac{AI}{EC} = \frac{i_{LN}LN - i_D D - cLN - eLN}{EC}$$

其中，i_{LN}、LN、i_D、D、c、e 分别代表的是资产理论、资产额、负债资金成本率、负债额、营业费用率、预期损失率。因为负债额是资产额与经济资本相减的余额，因此能够计算出资产利率 i_{LN} 的具体数值。其计算公式如下：

$$i_{LN} = \frac{EC \cdot RAROC + i_D D}{LN} + c + e$$

可以看出，资产利率包括三个组成部分，分别是资金成本、营业费用率、预期损失率。

RAROC 定价法的基本逻辑为：首先，以违约概率为依据，构建给予客户与债项的二维评级系统，计算出贷款具体的风险成本与经济成本。其次，以存款利率、存款管理成本为基础计算出资金成本，计算管理费、业务费用，从而得出具体的经营成本。最后，基于银行董事会或其授权专属决策委员会来计算最低资本收益率，借助合适的贷款定价确保在扣除成本费用的情况下能够达成利润目标。在此之中，风险成本指的是预期有可能出现的损失，可以基于客户的违约可能性、违约损失率等指标来计算；经济资本的非预期损失以违约可能性为依据来计算。

二、RAROC 定价法优劣分析

RAROC 定价法以收益与风险的平衡性为基本立足点，深入分析了不同贷款业务部门违约率的差异，其最终目的是让贷款定价与自身需要承担的风险相匹配，能够增强贷款价格的合理性。资本充足率是 RAROC 定价法的核心，综合考虑了违约概率、预期损失率、非预期损失率等因素的影响，与巴塞尔协议中强调的资本充足率监管要求相契合。但是，以 RAROC 为基础来推测贷款利率的方法也存在一定的缺陷，其没有考虑客户信用变化所产生的影响。

这种定价方法属于“安全型”定价模型的一种，强调经营活动的安全性，希望获得更多的经济效益，深入分析了资金成本、经营费用、预期损失以及风险等诸多因素，但是该方法最大的不足就是对银行业务历史数据的依赖性比较强。

最近，越来越多的商业银行开始通过 RAROC 定价法来制定贷款价格，该方法在中小企业的贷款定价中具有比较高的适用性，既能够将风险有可能造成的损失计入当期成本之中，准确评估了收益水平，还考虑为最大风险进行资本储备，进而准确评估了资本创造出的收益，让收益和风险相匹配，推动利润目标的实现。

这一方法站在银行内部管理的立场为历史贷款制定了一个全方位的量化评价指标，能够较为准确、客观地将不同资产的收益状况展现出来，比较各个贷款人的业绩水平，从而有效约束忽视风险、一味强调高收益的贷款行为。所以，这一方法为客户经理管理制度的贯彻和落实制定了具体的评价指标，为各部门的业绩考核创造了良好的条件，既能够激发信贷工作人员不断拓展业务的热情，还能够改善风险控制效果。

三、RAROC 定价法的实际应用

从现阶段的情况来看，国内大多数商业银行在制定贷款价格的过程中采用的都是“分级授权”的方法。该方法强调基层银行在调整利率之前需要上报上级银行，在得到审批以后才能够进行调整，基层银行不具备自由调整利率的权限。这就推高了银行的贷款成本，资金流动周期也相对较久。具体步骤为：首先，基层银行计算出 RAROC 的具体值；其次，基于客户信用水平的差异，确定违约概率、违约损失率；最后，将资金成本率、贷款金额、贷款周期以及运营成本率等指标代入公式之中，从而计算贷款价格。这种方法的可操作性较强，能够以比较快的速度完成定价，并且让基层银行拥有了一定的自主权，使其能够基于客户的差异化需求来制定合适的贷款方案，从而起到吸引客户的作用。

针对风险水平相对较低的客户，我国大部分商业银行在制定贷款价格的过程中往往实施的是“一降到底”的策略。这种针对低风险客户按照最大下浮比例确定贷款利率的方法导致不同银行的贷款价格完全一样，无法满足银行现代化管理的实际需求。而 RAROC 定价法则弥补了这一缺陷，将风险调整后的资本收益率转换为经济资本成本，并以此作为贷款的实际成本，如此一来，就可以在风险水平相对较低的客户身上分配相对较少的经济成本，贷款价格也可以适当降低。而针对风险水平相对较高的客户，往往需要占用比较多的经济资本，贷款价格也需要进行相应的提升，通过不同借款人的实际情况来制定贷款价格，不仅有效控制了风险，还增强了银行的竞争力。

RAROC 定价法也要基于实际情况的变化进行相应的优化，将信用状况的变化纳入考虑范围，只有这样，才能满足商业银行不断增长的需求。通过这种方式灵活调整贷款利率，从而控制风险。简单来说，就是基于信用状况的变化来调整贷款利率，如果借款人的经营状况比较好，信用评级较高，那么可以适当降低贷款利率；如果信用评级没有变化，那么仍然按照原贷款利率执行。在借款人经营状况改善的情况下，部分借款人有可能会因为利率过高而可以逃避还贷的情况，将信用风险调整项引入其中，能够根据实际情况的变化对贷款定价进行相应的调整，这种方式有效缓解了信息不对称的负面影响，同时也能够为中小企业提供更有力的支持，使得贷款利率能够被控制在一个相对合理的范围内，减少了运营成本支出。

第五节　优化组合定价法

一、优化组合定价法逻辑

一套完善的产品定价体系，既要反映银行的各项成本、股东的期望回报，又必须考虑客户的差异化以及市场的多方面竞争。商业银行要在满足资本监管框架的基础上，实现可持续盈利。通过搭建一套契合商业银行实际需求的资产定价管理体系，提升资本回报水平和市场竞争力，满足效益提升和精细化管理要求是亟须研究的课题。

传统的成本加成定价法是基于核算成本，再通过加上目标收益率的方式制定资产对外报价。成本加成定价法明确了办理该笔业务时的各项成本，为银行提供了控制贷款成本以提高竞争力的手段，但这种定价方法忽略了客户需求、同业竞争以及市场变化。尤其是对于一些客群分布在全国各省份的大中型商业银行而言，客户群体在不同地区、行业间都存在巨大差异。因此，商业银行需要针对差异化的客户群体，通过增加差异化调节项的形式，形成灵活有效的对客定价。我们将这种定价方法称为优化组合定价法，定价公式如下：

$$\text{优化组合定价} = \text{基础利率} + \text{目标利润率} + \text{差异化调节项}_i$$

二、优化组合定价法的必要性

（一）外部要求

1. 资本管理要求：巴塞尔协议Ⅲ延续了“以风险为本”的监管理念，对商业银行资本管理能力提出了更高的要求，在资本持续紧张的新常态下，通过定价引导，优化资源配置，重塑资产结构，最大限度地挖掘内部潜能，提升商业银行效益，是值得商业银行探索的一条路径。

2. 同业竞争要求：随着利率市场化不断深化，客户需求不断扩展，商业银行的产品体系也更加复杂。为此，商业银行需要建立一套科学合理的自主定价体系，在同业竞争加剧的外部环境下赢得先机。

（二）内部要求

1. 精细化管理要求：随着管理会计的全面推行，商业银行成本收益理念不断深化，精细化管理要求也不断提高。常规的资产业务定价方法已经难以满足商业银行精细化管理要求。资产定价方法需要充分考虑客户偏好，进一步构建以客户为基础的定价体系，推动全行精细化管理更上一个台阶。

2. 提升效益要求：商业银行需要通过定价管理体系的搭建，进一步推动商业银行管理及营销人员形成统一的成本底线思维模式，针对不同的客户群体实现有效的差异化定价，尤其是在巴塞尔协议Ⅲ实施背景下，优化资产负债管理能力是商业银行提升综合经营效益的必由之路。

三、优化组合定价法的实际应用

（一）参数与计量

面向不同客户群体的优化组合定价法需要将多个影响资产定价的因素纳入定价模型，即差异化调节项，包括但不限于商业银行内部政策因素和外部客户个体因素。其中，商业银行内部政策因素主要是指符合商业银行战略导向的业务或因素，例如重点合作项目、战略区域建设、新设机构扶持计划等。外部客户个体因素主要是指客户所处的区域、行业、与商业银行的合作关系、客户评级、贷款期限、担保方式等。差异化调节项公式如下：

$$差异化调节项 = 参数\ \alpha + 参数\ \beta + 参数\ \gamma + \cdots + 参数\ \delta$$

其中，参数 α 的调节值由其项下 α1，α2，α3 等二级参数合计得出（其他以此类推）。二级参数对应不同类型的最终计分结果。

为定量反映出不同因素对资产定价的影响，商业银行可将一系列的二级参数进行分档计分，并对其重要性进行分类管理。其中☆类属于重要参数，调节范围为 ±10bp；Δ 类属于一般参数，调节范围为 ±5bp。各二级参数加总后则得出针对某客户的差异化调节项（表 4－1 中仅为示例数据，下同）。

表 4－1　　创新组合定价法参数示例

分档	☆类	Δ类
第 1 档	－10bp	－5bp
第 2 档	－5bp	－3bp
第 3 档	0bp	0bp
第 4 档	+5bp	+3bp
第 5 档	+10bp	+5bp

（二）重点参数说明

1. 行业参数（α）。影响资产定价的行业因素包括对比行业收益率（α1）、弱经济周期行业（α2）、政策性限制/鼓励行业（α3）三项（见表4－2）。

表4－2　创新组合定价法之行业参数示例

二级参数	重要度	第1档	第2档	第3档	第4档	第5档
对比行业收益率	Δ	(−∞, −15bp)	[−15bp, 5bp)	[−5bp, 5bp)	[5bp, 15bp)	[15bp, +∞)
弱经济周期行业	☆	弱敏感行业		中敏感行业		强敏感行业
政策性限制/鼓励行业	☆	鼓励行业				限制行业

（1）对比行业收益率（α1）：不同行业的资产收益率存在较为显著的差异，脱离于行业收益率的定价在对外报价时可能存在较大偏差。可以根据商业银行各行业贷款收益率历史数据与商业银行对公贷款收益率均值的对比，将两者之差作为调增或调减的依据。相关示例如表4－3所示。

表4－3　创新组合定价法之行业门类参数调整点差示例

行业门类编码	行业门类	对比收益率示例	调整点差
A	农、林、牧、渔业	−5.3bp	−3bp
B	采矿业	+3.5bp	0bp
C	制造业	−11.3bp	−3bp
D	电力、热力、燃气及水生产和供应业	−3.7bp	0bp
……	……		
K	房地产业	+16.8bp	+5bp
L	租赁和商务服务业	+8.8bp	+3bp
M	科学研究和技术服务业	−7.3bp	−3bp
N	水利、环境和公共设施管理业	−10.6bp	+3bp
……	……		

（2）弱经济周期行业（α2）：在经济下行期限，商业银行应优化资产配

置结构，考虑增加配置一定比例的能够穿越经济周期的行业资产，垒好弱经济周期资产“压舱石”。因此要对经济周期敏感性不同行业加以区分，对弱经济周期行业的资产调减资产定价，对经济周期强敏感行业的资产调增资产定价。相关示例如表 4 –4 所示。

表 4 –4　　创新组合定价法之行业经济周期调整点差示例

行业中类编码	行业门类	行业中类	周期强弱	调整点差
A011	农、林、牧、渔业	谷物种植	弱	–10bp
A014	农、林、牧、渔业	蔬菜、食用菌及园艺作物种植	弱	–10bp
A015	农、林、牧、渔业	水果种植	弱	–10bp
A016	农、林、牧、渔业	坚果、含油果、香料和饮料作物种植	弱	–10bp
A017	农、林、牧、渔业	中药材种植	弱	–10bp
A019	农、林、牧、渔业	其他农业	弱	–10bp
A021	农、林、牧、渔业	林木育种和育苗	中	0bp
A022	农、林、牧、渔业	造林和更新	中	0bp
A023	农、林、牧、渔业	森林经营、管护和改培	中	0bp
A031	农、林、牧、渔业	牲畜饲养	强	+10bp
A032	农、林、牧、渔业	家禽饲养	强	+10bp
A039	农、林、牧、渔业	其他畜牧业	强	+10bp
A041	农、林、牧、渔业	水产养殖	中	0bp
A042	农、林、牧、渔业	水产捕捞	中	0bp
A051	农、林、牧、渔业	农业专业及辅助性活动	弱	–10bp
……	……	……	……	

（3）政策性限制/鼓励行业（α3）：当外部监管要求或行业内政策性导向需要针对特定行业（或行业细类）进行限制或鼓励投放时，适用于本二级参数的调节。例如，商业银行要求控制房地产行业投放规模时，可针对性调增一定的贷款价格。

2. 地区（β）。影响产品定价的地区考量因素包括区域不良率（β1）、区域财政实力增速（β2）、对比区域收益率（β3）和开业年限（β4）。其中，β3 和 β4 适用于［-5bp，5bp］的调节范围。相关示例如表 4-5 所示。

表 4-5　　创新组合定价法之地区参数示例

二级参数	重要度	第 1 档	第 2 档	第 3 档	第 4 档	第 5 档
区域不良率	☆	1% 以下	低	较低	较高	高
区域财政实力增速	☆	12% 以上	9%（含）~12%	6%（含）~9%	3%（含）~6%	3% 以下
对比区域收益率	Δ	（-∞，-15bp）	［-15bp，5bp）	［-5bp，5bp）	［5bp，15bp）	［15bp，+∞）
开业年限	Δ	开业当年	开业不满两年			

（1）区域不良率（β1）：在区域不良率高的分支机构投放贷款，需要加计风险调节点差。2021 年末我国各地区区域不良贷款率情况如表 4-6 所示。

表 4-6　　2021 年末我国各地区区域不良贷款率情况

分行所在地	2021 年区域不良贷款率	分行所在地	2021 年区域不良贷款率
北京	1% 以下	青岛	1% 以下
天津	高	郑州	高
呼和浩特	高	武汉	较低
沈阳	较高	长沙	较低
上海	1% 以下	广州	1% 以下
南京	1% 以下	深圳	低
苏州	1% 以下	重庆	较低
合肥	较低	成都	较低
福州	较低	贵阳	较高
南昌	较低	西安	较低
济南	低	兰州	高

资料来源：收集各地银监通报数据后整理。

（2）区域财政实力增速（β2）：区域贷款增速一方面代表市场资金需求量，另一方面则代表同业对当地市场资产质量的信心程度。对于信贷增速快的区域，实施价格减点。

（3）对比区域收益率（β3）：由于竞争环境差异、产业结构差异等多种因素，我国不同区域间天然存在贷款利率差异。一味地追求统一定价，商业银行资产定价体系很可能无法在当地形成有竞争力的报价。因此，可根据区域差异优化调整资产价格，将分行的平均收益率与所在经营区域的市场利率之差作为调节参数，实行分档调节。例如，某家分行贷款收益率显著高于当地市场平均20%，表明该家商业银行总行统一定价体系与区域市场存在一定程度上的不适配，可以向下调整资产价格。

（4）开业年限（β4）：对于开业时间较短（如不满两个完整会计年度）的新分行，给予一定的贷款点差优惠，推动新设分行快速抢占市场，拓展客户群体，夯实资产业务基础。

3. 战略（γ）。对于高度契合商业银行战略导向或者关乎商业银行长远利益的战略型客户，可以在资产定价中加入战略参数实施定价调节，包括但不限于政府重点项目、特定区域建设、大型央企国企、总对总战略协议的客户等。

需要提示的是，政策性的参数调节需要关注考核影响，不建议脱离考核单独推行。外部定价与内部考核从来不是相互割裂的，一些政策要求鼓励对外部的定价优惠，需要同步配套内部考核措施。例如小微企业贷款定价，虽然我们可以通过差异化调节项实施针对小微企业的定价点差调减，但一般建议通过调整 FTP 定价等形式同步反映在内部考核中（或者提升考核挂钩比例），避免影响机构或客户经理业务推动的积极性。优化组合定价法调节项指标参数如表 4 – 7 所示。

表 4 – 7　　优化组合定价法调节项指标参数（示例）

参数	二级参数	重要度	第 1 档	第 2 档	第 3 档	第 4 档	第 5 档
地区	区域不良率	☆	1% 以下	1% ~ 1.5%（含）	1.5% ~ 2%（含）	2% ~ 3%（含）	3% 以上
	区域财政实力增速	☆	12% 以上	9%（含）~ 12%	6%（含）~ 9%	3%（含）~ 6%	3% 以下
	对比区域收益率	Δ	(– ∞ , – 15bp)	[– 15bp, 5bp)	[– 5bp, 5bp)	[5bp, 15bp)	[15bp, + ∞)
	开业年限	Δ	开业当年	开业不满两年			

续表

参数	二级参数	重要度	第 1 档	第 2 档	第 3 档	第 4 档	第 5 档
行业	对比行业收益率	Δ	(-∞, -15bp)	[-15bp, 5bp)	[-5bp, 5bp)	[5bp, 15bp)	[15bp, +∞)
	弱经济周期行业	☆	弱敏感行业		中敏感行业		强敏感行业
	政策性限制/鼓励行业	☆	鼓励行业				限制行业
战略	政府重点项目	☆	√				
	特定区域建设	☆	√				
	总对总战略协议的客户	☆	√				
	……	☆	√				

成本加成定价法明确了办理该笔业务时的各项成本，为银行提供了控制贷款成本以提高竞争力的手段。但基于成本费用的定价仅从银行自身角度出发，忽略了客户需求、同业竞争以及市场变化。优化组合定价法通过差异化调节项，一方面满足基于针对不同客户的不同定价需求，提升了银行的盈利能力；另一方面为商业银行政策性、策略性的调整预留了空间，满足了应对市场变化的需求，是针对传统基于成本定价的有效改进，可以作为商业银行在定价体系建设中的探索。

第六节　不同定价方法的适用性

表 4-8 梳理了资产定价方法特性、优点、不足和适用范围。可以看到，成本加成定价法和 RAROC 定价法属于内向型定价方法。价格先导定价法属于外向型定价方法。客户盈利分析定价法和优化组合定价法属于综合型定价方法。

表 4－8　　资产定价方法比较

资产定价策略	性质	优点	不足	适用范围
成本加成定价法	内向型	保障银行利润目标，锁定单笔贷款有利可图	影响市场竞争力，忽略客户需求、同业竞争等因素影响	适用于拥有定价垄断地位的大型国有商业银行
价格先导定价法	外向型	既考虑违约风险，又考虑市场利率风险	对资本成本重视不够。既要考虑资产风险，又要评估市场情况，加大管理难度	适用于具有一定规模的商业银行
客户盈利分析定价法	综合型	体现以客户为中心经营理念，提升定价竞争力、精准性	对成本收益计算提出较高要求，加大管理难度	适用于以客户战略为中心的商业银行
RAROC定价法	内向型	1. 有利于实现资产定价与风险的匹配度 2. 突出对资本的有效使用	忽略客户需求、同业竞争、市场波动等因素	适用于资本稀缺问题较严重的商业银行
优化组合定价法	综合型	突出综合成本计量，有利于实现单笔资产获取最大收益	定价视角未体现不同资产的属性差异	适用于在成本管理精细化转型阶段的商业银行

每种定价方法的适用范围有一定的区别。成本加成定价法适用于拥有定价垄断地位的大型国有商业银行。价格先导定价法适用于具有一定规模的商业银行。客户盈利分析定价法适用于以客户战略为中心的商业银行。RAROC定价法适用于资本稀缺问题较严重的商业银行。优化组合定价法适用于在成本管理精细化转型阶段的商业银行。

事实上，每类商业银行资产定价方法侧重点不同，对商业银行的管理水平和系统支撑能力的需求也有很大的不同。因此，商业银行要体现资产定价的竞争力，就需要明确提高自身经营管理精细化管理水平，持续提升商业银行内部管理系统（包括风险管理系统、管理会计系统、外部市场信息平台等）的协同性和支撑力。

第三篇

应对巴塞尔协议Ⅲ挑战

第五章

巴塞尔协议Ⅲ实施前监管政策变革与挑战

经济活动的复杂性决定着金融监管政策需多元、多维度综合施策，单独孤立来看巴塞尔协议的实施对经济、金融的影响是片面的，放在经济、金融大环境中，银行经营在资本约束的条件下还受会计准则、监管指标、利率等相关政策的影响，且相关政策相互呼应、互为补充，本章着重就巴塞尔协议Ⅲ推出期间国际、国内会计准则变化，流动性及利率风险监管政策，杠杆率监管，接轨系统重要性银行政策以及利率市场化推进进程等方面，解析政策与巴塞尔协议的互动关系，评估政策变革对商业银行经营及资产定价的直接与间接影响。

第一节　新金融工具会计准则（IFRS 9）与企业会计准则第22号落地

一、会计准则修订进程加快

为适应经济发展需要，规范会计处理，近年来会计准则修订进程日益加快。从2017~2018年来看，国际会计准则理事会修订了《国际财务报告准则第2号——以股份为基础的支付》《国际财务报告准则第9号——金融工具》《国际财务报告准则第 15 号——基于客户合同的收入确认》《国际财务报告准则第 16 号——租赁》等 12 项准则。

财政部修订了《企业会计准则第 14 号——收入》《企业会计准则第 22 号——金融工具确认和计量》《企业会计准则第 23 号——金融资产转移》《企业会计准则第 24 号——套期会计》《企业会计准则第 37 号——金融工具列报》《企业会计准则第 21 号——租赁》等 8 项准则。会计准则修订步伐之快，内容变化之大，给企业会计实施带来巨大挑战。尤其是，新金融工具准则①的颠覆性变革，对银行的风险管理、绩效考核、资本管理等都造成深远影响。

（一）金融工具准则实施起源

20 世纪七八十年代，在布雷顿森林体系瓦解、全球范围金融自由化、债务危机导致资本管制加强等影响下，国际金融市场发展格外活跃，金融创新层出不穷。为降低金融工具交易发生时会计核算和监督管理的交易费用，各界强烈呼吁出台金融工具准则。最终，国际会计准则委员会（IASC）于 1998 年颁布了《国际会计准则第 39 号——金融工具：确认和计量》（即 IAS 39）。

尽管金融工具会计准则有助于降低交易费用，但其复杂性却饱受争议。于是，国际会计准则理事会（IASB）将降低金融工具会计处理的复杂性列入议事日程，而 2008 年爆发的全球金融危机则加速了新金融工具准则的出台。

全球金融危机爆发后，金融工具公允价值计量一度被认为是加剧金融危机恶化的“罪魁祸首”。其主要原因是公允价值会计和已发生损失减值模型

---

① 本书所指的新金融工具会计准则是指《国际财务报告准则第 9 号——金融工具》（IFRS 9）或《企业会计准则第 22 号——金融工具确认和计量（2017）》《企业会计准则第 23 号——金融资产转移（2017）》和《企业会计准则第 24 号——套期会计（2017）》。（老）金融工具会计准则是指《国际会计准则第 39 号——金融工具：确认和计量》（IAS 39）或《企业会计准则第 22 号——金融工具确认和计量（2006）》《企业会计准则第 23 号——金融资产转移（2006）》和《企业会计准则第 24 号——套期保值（2006）》。

表现出的顺周期效应。经济上升时，IAS 39 使过热的经济更“火”，产出更多的资产泡沫；经济下行时，IAS 39 又使寒冷的经济更“冰”，形成无底的资产黑洞。于是，G20 华盛顿峰会和伦敦峰会上，各国纷纷倡议准则制定方和监管机构共同完善公允价值计量、金融工具分类、减值处理等方面的会计规定，并将此作为完善金融体系的重要工作内容。

作为回应，IASB 将本次修订聚焦于降低金融工具会计准则的复杂性、缓解公允价值会计的顺周期效应、增强财务信息的透明度三个方面（黄世忠，2010）。历经多轮修订，最终，IASB 于 2014 年颁布《国际财务报告准则第 9 号——金融工具》（即 IFRS 9）最终修订版，以全面取代 IAS 39，并规定于 2018 年 1 月 1 日实施。

（二）IFRS 9 主要变化

各界普遍认为新金融工具准则内容和影响都是颠覆性的，主要体现在以下三方面。

1. 金融资产分类与计量。IFRS 9 统一分类判断标准，按照业务模式和合同现金流特征两个判断标准对债务型金融资产（含混合合同）进行判断，将金融资产四分类（交易性金融资产、可供出售金融资产、持有至到期投资、贷款和应收账款）变为三分类，即以摊余成本计量的金融资产（AC）、以公允价值计量且其变动计入其他综合收益的金融资产（FVOCI）、以公允价值计量且其变动计入当期损益的金融资产（FVTPL）。金融工具分类从“四分类”变为“三分类”，不仅是数量上的改变，更是分类理念的改变和分类标准的统一。

此外，IFRS 9 这一准则还在公允价值计量上提供了指引，弥补了 IAS 39 下公允价值计量的缺陷和不足：规定在业务模式发生变化的情况下允许金融资产进行重分类；若金融资产和金融负债存在会计错配，可使用公允价值选择权等。

2. 金融资产减值。IAS 39 下金融资产是在发生减值客观证据的情形下才计提的，导致减值计提太少、太晚，顺周期效应尤为突出。为此，IFRS 9 充分借鉴了巴塞尔协议的信用风险理念，通过计算风险暴露（EAD）、违约概率（PD）和违约损失率（LGD），并在此基础上考虑阶段划分、前瞻性等因素，将减值计提由原来的“已发生信用损失模型”改为“预期信用损失模型”。

3. 套期会计。套期会计的初衷是降低报表的波动性，反映企业风险管理活动的本质，但 IAS 39 的定量测试在一定程度上限制了套期会计的运用。为此，IFRS 9 在拓宽套期工具和被套期项目的范围、以定性的套期有效性要求取代现行准则的定量要求、允许通过调整套期工具和被套期项目的数量实现套期关系的“再平衡”等方面实现诸多突破，能更好地满足企业使用套期会计来加强风险管理。

（三）国内准则与国际准则衔接

2005 年，我国建成了与国际会计准则趋同的会计体系，并推动我国企业的平稳、有效实施，受到 IASB、世界银行等国际组织的认可和高度评价。2010 年，财政部发布《中国企业会计准则与国际财务报告准则持续趋同路线图》，再次表明与国际财务报告准则持续趋同的原则立场和明确态度，全力推进我国企业会计准则与国际财务报告准则的持续趋同。

2017 年 3 月 31 日，财政部正式发布金融工具等三项会计准则。2017 年 4 月 6 日，财政部进一步明确了新金融工具会计准则的分批分次过渡实施方法。其中，境内外同时上市的企业以及在境外上市并采用国际财务报告准则或企业会计准则编制财务报告的企业，要求自 2018 年 1 月 1 日起实施新金融工具会计准则；其他境内上市企业，要求自 2019 年 1 月 1 日起实施新金融工具会计准则；执行企业会计准则的非上市企业，要求自 2021 年 1 月 1 日起实施新金融工具会计准则。至此，我国新金融工具准则修订内容及实施路径已确定，国际趋同路线更加明确。

二、对巴塞尔协议Ⅲ实施的影响

2008 年爆发的金融危机不仅揭示了金融工具会计准则的缺陷，也暴露了巴塞尔资本监管框架（巴塞尔协议Ⅱ）的不足，其主要体现为：监管资本质量不高，资本监管要求偏低，风险加权资产计量未能很好地兼顾简单性、可比性和风险敏感性之间的关系等。

同为金融危机后的制度产物，IFRS 9 与巴塞尔协议Ⅲ两者互有借鉴：预期信用损失模型借鉴了巴塞尔协议的信用风险理念；巴塞尔协议Ⅲ资本计量又依赖会计所产出的数据。随着巴塞尔协议Ⅲ的实施，分析新金融工具准则对巴塞尔协议Ⅲ实施的影响显得迫在眉睫又尤为重要。本章认为影响主要体现在以下几方面。

（一）核心一级资本波动加剧

IFRS 9 实施后，更多的金融资产将被分类为 FVTPL 或 FVOCI，公允价值的计量范围扩大（邱月华和曲晓辉，2016；黄向庆等，2019）。其中，FVTPL 资产增加的主要原因是合同现金流特征测试不通过，如合同中含次级或减记条款、资产证券化的劣后级等；FVOCI 资产增加的主要原因是业务模式具有持有并出售双重目的，如票据、信用证等业务。

FVTPL 资产和 FVOCI 资产采用公允价值计量，其公允价值变动最终都将影响核心一级资本。即当资产的收益率曲线下降时，公允价值上升，当期损益或其他综合收益增加；而当资产的收益率曲线上升时，公允价值下降，当期损益或其他综合收益减少。这就需要商业银行在资本规划时，深入研判收益率曲线的走势，充分考虑资产公允价值波动对资本的影响。

对于分类为 AC 的金融资产，其影响资本的诱因是减值计量规则的改变。预期信用损失法使减值计提更加及时和充分，成丽莉等（2018）通过对 A 股上市银行、保险、证券业金融企业 2018 年半年报进行分析发现，22 家金融企业“资产减值损失”科目发生额同比增长 17.36%，实施 IFRS 9 后，将严重侵蚀核心一级资本。此外，IFRS 9 引入前瞻性因素，减值变动管理成为商业银行无法逃避的新课题，同时，进一步对资本管理提出了更高的要求。

综上所述，金融资产的不同分类与计量对资本影响如表 5－1 所示。

表 5-1　　　　　　　　不同资产分类与计量对资本的影响

<table>
<tr><th>资产分类</th><th>计量方法</th><th>会计处理</th><th>资本影响</th></tr>
<tr><td>FVTPL</td><td>公允价值</td><td>公允价值变动计入当期损益</td><td rowspan="4">核心一级资本</td></tr>
<tr><td>FVOCI</td><td>公允价值</td><td>公允价值变动计入其他综合收益，出售时转入当期损益</td></tr>
<tr><td>AC</td><td>摊余成本</td><td>减值损失计入当期损益</td></tr>
<tr><td>权益工具指定为FVOCI</td><td>公允价值</td><td>股利计入当期损益，其他计入其他综合收益</td></tr>
</table>

（二）精细化要求显著提升

“高风险、高收益”是资产定价遵循的风险与收益相匹配原则，而精细、精确地计量风险成本是影响定价的关键因素。以成本加成定价法为例，贷款价格=资金成本+风险成本+资本成本+运营成本+税务成本+目标利润。其中，风险成本由预期信用损失计量得到，与IFRS 9息息相关；资本成本由非预期损失计量得到，与巴塞尔协议Ⅲ密不可分。

修订后的金融工具准则和巴塞尔协议在精细化计量方面都有了新的要求：IFRS 9要求商业银行可根据产品类型、客户类型、客户所属行业及市场分布等信用风险特征，对信用风险敞口进行风险分组，以更精确计量预期信用损失，精准衡量风险成本；与此类似，巴塞尔协议Ⅲ标准法细化信用风险暴露的分类体系，将信用风险资产分为主权、银行、公司、零售等类别，并进一步明确各大类内部风险暴露的分类，以更精确计量非预期损失，精准衡量资本成本。

预期信用损失与非预期信用损失共同构成银行承担的损失，并以风险成本和资本成本方式影响资产定价。若能匹配风险成本与经济成本的精细化管理程度，将显著提升银行资产定价能力。

（三）为市场风险资本提供缓冲

金融危机爆发后，许多欧美银行的交易账户损失惨重，远远超过监管要求计提的市场风险资本，揭示了银行市场风险监管方面的重大缺陷。为此，巴塞尔协议Ⅲ吸取教训，完善市场风险资本计量规则，提高交易账簿资本耗用，如利率债和金融债，分类为银行账簿权重为 0 和 40%，但分类为交易账簿后耗用资本将成倍增长，市场风险资本管理难度大大提升。

随着市场经济的快速发展，企业面临的风险增多，利用套期保值来防范和规避风险成为经营管理的重要手段。IFRS 9 简化了套期会计处理，降低套期会计实施门槛，从会计准则角度为套保实施提供便利。但是，采用套期保值进行风险管理的同时又影响了银行的账户划分，进而影响资本计量。2011 年，经银监会修改后的《银行业金融机构衍生产品交易业务管理暂行办法》规定“银行业金融机构主动发起，为规避自由资产、负债的信用风险、市场风险或流动性风险而进行的衍生品交易。此类交易需符合套期会计规定，并划入银行账户管理”。

因此，在风险管理需求剧增、套保实施难度下降的背景下，可以预期，企业采用套期保值管理将更为普遍，而这在一定程度上缓解了巴塞尔协议Ⅲ实施引起的市场风险资本激增，有助于巴塞尔协议Ⅲ的平稳过渡。

三、应对策略

现阶段，新金融工具准则已全面实施，巴塞尔协议Ⅲ于 2023 年开始实施。为此，商业银行应在充分评估新金融工具准则影响的基础上，前瞻性地提出应对方案，确保巴塞尔协议Ⅲ有序衔接，具体应对措施有以下几种。

（一）会计分类前移，资本管理理念前置化

IFRS 9 要求根据合同现金流量特征和业务模式确定会计三分类，判断标准更客观，判断节点更提前。实施 IFRS 9 后，银行在业务设计的源头就需考虑并预判资产会计分类。合同条款和业务模式影响资产会计分类，并进而影响资本管理，该影响路径迫使资本管理顺势而变，资本管理理念应前置化。

资本管理前置化不仅是决策层理念的转变，更需要一线经营机构和业务人员转变工作思路。通过制度体系的构建、业务规则的辅导、反馈机制的建立等方式，宣导资本管理前瞻的工作理念、规范客户管理和合同管理的工作行为，减少信息不对称带来的工作摩擦，自上而下、一以贯之的决策传导机制，使银行会计分类预期、资本管理目标与经营机构和业务人员实践高度吻合。

（二）预期信用损失精准计量，资本管理要求精细化

利率市场化改革的推进倒逼银行进一步提升资产定价能力。而风险成本和经济成本作为资产定价中的重要影响因子，在精确衡量业务风险与收益匹配上起关键作用，进而能为信贷决策和定价提供有力依据，有助于提升银行的竞争能力。

不难发现，IFRS 9 和巴塞尔协议Ⅲ的规定与银行提升定价能力的诉求不谋而合，是银行精细化定价管理的外在推动力。IFRS 9 实施后，刘吕科（2022）研究指出，IFRS 9 新减值规则是银行加强全面风险管理的又一新起点，是提升精细化管理能力的有力支撑。预期信用损失法的实施使减值计量精细化，进而有助于真实反映风险成本；而资产定价的另外一个关键因素资本成本的精准衡量则与巴塞尔协议Ⅲ实施成效紧密相关，银行为此需在资本管理的精细化上苦练功夫。一是借助金融科技力量，夯实数据基础，为资本计量提供“物力”支持；二是建立一支具备模型开发、维护、验证等能力的专业队伍，为资本计量创造优质的“人力”条件。在“物力”和“人力”的保障下，在更为细化的信用风险暴露分类体系基础上，考虑差异化的管理要求，搭建一套精准而细分的资本计量体系，提升资本计量的风险敏感度和精细度，从而实现资本成本的真实反映。

预期信用损失和非预期信用损失的全面结合，风险成本与经济成本的精确匹配，帮助一线人员和经营机构从业务伊始就厘清成本占用，帮助管理部门评价风险收益情况，最终形成业务定价中的风险“价格”。

（三）套期会计普遍实施，资本管理手段多样化

资本市场风云变幻，近年来，外汇、债券、大宗商品价格相继出现未曾预料的剧烈波动，银行通过套期保值进行风险管理的需求大幅增长。尤其是 IFRS 9 实施后，更为清晰和简单的套期会计规则，使得运用套期会计进行风险管理的动机更为强烈，锁定经营效益，降低报表波动，并最终通过套期会计清晰呈现风险管理成果。

巴塞尔协议Ⅲ实施后，交易账户带来的资本上升远超银行账户，给银行资本管理带来了压力。银行应用套期会计管理交易风险的同时，也为资本管理提供了新手段，即统筹考虑交易的实质风险和账户属性，在一定程度上可平衡交易账户带来的资本波动。在全面风险管理战略框架下，风险管理策略、风险管理措施和风险管理信息系统等形成一个有机整体，后端风险资本计量与前端风险管理动机息息相关，风险资本计量科学合理地使用风险管理成果，为银行未来的资本管理带来可借鉴的思路。

第二节　商业银行流动性风险监管新规实施

流动性风险监管政策梳理结果如图 5－1 所示。

一、国际流动性风险监管政策梳理及解读

（一）巴塞尔委员会：《计量与管理流动性的框架》（1992 年开始推行）

1. 政策出台背景。20 世纪 90 年代银行危机事件频发，金融产品创新不断，各国监管层对流动性风险的关注越来越多。各监管部门相继发布监管手册与指引，流动性监管体系逐步形成，各种流动性风险模型也开始逐步采用。总体上来看，各国都有意识地从单纯的指标监管转向流动性管理体系的

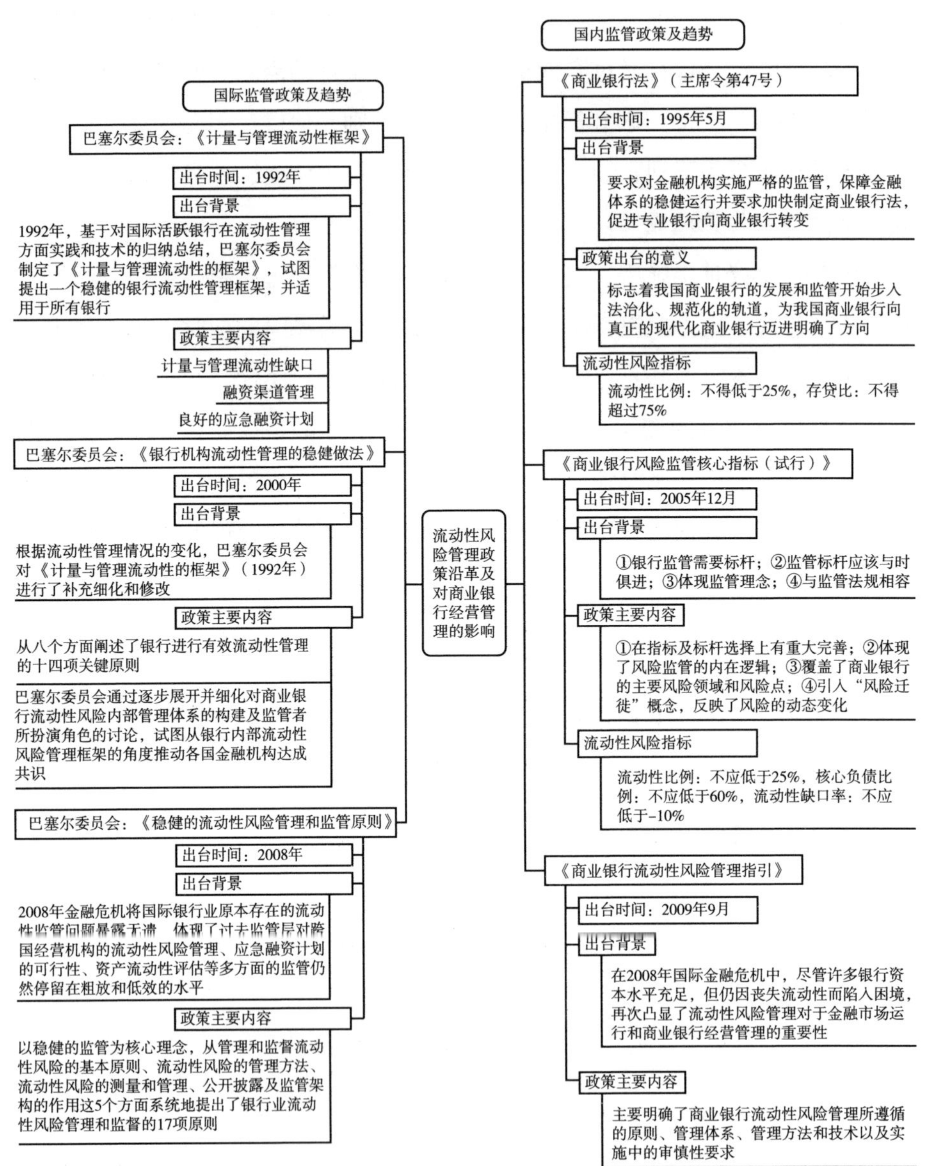
流动性风险管理政策沿革及对商业银行经营管理的影响
国际监管政策及趋势
巴塞尔委员会：《计量与管理流动性框架》
出台时间：1992年
出台背景
1992年，基于对国际活跃银行在流动性管理方面实践和技术的归纳总结，巴塞尔委员会制定了《计量与管理流动性的框架》，试图提出一个稳健的银行流动性管理框架，并适用于所有银行
政策主要内容
计量与管理流动性缺口
融资渠道管理
良好的应急融资计划
巴塞尔委员会：《银行机构流动性管理的稳健做法》
出台时间：2000年
出台背景
根据流动性管理情况的变化，巴塞尔委员会对《计量与管理流动性的框架》（1992年）进行了补充细化和修改
政策主要内容
从八个方面阐述了银行进行有效流动性管理的十四项关键原则
巴塞尔委员会通过逐步展开并细化对商业银行流动性风险内部管理体系的构建及监管者所扮演角色的讨论，试图从银行内部流动性风险管理框架的角度推动各国金融机构达成共识
巴塞尔委员会：《稳健的流动性风险管理和监管原则》
出台时间：2008年
出台背景
2008年金融危机将国际银行业原本存在的流动性监管问题暴露无遗，体现了过去监管层对跨国经营机构的流动性风险管理、应急融资计划的可行性、资产流动性评估等多方面的监管仍然停留在粗放和低效的水平
政策主要内容
以稳健的监管为核心理念，从管理和监督流动性风险的基本原则、流动性风险的管理方法、流动性风险的测量和管理、公开披露及监管架构的作用这5个方面系统地提出了银行业流动性风险管理和监督的17项原则
国内监管政策及趋势
《商业银行法》（主席令第47号）
出台时间：1995年5月
出台背景
要求对金融机构实施严格的监管，保障金融体系的稳健运行并要求加快制定商业银行法，促进专业银行向商业银行转变
政策出台的意义
标志着我国商业银行的发展和监管开始步入法治化、规范化的轨道，为我国商业银行向真正的现代化商业银行迈进明确了方向
流动性风险指标
流动性比例：不得低于25%，存贷比：不得超过75%
《商业银行风险监管核心指标（试行）》
出台时间：2005年12月
出台背景
①银行监管需要标杆；②监管标杆应该与时俱进；③体现监管理念；④与监管法规相容
政策主要内容
①在指标及标杆选择上有重大完善；②体现了风险监管的内在逻辑；③覆盖了商业银行的主要风险领域和风险点；④引入“风险迁徙”概念，反映了风险的动态变化
流动性风险指标
流动性比例：不应低于25%，核心负债比例：不应低于60%，流动性缺口率：不应低于-10%
《商业银行流动性风险管理指引》
出台时间：2009年9月
出台背景
在2008年国际金融危机中，尽管许多银行资本水平充足，但仍因丧失流动性而陷入困境，再次凸显了流动性风险管理对于金融市场运行和商业银行经营管理的重要性
政策主要内容
主要明确了商业银行流动性风险管理所遵循的原则、管理体系、管理方法和技术以及实施中的审慎性要求

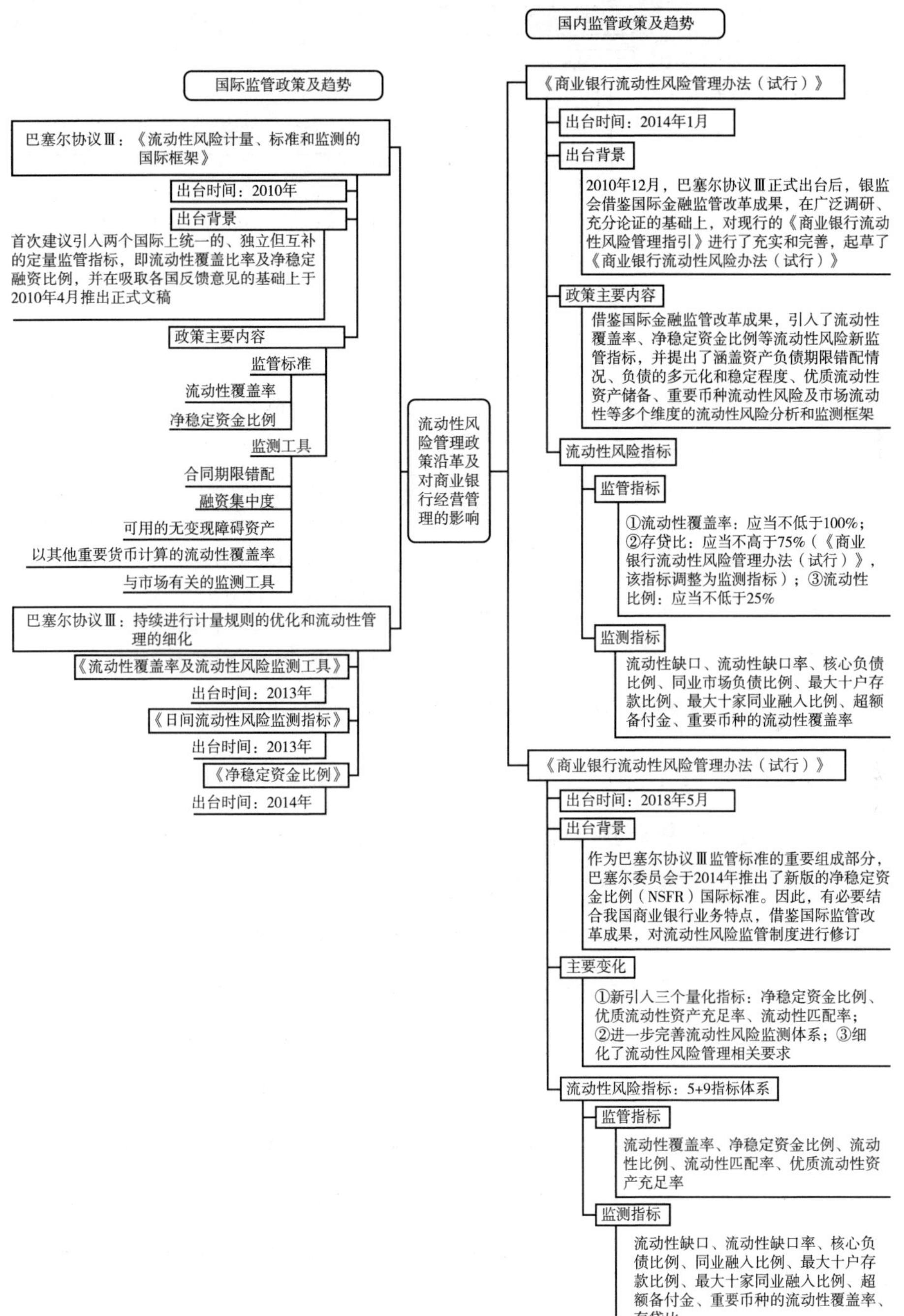

流动性风险管理政策沿革及对商业银行经营管理的影响
国际监管政策及趋势
巴塞尔协议Ⅲ：《流动性风险计量、标准和监测的国际框架》
出台时间：2010年
出台背景
首次建议引入两个国际上统一的、独立但互补的定量监管指标，即流动性覆盖比率及净稳定融资比例，并在吸取各国反馈意见的基础上于2010年4月推出正式文稿
政策主要内容
监管标准
流动性覆盖率
净稳定资金比例
监测工具
合同期限错配
融资集中度
可用的无变现障碍资产
以其他重要货币计算的流动性覆盖率
与市场有关的监测工具
巴塞尔协议Ⅲ：持续进行计量规则的优化和流动性管理的细化
《流动性覆盖率及流动性风险监测工具》
出台时间：2013年
《日间流动性风险监测指标》
出台时间：2013年
《净稳定资金比例》
出台时间：2014年
国内监管政策及趋势
《商业银行流动性风险管理办法（试行）》
出台时间：2014年1月
出台背景
2010年12月，巴塞尔协议Ⅲ正式出台后，银监会借鉴国际金融监管改革成果，在广泛调研、充分论证的基础上，对现行的《商业银行流动性风险管理指引》进行了充实和完善，起草了《商业银行流动性风险办法（试行）》
政策主要内容
借鉴国际金融监管改革成果，引入了流动性覆盖率、净稳定资金比例等流动性风险新监管指标，并提出了涵盖资产负债期限错配情况、负债的多元化和稳定程度、优质流动性资产储备、重要币种流动性风险及市场流动性等多个维度的流动性风险分析和监测框架
流动性风险指标
监管指标
①流动性覆盖率：应当不低于100%；②存贷比：应当不高于75%（《商业银行流动性风险管理办法（试行）》，该指标调整为监测指标）；③流动性比例：应当不低于25%
监测指标
流动性缺口、流动性缺口率、核心负债比例、同业市场负债比例、最大十户存款比例、最大十家同业融入比例、超额备付金、重要币种的流动性覆盖率
《商业银行流动性风险管理办法（试行）》
出台时间：2018年5月
出台背景
作为巴塞尔协议Ⅲ监管标准的重要组成部分，巴塞尔委员会于2014年推出了新版的净稳定资金比例（NSFR）国际标准。因此，有必要结合我国商业银行业务特点，借鉴国际监管改革成果，对流动性风险监管制度进行修订
主要变化
①新引入三个量化指标：净稳定资金比例、优质流动性资产充足率、流动性匹配率；②进一步完善流动性风险监测体系；③细化了流动性风险管理相关要求
流动性风险指标：5+9指标体系
监管指标
流动性覆盖率、净稳定资金比例、流动性比例、流动性匹配率、优质流动性资产充足率
监测指标
流动性缺口、流动性缺口率、核心负债比例、同业融入比例、最大十户存款比例、最大十家同业融入比例、超额备付金、重要币种的流动性覆盖率、存贷比

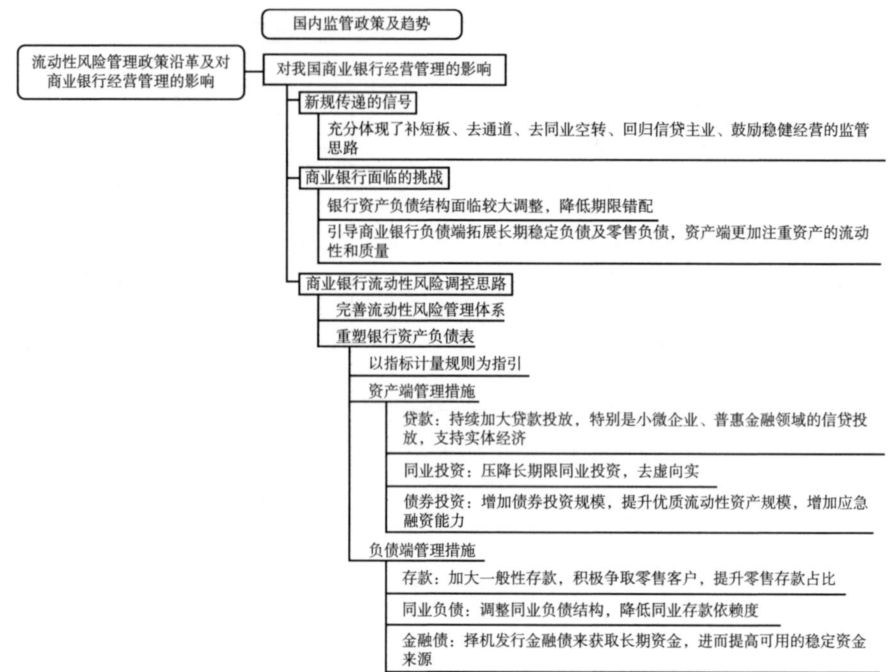

图5－1　流动性风险监管政策及影响评估思维导图

建设。1992年，基于对国际活跃银行在流动性管理方面实践和技术的归纳总结，巴塞尔委员会制定了《计量与管理流动性的框架》，试图构建一个稳健的银行流动性管理框架，并适用于所有银行。

2. 政策主要内容。巴塞尔委员会构建的流动性风险管理框架主要包括三大维度：计量与管理流动性缺口、融资渠道管理和应急计划。

（1）计量与管理流动性缺口：主要是基于对未来资产、负债和表外项目的假设，通过构造期限阶梯来分析银行的现金流和流动性状况。

（2）融资渠道管理：要求银行定期从融资工具的种类、资金提供者的类型和市场的地理区域集中程度来审查其融资渠道多样化情况，且与资金提供者建立稳定、良好的业务关系，发展可变现资产或以资产为抵押进行融资的市场。

（3）应急计划：需包括应对危机的策略以及在紧急情况下弥补现金流短

缺的程序，确保在危机情景下，责任归属明确且信息能及时畅通地共享，以免造成资源和时间上不必要的浪费。

（二）巴塞尔委员会：《银行机构流动性管理的稳健做法》（2000 年）

根据流动性管理情况的变化，巴塞尔委员会对《计量与管理流动性的框架》（1992 年）进行了补充细化和修改。

政策主要内容：从 8 个方面阐述了银行进行有效流动性管理的 14 项关键原则。巴塞尔委员会通过逐步展开并细化对商业银行流动性风险内部管理体系的构建及监管者所扮演角色的讨论，试图从银行内部流动性风险管理框架的角度推动各国金融机构达成共识。

（三）巴塞尔委员会：《流动性风险管理和监管的原则》（2008 年优化）

2008 年金融危机将国际银行业原本存在的流动性监管问题暴露无遗，体现了过去监管层对跨国经营机构的流动性风险管理、应急融资计划的可行性、资产流动性评估等多方面的监管仍然停留在粗放和低效的水平。在对既有流动性监管制度进行深刻反思和各国监管实践进行总结的基础上，巴塞尔委员会于 2008 年 9 月公布了《流动性风险管理和监管的原则》。

政策主要内容：以稳健的监管为核心理念，从管理和监督流动性风险的基本原则、流动性风险的管理方法、流动性风险的计量和管理、公开披露及监管架构的作用 5 个方面系统地提出了银行业流动性风险管理和监督的 17 项原则，为后危机时代的国际银行业流动性风险管理确立了一套完备的原则框架。

（四）巴塞尔委员会：《稳健的流动性风险管理和监管原则》（2010 年）

巴塞尔委员会在其于 2009 年 12 月公布的《流动性风险计量、标准和监测的国际框架（征求意见稿）》（以下简称《框架》）中，首次建议引入两个国际上统一的、独立但互补的定量监管指标：流动性覆盖比率（LCR）及净稳定资金比例（NSFR），并在吸取各国反馈意见的基础上于 2010 年 4 月推出正式文稿。

政策主要内容：巴塞尔委员会提出了两个定量监管指标，还引入了五个监测工具用以连续监测。

1. 监管标准。（1）流动性覆盖率：用来确定监管部门确定的短期严重压力情景下，一个机构所持有的无变现障碍的、优质的流动性资产的数量，通过变现可满足对其30天的资金净流出。（2）净稳定资金比例：衡量一家机构根据资产的流动性状况和其表外承诺及负债导致的流动性或有需求状况，所使用的长期、稳定资金的数量。

2. 监测工具。（1）合同期限错配：一定时间段内合同约定的资金流入和流出之间的缺口。（2）融资集中度：单个交易对手、单个金融工具、单个币种三个不同维度体现的负债资金与银行资产负债表总量之比。（3）可用的无变现障碍资产：可在二级市场进行融资抵押或被中央银行接受作为借款担保品的、无变现障碍的资产。（4）以其他重要货币计算的流动性覆盖率：监测以其他货币计算的流动性覆盖率。（5）与市场有关的监测工具：以市场为基础的数据，如市场整体信息、金融行业信息和特定银行的信息。

（五）巴塞尔协议Ⅲ：持续进行计量规则的优化和流动性管理的细化

2013年：《流动性覆盖率及流动性风险监测工具》，对2010年公布的流动性覆盖率标准进行了修订完善，旨在加强全球流动性监管。

2013年：《日间流动性风险监测指标》，对日间流动性管理提出明确要求。

2014年：《净稳定资金比例》，与2010年版本相较，对个别资产负债类别的折算率进行了优化和调整。

二、国内流动性风险监管政策梳理及解读

（一）《中华人民共和国商业银行法》（1995年颁布）

1. 政策背景。1993年，国务院颁布《关于金融体制改革的决定》，对金

融改革的目标、内容、要求和步骤作了具体部署。同时要求对金融机构实施严格的监管，保障金融体系的稳健运行并要求加快制定商业银行法，促进专业银行向商业银行转变。1993 年人民银行组成起草小组，并组成银行法起草顾问小组，参照国际上的通行做法，在新的理念下重新开始起草商业银行法，并上报到国务院。1995 年 5 月 10 日，八届全国人大常委会第十三次会议最终通过了《中华人民共和国商业银行法》（以下简称《商业银行法》）；2003 年 12 月 27 日十届全国人大常委会第六次会议第一次修正；2015 年 8 月 29 日十二届全国人大常委会第十六次会议第二次修正。

2. 流动性风险管理政策主要内容。《商业银行法》结合国内银行实际，在借鉴国际商业银行流动性管理经验基础上，首次引入两项流动性风险管理指标。一是存贷比，要求贷款余额与存款余额的比例不得超过 75%；二是流动性比例，要求流动性资产余额与流动性负债余额的比例不得低于 25%。其中，流动性比例作为流动性监管指标沿用至今。

（二）《商业银行风险监管核心指标（试行）》（2005 年推行）

1. 政策出台背景。第一，银行监管需要标杆，如果缺乏科学的标杆体系，监管者就无法判断商业银行的风险程度，也就无法实施有针对性的分类监管。第二，监管标杆应该与时俱进，应该随银行监管理论和实践的不断发展而发展。在我国银行监管史上，监管指标集中于 1996 年施行的《资产负债比例管理监控、监测指标和考核办法》中，到 2005 年看来其中不少指标和指标值已经过时。第三，监管标杆必须体现监管理念，银监会、保监会提出了新的理念，其中很重要的一条就是“管风险”，在实践中就是要实行风险监管，但原有指标多数属于合规性指标。第四，监管标杆必须与监管法规相容（compatible），银监会、保监会出台了一系列监管规章和指引，迫切需要有配套的具体指标指导实际操作。基于上述四点考虑，银监会成立专门小组研究制定了《商业银行风险监管核心指标（试行）》（以下简称《核心指标》）。

2. 政策主要内容。

（1）在指标及标杆选择上有重大完善：新增了核心负债依存度、流动性缺口率、外汇敞口头寸比例、利率风险敏感度、操作风险损失率以及所有迁徙类指标等13个指标，修改了授信集中度、授信关联度、不良资产率、不良贷款率、资本充足率、核心资本充足率6个指标，并根据银行业改革成果和进度调整了部分指标值。

（2）体现了风险监管的内在逻辑：首先衡量风险水平，其次分析风险迁徙，最后评估银行的风险抵御能力。

（3）覆盖了商业银行的主要风险领域和风险点：既覆盖了信贷资产风险，也覆盖了非信贷资产风险；既反映了流动性风险和信用风险，也反映了市场和操作风险；既反映了各类风险的总体水平，也反映了风险结构与波动性。

（4）引入“风险迁徙”概念，反映了风险的动态变化：从技术层面来看，这种技术以五级分类为基础，同时又弥补了五级分类只能衡量风险静态水平的不足；从应用价值来看，这类指标不仅可用于风险水平的评价，也可用于对风险变化的预警。

（5）明确新增3项流动性监管指标达标要求。其中，流动性比例不应低于25%、核心负债比例不应低于60%、流动性缺口率不应低于-10%。

（三）《商业银行流动性风险管理指引》

1. 政策出台背景。巴塞尔协议Ⅲ新资本协议第二支柱第一项原则即要求银行应具备评估包括流动性风险在内的所有实质性风险的程序和能力，巴塞尔委员会发布的《有效银行监管核心原则》也提出监管部门应为银行制定流动性风险管理指引。2008年金融危机更是表明市场流动性状况可以短期内逆转并维持相当长时间，再次凸显了流动性风险管理对于金融市场运行和商业银行经营管理的重要性。制定并发布《商业银行流动性风险管理指引》（以下简称《指引》）对于稳步推进新资本协议的实施、提升我国商业银行流动性风险管理能力并防范金融危机的冲击具有重要意义。

2. 政策主要内容。《指引》主要明确了商业银行流动性风险管理所遵循的原则、管理体系、管理方法和技术以及实施中的审慎性要求，并没有改变现行的流动性风险监管指标，商业银行仍应严格遵守目前法律法规和行政规章中与流动性风险相关的各项监管指标，银保监会依法对商业银行各项流动性风险监管指标的遵循情况进行监管。

（四）《商业银行流动性风险管理办法（试行）》

1. 政策出台背景。随着金融创新和金融市场的快速发展，商业银行流动性风险管理面临着更大的挑战，监管部门有效监管商业银行流动性风险的难度也不断加大。在我国，随着银行业经营环境、业务模式、资金来源的变化，加强流动性风险管理的必要性和紧迫性也日益突出。在 2008 年国际金融危机中，尽管许多银行资本水平充足，但仍因丧失流动性而陷入困境，主要原因是其流动性风险管理体系存在明显缺陷，未能有效实施稳健的流动性风险管理原则。2010 年 12 月，《最终方案》正式出台后，银监会借鉴国际金融监管改革成果，在广泛调研、充分论证的基础上，对现行的《商业银行流动性风险管理指引》进行了充实和完善，起草了《商业银行流动性风险管理办法（试行）》（以下简称 2014 版流动性风险办法）。

2. 政策主要内容。2014 版流动性风险办法力求建立一个更全面的流动性风险管理框架，在进一步完善现金流管理等重点环节的同时，还充实了多元化和稳定的负债和融资管理、日间流动性风险管理、优质流动性资产储备管理、并表和重要币种流动性风险管理等多项内容，提高了压力测试、应急计划等监管要求的针对性和可操作性，以更好地引导银行提高流动性风险管理的精细化程度和专业化水平。

在定量要求方面，2014 版流动性风险办法借鉴国际金融监管改革成果，引入了流动性覆盖率、净稳定资金比例等流动性风险新监管指标，并提出了涵盖资产负债期限错配情况、负债的多元化和稳定程度、优质流动性资产储备、重要币种流动性风险及市场流动性等多个维度的流动性风险分析和监测框架。

（1）监管指标：①流动性覆盖率：旨在确保商业银行具有充足的合格优质流动性资产，能够在银监会规定的流动性压力情景下，通过变现这些资产满足未来至少 30 天的流动性需求，应当不低于 100%。②存贷比：应当不高于 75%。2015 年该指标由监管指标调整为监测指标。③流动性比例：应当不低于 25%。

（2）监测指标：流动性缺口、流动性缺口率、核心负债比例、同业市场负债比例、最大十户存款比例、最大十家同业融入比例、超额备付金、重要币种的流动性覆盖率。

（五）2018 版《商业银行流动性风险管理办法》

随着国内、国际经济形势变化，银行业务经营出现新特点。同时，作为巴塞尔协议Ⅲ监管标准的重要组成部分，巴塞尔委员会于 2014 年推出了新版的净稳定资金比例（NSFR）国际标准。因此，有必要结合我国商业银行业务特点，借鉴国际监管改革成果，对《商业银行流动性风险管理办法（试行）》进行修订（以下简称 2018 版新规）。

政策主要变化如下。

1. 新引入三个量化指标：①净稳定资金比例适用于资产规模在 2000 亿元（含）以上的商业银行。②优质流动性资产充足率适用于资产规模小于 2000 亿元的商业银行。③流动性匹配率适用于全部商业银行。

2. 进一步完善流动性风险监测体系：对部分监测指标的计算方法进行了合理优化，强调其在风险管理和监管方面的运用。

3. 细化了流动性风险管理相关要求：如日间流动性风险管理、融资管理等。

三、2018 版新规对商业银行经营管理的影响

（一）2018 版新规传递的信号

2018 版新规充分体现了监管部门要求商业银行补短板、去通道、去同业空转、回归信贷主业、鼓励稳健经营的监管思路。

1. 鼓励存贷业务，回归业务本源。2018 年，加强金融监管、防控金融风险进入深水区。在银行业市场乱象整治取得阶段性成果的情况下，中国银保监会强监管、严监管的政策措施更加深化、细化，通过出台包括资管新规、理财新规、流动性新规等在内的一系列规章制度，加大商业银行具体业务的约束，倒逼银行回归传统的存贷款和债券业务，支持实体经济，避免套利和空转。

2. 限制同业业务，去金融杠杆。自 2017 年以来，监管部门致力于推动金融去杠杆和抑制影子银行发展，目的在于提高银行业务的透明度，坚守防范系统性金融风险的底线，2018 版新规出台后，通过引入净稳定资金比例、流动性匹配率两个量化监管指标进一步压缩、规范同业业务，同时将同业存单纳入同业负债统计口径以及 MPA 考核，进一步强化了监管对同业资产的管控力度。

3. 对商业银行资产负债管理提出更高要求。2018 版新规实施后，监管思路已由窗口指导转变为以更加完善的量化技术指标引导，通过完善量化指标体系，使得商业银行的资产和负债匹配在微观层面上得到约束和平衡。商业银行的资产负债结构将面临重塑，逐步向“精品银行”高质量发展转型。

（二）商业银行经营调控思路

1. 建立完善的流动性风险管理体系。2018 版新规致力于商业银行建立完善的流动性风险管理框架。一是建立有效的流动性治理架构，明晰“三会一层”、主管部门、风险管理部门、经营机构各自职责和汇报路径；二是建立完善的流动性风险管理策略、政策和程序，明确管理目标、管理模式，确保风险偏好得到有效传导和落实，将表内外本外币所有业务均纳入流动性风险管理架构；三是建立有效的流动性风险识别、计量、监测、控制和报告体系，商业银行应根据其业务规模、性质、复杂程度和风险状况，运用适当的方法和模型，对正常和压力情景下未来不同时间段的现金流、期限错配、融资多元化和稳定程度进行分析和监测，加强应急融资能力建设；四是建立完备的管理信息系统，准确、及时、全面计量、监测和报告流动性风险状况，同时建立适当的内部考核和问责机制，确保各项流动性管理手段和工具得到有效利用，提升商业银行流动性风险管理水平。

2. 重塑银行资产负债表。在传统意义上，资产负债管理更多地关注量上的匹配，包括存贷比管控、同业负债比例等，都是强调资产负债项目总量结构的平衡，这也为商业银行通过增加同业杠杆快速规模扩张提供了便利，因同业负债获得的便利性远高于一般性基础存款。

2018 版新规实施后，不仅要求资产负债总量匹配，更是从流动性角度出发评估资产、负债项目“现金流”属性，资产端侧重于评估资金运用的流动性和可回收性，负债端侧重于评估资金来源的稳定性和可获得性，从而更加关注资产和负债“质量”匹配。只有“量”和“质”同时匹配，商业银行流动性才能符合监管要求，换言之，2018 版新规已对商业银行经营产生实质影响和硬约束，要求商业银行对照 2018 版新规要求，重塑资产负债表，达到流动性和效益性均衡。

（1）指标计量规则。除了流动性比例等传统的流动性监管指标外，2018 版新规引入了净稳定资金比例和流动性匹配率两个量化监管指标，虽然这两个指标侧重点不同，但整体的逻辑一致，就是将资产负债表划分不同项目，并赋予不同的折算系数，最后要求商业银行可用的稳定资金（资金来源）能够完全覆盖所需的稳定资金（资金运用），继而对商业银行经营行为形成约束，引导商业银行调整、优化资产负债结构。

以流动性匹配率为例，从资金来源端来看，先按照负债类别划分，与存款相关的资金来源被给予了较高的折算系数，而同业业务则被给予了较低的折算系数；再按照剩余期限长短划分，剩余期限越长折算系数越高，如 3 个月以内的各项存款被给予了 50% 的折算率，而 3 个月以内的同业存款、同业拆入及卖出回购则被给予了 0% 的折算率。从资金运用端来看，同样逻辑，先按照资产类别划分，贷款被给予了相对较低的折扣率，同业资产则被给予了较高的折扣率；再根据剩余期限长短划分，剩余期限越长折算系数越高，如 3 个月以内的各项贷款被给予 30% 的折算率，而 3 个月以内的存放同业及投资同业存单等被给予了40%的折算率。具体如表5－2所示。

表5－2　　　　　　　　流动性匹配率折算系数

项目	折算率（按剩余期限）		
	<3个月	3～12个月	≥1年
加权资金来源			
1. 来自中央银行的资金	70%	80%	100%
2. 各项存款	50%	70%	100%
3. 同业存款	0	30%	100%
4. 同业拆入及卖出回购	0	40%	100%
5. 发行债券及发行同业存单	0	50%	100%
加权资金运用			
1. 各项贷款	30%	50%	80%
2. 存放同业及投资同业存单	40%	60%	100%
3. 拆放同业及买入返售	50%	70%	100%
4. 其他投资	100%		
5. 由银行业监督管理机构视情形确定的项目	由银行业监督管理机构视情况确定		

资料来源：《商业银行流动性风险管理办法》。

从指标计量规则可以看出，为做到流动性监管指标达标，商业银行在进行资产负债结构调整时，应加大贷款投放，压降同业投资；组织存款吸收，减少同业负债依赖度。

（2）资产端调整、优化措施。一是加大贷款投放力度。2018版新规中对于贷款项目在资金使用上给予较低折算系数，鼓励商业银行持续加大贷款投放，特别是小微企业、普惠金融领域的信贷投放，提升贷款在总资产中的占比，支持实体经济，回归业务本源。这一调控逻辑与当前国家宏观政策导向一致。

二是压降同业投资。2018版新规明确提出“商业银行应当加强同业业务流动性风险管理，提高同业负债的多元化和稳定程度，并优化同业资产结构和配置”。净稳定资金比例计量规则中，对于商业银行投资的信托计划、券商资管、公募基金等SPV投资均放入“同业资产”项目，折算率为

100%，远高于折算率仅50%的同业负债，这样商业银行吸收同业负债，投放同业资产，即使总量匹配，但流动性监管指标不匹配，客观上限制了该模式的可操作性。对于同业资产占比高的银行，为了监管指标达标，不得不压降同业资产，将有限资金投向资金使用折算系数低的贷款或债券，脱虚向实，防止资金空转。

三是加大高流动性债券投资力度。2018 版新规要求“商业银行应当持有充足的优质流动性资产，确保其在压力情景下能够及时满足流动性需求”，优质流动性资产最重要组成部分是高流动性债券，包括利率债、地方债、高等级企业债。因此，2018 版新规对于高流动性债券所需资金赋予较低的折算系数（5%），鼓励商业银行加大债券投资，提升优质流动性资产保有规模，提升商业银行的应急融资能力。同时也鼓励商业银行积极参与债券市场投资，毕竟当前阶段债券市场投资主体仍然是商业银行，对于发挥和强化债券市场融资能力至关重要。

（3）负债端调整、优化措施。一是加大存款组织。存款为立行之本，加大一般性存款组织，积极争取零售客户，关注零售存款占比，这是商业银行流动性管理的关键。因此，2018 版新规赋予一般性存款更高的资金来源折算系数，其中，零售存款折算系数高于企业存款，商业银行为了流动性监管指标持续达标，必须加大存款组织，积极提升零售存款占比。

二是控制同业负债占比。2018 版新规明确提出“加强负债品种、期限、交易对手、币种、融资抵（质）押品和融资市场等的集中度管理，适当设置集中度限额，对于同业批发融资，应按总量和主要期限分别设定限额”。同业负债作为市场化资金，可获得性和流动性具有较强的周期性，通常流动性紧张时，同业负债可获得性差，流动性宽裕时，同业负债可获得性好，这种叠加效益容易引发流动性风险。因此，2018 版新规对于同业负债在资金来源折算上赋予较低系数，引导商业银行加强同业负债管理，调整和优化同业负债期限、结构，最重要的就是降低对同业负债的依赖度。通过组织同业负债资金来源用于投向同业资产或发放贷款的经营方式，均难以维系，对流动性监管达标形成压力。

三是拓展长期负债来源。2018 版新规明确提出“商业银行应当建立并完善融资策略，提高融资来源的多元化和稳定程度”。为了鼓励商业银行降低资产负债错配，拓展长期限负债来源，2018 版新规对于发行债券和长期限负债在资金来源折算上赋予较高系数，从而鼓励商业银行通过发行金融债、拉长存款久期等方式来获取长期资金，进而提高商业银行负债端的稳定性。

第三节　商业银行银行账簿利率风险监管政策实施

银行账簿利率风险管理作为商业银行资产负债管理中重要的一部分，商业银行一直按照监管要求积极推动银行账簿利率风险计量与管理，但由于以下两方面原因，银行账簿利率风险管理的主动性比较欠缺，管理手段和工具也不够完善。一是我国利率市场化推进晚于发达国家，利率市场化改革前，银行存贷利率为管制利率且存贷利差相对较大，商业银行缺乏管理的迫切性和主动性；二是利率风险对商业银行影响短期难以显现，是通过时间的累积逐渐造成盈利能力的下降和经济价值的波动来体现。随着我国利率市场化改革不断深化，金融市场一体化进程不断推进，银行账簿利率风险管理政策不断完善，并与国际利率风险监管标准逐步并轨（如图 5－2 所示）。

一、国际银行账簿利率风险监管政策梳理及解读

（一）巴塞尔委员会：《利率风险管理原则》（1997 年推行）

1. 政策出台背景。20 世纪 70 年代，美国开始利率市场化，利率去管制化。但当时美国也处于经济滞胀危机中，通货膨胀居高不下，经济衰退。放开利率管制加大了利率波动，存贷款利率水平大幅上升，存贷利差呈缩小趋势，进而出现储贷危机，大量短存长贷、期限错配经营方式导致中小银行遭

银行账簿利率风险管理政策沿革及对商业银行经营管理的影响

国际监管政策及趋势

巴塞尔委员会：《利率风险管理原则》

出台时间：1997年

出台背景

20世纪70年代，美国开始利率市场化，利率去管制化。但当时美国处于经济滞胀危机中，通货膨胀居高不下，经济衰退。放开利率管制加大了利率波动，存贷款利率水平大幅上升，存贷利差呈缩小趋势，进而出现储贷危机，大量短存长贷风险期限潜配经营方式导致中小银行遭遇严重的重定价风险，进而导致中小银行倒闭破产

政策主要内容

强调银行应当建立综合性的风险管理机制，用以监控利率风险，保证所有交易和利率风险均能纳入银行风险管理体系。银行应明确规定利率风险管理政策和规程和测算系统，能有效地辨别、测算、监控利率风险头寸

巴塞尔委员会：《利率风险管理与监管原则》

出台时间：2004年

出台背景

鉴于风险来源多样性、风险影响多重性、风险计量复杂性，全面评估分析计量利率波动对业务影响，修订补充利率风险管理监管规则

政策主要内容

明确利率风险管理机制，主要包括经营策略的制定、银行账户和交易账户中资产与负债的组合搭配、内部控制系统，并特别回答了利率风险管理过程中有效计量、监测和控制利率风险的必要性，另外专门阐述了银行账户利率风险的监管处理方法

要求银行评估标准利率冲击对银行经济价值的影响

辅助巴塞尔协议Ⅱ第二支柱中有关银行利率风险的处理方法

巴塞尔委员会：《银行账簿利率风险监管标准》

出台时间：2016年

出台背景

利率风险管理在业界未引起广泛重视

（1）银行账簿利率风险损失隐蔽性较强，短期影响主要在利差收窄导致盈利能力降低，长期影响主要在风险暴露的现金流和折现率变化导致经济价值损失，风险释放时间较长，损失较为隐蔽

（2）市场价格短期波动对银行账簿利率风险影响不明显。银行账簿金融工具交易性不强，持有期较长，缺乏市场公允价值，市场利率短期波动不直接体现在档期损益，且随着金融工具持有到期，市场价格变化导致的账面损失或逐步消失

（3）利率风险技术管理手段不成熟，机制不健全，缺乏有效管理工具

国内监管政策及趋势

《商业银行市场风险管理指引》

出台时间：2004年12月

出台背景

随着我国银行业改革开放的不断深化，以及利率市场化、金融创新和综合经营的不断发展，商业银行将越来越多地涉足有价证券、外汇、黄金及其衍生产品交易，金融产品价格变动所引致的市场风险也不断显现和增长

国际银行业监管的发展趋势是采用以风险为本的监管理念和方式，也就是从监测银行的具体业务活动转向督促银行建立和完善风险管理体系，确保银行按照审慎原则开展业务，有效地管理和控制风险。我国商业银行的风险管理机制普遍薄弱

银监会已批准40家中外资银行开展衍生产品业务。市场风险是衍生产品业务所涉及的主要风险，因此，颁布和实施《商业银行市场风险管理指引》也有利于配合《金融机构衍生产品交易业务管理暂行办法》的实施

当时，我国商业银行的改革又进入了一个新的阶段。国有商业银行在实行财务重组之后，亟须改善公司治理，加强风险管理和内部控制，从根本上转变经营机制。其他商业银行也将进行内部重组和整合，努力提高风险管理能力与核心竞争力。《指引》的出台，有力地配合了我国商业银行的改革进程，及时为商业银行加强风险管理、完善风险管理体系提供了有益的帮助和指导

当时国际上市场风险管理技术和方法日趋成熟，相比之下，我国在市场风险的管理和监管方面才刚刚起步，市场风险已成为我国银行监管体系中最薄弱的领域之一。因此，制定和实施《指引》，有助于避免我国银行业在市场风险的管理和监管方面与国际银行业的差距继续扩大

政策主要内容

将利率风险、汇率风险（包括黄金）、股票价格风险和商品价格风险归为市场风险，利率风险是其中的一部分。市场风险管理要求适用于重风险管理

监管部门制定关于风险管理的指导文件，没有规定具体的市场风险计量和控制方法。商业银行应当根据本行的业务性质、规模和复杂程度，对银行账户和交易账户中不同类别的市场风险选择适当的、普遍接受的计量方法

商业银行应当制定适用于整个银行机构的、正式的书面市场风险管理政策和程序。市场风险管理政策和程序应当与银行的业务性质、规模、复杂程度和风险特征相适应，与其总体业务发展战略、管理能力、资本实力和能够承担的总体风险水平相一致

利率风险存在于银行交易业务和非交易业务中，按照来源的不同，可以分为重新定价风险、收益率曲线风险、基准风险和期权性风险

商业银行的董事会和高级管理层应当对市场风险管理体系实施有效监控

银行账簿利率风险管理政策沿革及对商业银行经营管理的影响

国际监管政策及趋势

- 巴塞尔委员会：《银行账簿利率风险监管标准》
  - 出台时间：2016年
  - 出台背景
    - 金融利率环境和金融市场发生较大变化，在2008年全球金融危机中，现行银行账簿利率风险计量与方面缺陷进一步暴露
      - （1）在巴塞尔协议Ⅱ框架下，银行账簿和交易账簿利率风险资本计量方法差异导致监管套利
      - （2）2004版利率冲击情景过于简单，不能充分揭示风险
    - 金融危机后，为刺激经济复苏，主要发达国家政策利率已降至极低水平，未来随着经济复苏，整体利率水平将逐步提高，回归正常，将对银行经营产生较大冲击
  - 政策主要内容
    - 正式将银行账簿的利率风险纳入风险监管资本的考虑范围。要求银行通过经济价值法和净利息收益法计量银行账簿利率风险水平
    - 确立了不同风险暴露、不同货币的银行账簿利率风险资本计量的标准化框架
    - 明确要求通过“加强第二支柱方法”并辅之以“标准框架法”作为参考对银行账簿利率风险实施监管。标准框架法是以经济价值变动计量结果作为资本计提依据，各商业银行按照统一方法计量最低资本要求。“加强第二支柱方法”是指银行或监管部门根据风险评估结果，判断是否计提利率风险资本

国内监管政策及趋势

- 《商业银行银行账户利率风险管理指引》
  - 出台时间：2009年11月
  - 出台背景
    - 国际金融危机发生后，国际市场利率剧烈波动，国内商业银行资产、负债产品的利率特性发生变化，银行账户利率风险管理的重要性日益凸显
    - 业界比较关注以盯市估值为特征的交易账户利率风险，对银行账户利率风险的认识尚处于初级阶段
    - 同业拆借市场、债券市场、票据市场利率已实现市场化，利率由市场供求确定，且金融产品日渐丰富。而人民币存贷基准利率虽取消了上下限，但仍由央行管制
  - 政策主要内容
    - 为规范银行账户利率风险管理提供指导，为监管部门的监督检查提供标准和依据
    - 吸收了巴塞尔委员会《利率风险管理与监管原则》中15条原则的主要元素，明确提出商业银行建立银行账户利率风险管理框架体系要求
  - 商业银行利率风险管理主要特点
    - 存贷利率仍受央行管制，利率波动较小，商业银行没有主动进行利率风险管理经验
    - 短存长贷，短期负债支持长期资产是当下商业银行主要经营方式。资产负债结构普遍呈现长期利率重定价正缺口，短期利率重定价负缺口特点
    - 比较重视从会计核算角度计净利息收益率，对利率波动导致净利息收入变动的关注较少
- 《商业银行银行账户利率风险管理指引（修订）》
  - 出台时间：2018年5月
  - 出台背景
    - 我国利率市场化改革基本完成，利率风险显性化，银行账簿利率风险逐步成为商业银行面临的主要风险之一
    - 利率波动对商业银行经营管理影响将更加显著，新的利率市场环境需要银行不断提升银行账簿利率风险管理精细化水平
    - 国内商业银行的银行账簿利率风险管理体系不断完善，在风险管理、利率敏感性计量和压力测试等方面积累了一定经验
  - 政策主要内容
    - 细化风险管理要求，规范风险治理架构和管理政策流程，强化系统建设、模型和数据管理要求，细化计量结果的内部应用和报告要求
    - 规范风险计量，明确规定利率冲击情景和压力情景的选取要求和要素，根据银行系统重要性和业务复杂程度，设计差异化的监管报表计量框架
    - 强化监督检查，明确监管部门对商业银行的风险状况定期评估要求及相应监管措施，提高非现场监管报表报送频度
    - 提高银行账簿利率风险市场披露要求。明确商业银行应披露银行账簿利率风险水平和风险管理状况等定量和定性信息

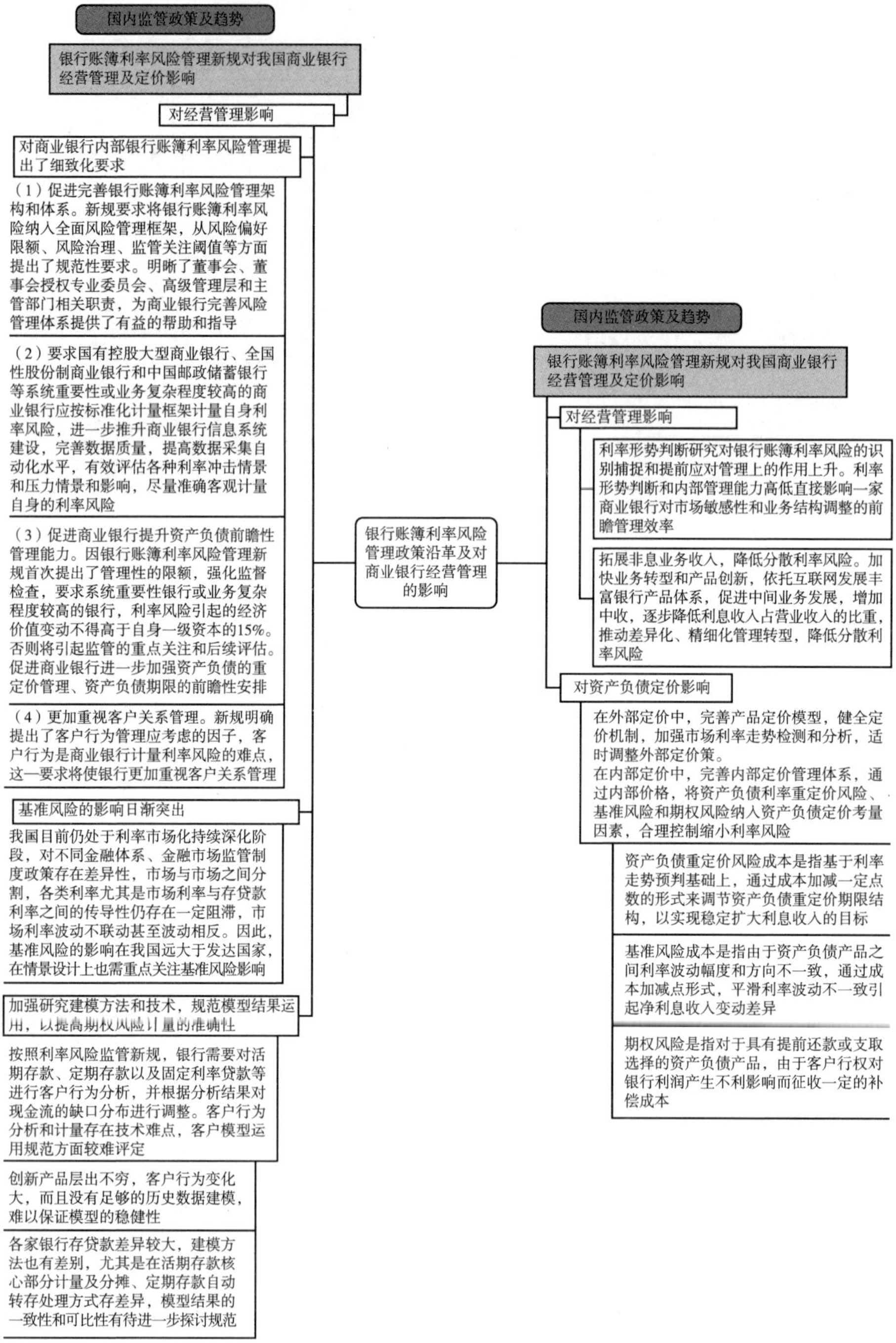

图 5－2　银行账簿利率风险监管政策及影响评估思维导图

遇严重的重定价风险，进而导致中小银行倒闭破产。

2. 政策主要内容。巴塞尔委员会发布的《利率风险管理规则》推出了利率风险管理的 12 项原则，强调银行应当建立综合性的风险管理机制，用以监控利率风险，保证所有交易和利率风险均能纳入银行风险管理体系。银行应明确规定利率风险管理政策和规程以及测算系统，能有效地辨别、测算、监控利率风险头寸。

（二）巴塞尔委员会：《利率风险管理与监管原则》（2004 年优化）

鉴于利率风险来源多样性、利率风险影响多重性、计量复杂性，全面评估分析计量利率波动对业务影响，修订补充利率风险管理监管规则，旨在强调完善的利率风险管理对银行审慎经营和促进整个金融体系的稳定非常重要。

政策主要内容有以下几项：

（1）明确利率风险管理机制，主要包括经营策略的制定、银行账户和交易账户中资产与负债的组合搭配、内部控制系统，并特别回答了利率风险管理过程中有效计量、监测和控制利率风险的必要性。

（2）专门阐述了银行账户利率风险的监管处理方法。一是各国监管部门在监测和处理利率风险时所采用的确切方法，将取决于一系列因素，包括现场和非现场监管措施、在监管中利用外部审计程度等；二是银行内部计量系统应尽可能成为监管部门计量和处理利率风险的基础；三是提出将银行账簿利率风险纳入内部资本充足评估程序，虽未提出强制性资本要求，但要求监管部门特别关注在标准冲击下，经济价值下跌超过一级资本和二级资本之和 20% 的银行的资本充足性，如果银行持有资本与银行账户利率风险水平不相适应，监管部门应要求银行降低利率风险水平或增加一定资本，或两者兼为。

（三）巴塞尔委员会：《银行账簿利率风险监管标准》（2016 年细化）

1. 政策再次修订背景。

（1）金融利率环境和金融市场发生较大变化。在 2008 年全球金融危机中，现行银行账簿利率风险计量等方面缺陷进一步暴露。在巴塞尔协议Ⅱ框架下，银行账簿和交易账簿利率风险资本计量方法差异导致监管套利，在2008年金融危机中，一些金融工具市场价格急剧下跌，部分银行将此部分资产从交易账簿划至银行账簿，只计提违约风险资本，存在潜在监管资本套利，而且2004版利率冲击情景过于简单，没有考虑收益率曲线风险和基准风险，不能充分揭示风险。

（2）利率风险管理在业界未引起广泛重视。一是银行账簿利率风险损失隐蔽性较强，短期影响主要在利差收窄导致盈利能力降低，长期影响主要在风险暴露的现金流和折现率变化导致经济价值损失，风险释放时间较长，损失较为隐蔽。二是市场价格短期波动对银行账簿利率风险影响不明显。银行账簿金融工具交易性不强，持有期较长，缺乏市场公允价值，市场利率短期波动不直接体现在当期损益，且随着金融工具持有到期，市场价格变化导致的账面损失或逐步消失。三是利率风险技术管理手段不成熟，机制不健全，缺乏有效管理工具。

2. 政策主要内容。

一是正式将银行账簿的利率风险纳入风险监管资本的考虑范围。要求银行通过经济价值法和净利息收益法计量银行账簿利率风险水平。明确要求通过“加强第二支柱方法”并辅之以“标准框架法”作为参考，对银行账簿利率风险实施监管。“标准框架法”是以经济价值变动计量结果作为资本计提依据，各商业银行按照统一方法计量最低资本要求。“加强第二支柱方法”是指银行或监管部门根据风险评估结果，判断是否计提利率风险资本。

二是建立了不同风险暴露、不同货币、多种利率冲击情景的银行账簿利率风险标准化计量框架。客观反映不同的头寸现金流数据，从而准确计量资产负债业务的经济价值。

三是强化了利率风险管理要求。主要是强化商业银行内部资本充足评估和监管评估要求，从严界定风险水平（利率冲击后经济价值变动超过一级资本15%的银行为异常银行）。

二、国内银行账簿利率风险监管政策梳理及解读

（一）《商业银行市场风险管理指引》

1. 政策出台背景。随着我国银行业改革的不断深化，以及利率市场化、金融创新和综合经营的不断发展，我国的外币利率、人民币拆借利率、国债回购利率等已经市场化。2004 年，我国又宣布取消贷款利率上限和存款利率下限，进一步放松了人民币的利率管制。同时，国内商业银行越来越多地涉足有价证券、外汇、黄金及其衍生产品交易，金融产品价格变动所引致的市场风险也不断显现和增长，截至 2004 年，银监会已批准 40 家中外资银行开展衍生产品业务，市场风险是衍生产品业务所涉及的主要风险，迫切需要商业银行建立和完善风险管理体系，有效管理和控制市场风险，而我国风险管理机制普遍薄弱，缺乏系统性的风险管理体系。

2. 政策主要内容。《商业银行市场风险管理指引》旨在促进商业银行加强市场风险管理，转变经营机制，建立和完善内部风险管理体系。规定了市场风险主要内容，主要包括利率风险、汇率风险（包括黄金）、股票价格风险和商品价格风险。利率风险是市场风险的一部分，利率风险管理要求参照市场风险管理。

监管部门制定了关于市场风险管理的指导文件，但没有规定具体的市场风险计量和控制方法。商业银行应当根据本行的业务性质、规模和复杂程度，对银行账户和交易账户中不同类别的市场风险选择适当的、普遍接受的计量方法。

（二）《商业银行银行账户利率风险管理指引》

1. 政策出台背景。2009 年我国同业拆借市场、债券市场、票据市场利率已实现市场化，利率基本由市场供求关系确定，金融市场上金融产品日渐丰富，与国际市场金融环境高度相关。在经历多次国际金融危机，特别是

2008 年金融危机后，国际市场利率剧烈波动，国内商业银行资产、负债产品的利率特性发生变化，银行账户利率风险逐步显现，但仅有大型银行和少数股份制银行的市场风险管理体系刚刚建立，对交易账户利率风险管理和计量逐步完善，对银行账户利率风险的认识尚处于初级阶段。

2. 政策主要内容。《商业银行银行账户利率风险管理指引》旨在提升商业银行银行账户利率风险管理意识和水平、推动商业银行银行账户利率风险体制机制建设，为规范银行账户利率风险管理提供指导，为监管部门的监督检查提供标准和依据。

（1）根据《商业银行银行账户利率风险管理指引》规定，该制度既适用于实施新资本协议的商业银行，也适用于暂不实施新资本协议的其他商业银行，是商业银行市场风险管理系列规章制度的重要组成部分，也是我国银行业实施新资本协议第二支柱指引框架的一个重要组成部分。

（2）吸收了巴塞尔委员会《利率风险管理与监管原则》中 15 条原则的主要元素，考虑到我国商业银行规模、性质、数据基础、复杂程度和经营管理水平的差异性，明确提出商业银行建立银行账户利率风险管理框架体系要求，包括治理架构、管理政策和流程、限额管理、报告、审计、绩效管理、管理信息系统及内部控制等方面。

（3）提出从“收益”和“经济价值”两个角度而非限定具体方法衡量银行账户利率风险的影响程度。

（4）明确了监管部门的监督检查职责、监管方式、监督检查内容以及可采取的监管手段。

（三）《商业银行银行账簿利率风险管理指引（修订）》

1. 政策出台背景。我国利率市场化改革基本完成，利率风险显性化，银行账簿利率风险逐步成为商业银行面临的主要风险之一。利率波动对商业银行经营管理的影响将更加显著，新的利率市场环境需要银行不断提升银行账簿利率风险管理精细化水平。

虽然国内商业银行的银行账簿利率风险管理体系不断完善，在风险管理、利率敏感性计量和压力测试等方面积累了一定经验，但仍存在银行账簿利率风险管理政策不健全、风险计量比较传统落后、风险控制手段单一、信息披露不规范的问题。在风险政策上，大部分中小商业银行未有独立的银行账簿利率风险偏好和限额，评估流程不清晰；在风险计量上，商业银行主要采用缺口分析来分析重定价风险，采用监管规定的收益率曲线向上平移和向下平移，通过利率重新定价表的编制，衡量利率变动对银行净利息收入和经济价值的影响，难以将客户行为、基准风险等变化考虑在内；在风险控制上，主要是通过调节资产负债期限结构，使重定价缺口满足目标限额，缺乏衍生品资质的银行难以通过相关金融工具对冲风险；在信息披露上，除国有银行和股份制银行外，绝大部分城商行和农商行并未披露银行账簿利率风险管理信息。基于此，监管部门有必要在银行账簿利率风险管理的顶层制度层面加以明确和规范。

2. 政策主要内容。《商业银行银行账簿利率风险管理指引（修订）》（以下简称2018版利率风险新规）是在2016年巴塞尔委员会颁布的《银行账簿利率风险准则》的基础上，结合国内商业银行银行账簿利率风险的管理实践，是对2009年印发的《商业银行银行账户利率风险管理指引》的一次全面修订。

一是对银行账簿利率风险概念进行规范，将风险类别调整为缺口风险、基准风险和期权性风险。

二是细化风险管理要求，规范风险治理架构和管理政策流程，要求将银行账簿利率风险纳入全面风险管理框架。明晰了董事会、董事会授权专业委员会、高级管理层和主管部门相关职责，提出风险策略、风险偏好、风险限额等新内容。

三是银行账簿利率风险的风险计量和压力测试要求更加严格。（1）对不同币种和币种相关性计量提出新的要求；（2）在现金流数据分类上，明确标准化、半标准化和非标准化数据的处理；（3）丰富了利率冲击情景，由原来的平行上移/下移200BP[①] 两个情景，扩大至六个标准利率冲击情景，提高压

① BP即Basis Point基点。

力测试的管理要求；（4）对客户行为提出更加具体的建模规范，按照条线、产品和现金流情况进行分类建模，提出参考因素和评估频率要求；（5）针对非标准化债权投资，明确要求应按照穿透原则，对底层资产计量银行账簿利率风险；（6）要求将风险计量结果在风险管理中得到有效应用，并强化了监督检查，明确提出风险管理报告的报告内容和报告频率，并根据计量结果，采取调整组合久期、风险对冲等方法合理控制和缓释利率风险，对系统重要性和业务复杂程度较高的银行提出风险与一级资本相挂钩，对经济价值变动超过自身一级资本 15% 的银行，监管部门在监管中予以关注并开展后续评估，当监管部门认为银行账簿利率风险管理存在不足，或其风险相对于资本过高时，将要求银行采取补充资本、减少风险敞口等措施；（7）提高信息披露要求，要求商业银行从定性和定量两方面定期披露银行账簿利率风险水平和风险管理状况。

四是在监管手段上，丰富了监管手段，包括但不限于监管会谈、提高检查频度、限制市场准入、实施监管处罚。

三、2018 版利率风险新规对商业银行经营管理的影响

（一）提升商业银行银行账簿利率风险管理精细化管理水平

一是促进商业银行完善银行账簿利率风险管理架构和体系。2018 版利率风险新规要求将银行账簿利率风险纳入全面风险管理框架，从风险偏好限额、风险治理、监管关注阈值等方面提出了规范性要求。明晰了董事会、董事会授权专业委员会、高级管理层和主管部门相关职责，为商业银行完善风险管理体系提供了有益的帮助和指导。

二是促进商业银行提升资产负债前瞻性管理能力。因 2018 版利率风险新规首次提出了具体的管理限额要求，强化监督检查，要求系统重要性银行或业务复杂程度较高的银行，利率风险引起的经济价值变动不得高于自身一级资本的 15%，否则将引起监管的重点关注和后续评估，促进商业银行进一

步加强资产负债的重定价管理、资产负债期限的前瞻性安排。

三是来自基准风险的利率冲击日渐突出。我国目前仍处于利率市场化持续深化阶段，对不同金融体系、金融市场监管制度政策存在差异性，市场与市场之间分割现场仍然存在，各类利率尤其是市场利率与存贷款利率之间的传导性仍存在一定阻滞，市场利率波动联动性欠佳。因此，在我国基准风险的影响远大于发达国家，在情景设计上也需重点关注基准风险影响。

四是商业银行更加重视客户关系管理。2018 版利率风险新规明确提出了客户行为管理应考虑的因子，客户行为是商业银行计量利率风险的难点，这一要求将使银行更加重视客户关系管理，一方面降低客户行为对银行经营行为扰动，另一方面通过客户行为画像实施精准定位和营销。

五是进一步促进商业银行强化信息系统建设。提高数据质量和数据采集自动化水平，有效评估各种利率冲击情景和压力情景的影响，提升银行账簿利率风险计量能力。

（二）加强研究建模方法和技术，规范模型结果运用，以提高期权风险计量的准确性

按照 2018 版利率风险新规要求，银行需要对活期存款、定期存款以及固定利率贷款等进行客户行为分析，并根据分析结果对现金流的缺口分布进行调整。其中，客户行为分析和计量存在技术难点，客户模型运用规范方面较难评定，一方面因金融创新不断推广，创新产品层出不穷，客户行为变化较大，而且没有足够的历史数据建模，难以保证模型的稳健性；另一方面各家银行存贷款差异较大，建模方法也有差别，尤其是在活期存款核心部分计量及分摊、定期存款自动转存处理方式存在差异，模型结果的一致性和可比性有待进一步探讨规范。因此，银行需通过不断提高数据治理水平，加强研究建模方法和技术，包括逻辑回归模型、B－S 模型、SVM 算法、机器学习等方式，提高期权风险计量的准确性，继而强化模型结果在银行账簿利率风险管理中的运用。

（三）利率形势研判重要性上升

利率形势判断和内部管理能力高低直接影响一家商业银行对市场敏感性和业务结构调整的前瞻管理效率。因此，利率形势判断研究在银行账簿利率风险的识别捕捉和提前应对管理上的作用上升。

（四）拓展非息业务收入，降低分散利率风险

加快业务转型和产品创新，依托互联网发展丰富银行产品体系，促进中间业务发展，增加中间收入，逐步降低利息收入占营业收入的比重，推动差异化、精细化管理转型，降低、分散利率风险。

（五）完善银行内外部定价管理

在外部定价中，完善产品定价模型，健全定价机制，加强市场利率走势检测和分析，适时调整外部定价策略。

在内部定价中，完善内部定价管理体系，通过内部价格，将资产负债利率重定价风险、基准风险和期权风险纳入资产负债定价考量因素，合理控制利率风险。

（六）高度关注基准风险对银行经营成果的影响

国内利率市场化改革是渐进式的，金融市场间既交叉联动又存在一定程度的割裂。近年来，在金融强监管背景下，资金同业业务大幅萎缩，存贷款业务仍是商业银行主营业务，然而，自 2019 年 LPR 机制改革以来，存贷款业务定价基准分离，存款仍然锚定央行基准利率，贷款锚定 LPR，两者之间虽然有联系，但并未实现同步同幅变动，实际上自 2015 年以来，存款基准利率一直没有调整过，而 LPR 按月报价，导致银行面临较大的基准风险，对银行利差产生较大冲击，进而影响银行经营结果。银行应根据 2018 版利率风险新规标准化计量框架要求，准确识别、计量基准风险，并据此前瞻性制定应对措施，及时调整内外部定价策略，对于稳定净利差具有重大现实意义。

第四节　杠杆率监管政策配套实施

一、杠杆率监管历史背景

基于风险加权资产计算的资本充足率长久以来是政府监管银行的关键工具，但2008年金融危机暴露了这一工具的缺陷。在危机爆发前几年，银行系统不断积累过量风险，但资本充足率水平并没有明显下降。危机期间，形成的大量信用损失迫使银行为了遵守监管规则而迅速去杠杆。资产抛售加剧了经济下行，经济下行导致了资产抛售，造成恶性循环。风险加权资产的计算方式是导致资本充足率与银行系统实际风险承受能力不匹配的因素。尽管巴塞尔委员会自第一版巴塞尔协议起不断对风险权重进行修订，巴塞尔协议中各资产对应的风险权重仍不能充分反映资产风险。因此二十国集团于2009年决定在金融监管工具中加入杠杆率要求①，目的是引入风险中性的指标来控制银行系统资产业务的相对规模，限制风险暴露过度膨胀。

二、监管政策沿革

杠杆率要求成为2010年底发布的《巴塞尔协议Ⅲ（2010版）》的重要组成部分。《巴塞尔协议Ⅲ（2010版）》确立了微观审慎与宏观审慎相结合的金融监管模式，提高了银行资本的监管要求，建立了统一的杠杆率与流动性监管标准。在自2009年开始的杠杆率框架制定过程中，巴塞尔委员会重点考虑了创新金融工具风险敞口相应的计算方式以及国与国之间数据的可比性。巴塞尔委员会于2014年最终定稿并发布了杠杆率要求的细节，并在2017年于《最终方案》中进一步调整了风险敞口的计算方式，明确了对全

① G20 Finance，2009，Declaration on Further Steps to Strengthen the Financial System。

球系统重要性银行的附加杠杆率要求。国际活跃银行需要在 2015 财年公布的首份财务报表中采用《杠杆率框架及披露要求》中的统一格式披露杠杆率，自 2017 年起向监管机构报送杠杆率指标，并在 2018 年将最低杠杆率要求作为第一支柱要求进行实施。《最终方案》中对杠杆率要求的修订将与《最终方案》其他要求同步实施。

在我国，为有效实施巴塞尔协议，银监会于 2011 年 4 月发布了《关于中国银行业实施新监管标准的指导意见》（以下简称《指导意见》），确定了实施总体原则、主要目标、过渡期安排和工作要求。并于 2011 年 6 月发布了《商业银行杠杆率管理办法》，规定了计算与监测杠杆率的原则和方法，落实了《指导意见》中对杠杆率要求的规划。2015 年银监会根据 2014 年巴塞尔委员会发布的《杠杆率框架及披露要求》对《商业银行杠杆率管理办法》进行了修订。2021 年 8 月，中国人民银行与银保监会发布《系统重要性银行附加监管规定（试行）》，在一般监管要求基础上，规定系统重要性银行的附加杠杆率要求为附加资本要求的 50%（如表 5－3 所示）。我国杠杆率监管标准自 2012 年初开始实施。

表 5－3　我国国内系统重要性银行附加杠杆率要求　单位：%

等级	核心一级资本充足率			杠杆率		
	基本要求	附加监管要求	综合要求	基本要求	附加监管要求	综合要求
第五档	7.50	1.50	9.00	4.00	0.75	4.75
第四档	7.50	1.00	8.50	4.00	0.50	4.50
第三档	7.50	0.75	8.25	4.00	0.375	4.375
第二档	7.50	0.50	8.00	4.00	0.25	4.25
第一档	7.50	0.25	7.75	4.00	0.125	4.125

三、杠杆率定义

杠杆率是指银行持有的符合规定的一级资本净额与调整后的表内外资产余额的比率。杠杆率的特点是简单直观、透明度高、风险中性。它是对基于风险加权资产的资本充足率框架的重要补充，能够有效捕捉银行表内外杠杆水平。监管体系中加入杠杆率框架可以限制银行业杠杆的增加，从而避免2008年金融危机期间出现的银行快速去杠杆导致更广泛的金融体系和实体经济受到冲击的情况。杠杆率的公式是：

$$杠杆率 = \frac{一级资本 - 一级资本扣减项}{调整后的表内外资产余额} \times 100\%$$

其中，分母风险暴露计量是杠杆率指标的核心，共分为四部分：表内风险暴露、衍生品交易、证券融资和表外项目，又被称为“调整后的表内外资产余额”。计算公式为：

风险暴露计量(调整后的表内外资产余额) = 调整后的表内资产余额（不包括表内衍生产品和证券融资交易）+ 衍生产品资产余额 + 证券融资交易资产余额 + 调整后的表外项目余额 − 一级资本扣减项

大部分表内风险暴露直接以会计口径计算。表内衍生品交易与证券融资被单独列出，使用独立的计算方式。除特别说明外，银行不能以实物或金融质押品、保证或其他信用风险缓释方法扣减杠杆率风险暴露，也不能将净资产（或净负债）作为杠杆率风险暴露。所有应从一级资本中扣除的项目也应该从风险暴露计量中扣除。

1. 表外项目。表外项目包括无条件可撤销及不可撤销的承诺（包括流动性支持工具）、直接信用替代项目、承兑汇票、备用信用证和贸易相关的信用证。表外项目计量原理与风险加权资本充足率框架下原理相同：通过使用信用转换系数将表外项目转换为等价的信用风险暴露。信用转换系数最低不能低于10%。

2. 衍生品工具风险暴露。衍生品工具风险暴露主要捕捉衍生品合同自身的风险暴露以及交易对手方信用风险。计量方式是重置成本（逐日盯市价）与潜在风险暴露的求和。符合要求的双边净额结算可以降低风险暴露水平。而与衍生品交易相关的抵押品一般不会降低风险暴露水平。

3. 证券融资。基于证券融资交易的担保借贷是银行杠杆的重要组成部分。杠杆率框架下证券融资风险暴露的计量方式由银行在证券融资中扮演的角色决定。当银行是委托人时，则对会计口径计量的证券融资交易总资产额与交易对手方信用风险进行求和。当银行是代理人时，银行面对的是客户交易对手的价值差额，而不是交易相关的证券或现金的全部风险暴露。

目前巴塞尔协议对杠杆率的最低要求为3%，全球系统重要性银行（G - SIB）需要满足相当于全球系统重要性银行附加资本要求50%的附加杠杆率要求。我国对杠杆率的最低要求为4%，国内系统重要性银行（D - SIB）需要满足相当于DSIB附加资本要求50%的附加杠杆率要求。

四、杠杆率与资本充足率的比较

（一）基于风险加权资产计算的资本充足率要求的优缺点

基于风险加权资产计算出的资本充足率为管理人员、监管机构与投资者提供了高敏感度的银行资产组合风险评估。在标准法下各资产的权重主要由巴塞尔委员会使用全球银行业的历史经营数据计算得出。而银行使用内部模型法计算出的各资产风险权重反映了银行自身历史信贷的风险情况。假设历史经验可以较好地指导未来，同时假设银行各类业务风险可以经由历史数据以及模型来准确衡量，那么根据风险加权资产计算出的资本充足率应该是最适合用来匹配银行风险暴露预期损失与银行资本要求的标准。

但2008年金融危机暴露了使用标准法与内部模型法风险权重来计算银行资本充足率的缺陷：（1）由于所有模型都是对现实的简化，它们永远都会有错误。尽管银行可以通过增加模型数量、提高数据质量或采用新的模型理论来改进不良模型，但这并不能降低使用模型衡量风险带来的不确定性。（2）监管套利，银行可能会利用内部模型法计算过程中所需要的自由裁量权（假设条件、专家判断等）来降低各资产对应的风险权重。（3）历史数据样本不足会导致尾部事件（概率低但影响大的黑天鹅事件）风险被遗漏，从而使内部模型法，甚至标准法都出现严重的错误。而大多数银行并没有合理准确地统计尾部事件风险的能力。(4)模型无法捕捉未知的风险。(5)银行内部模型法从单个银行的角度出发进行风险估算，其中一个重要假设是所有风险都是外源性的。因此，这些模型捕捉不到银行间风险传导导致的损失，而这种损失往往是系统性危机的核心。(6)基于风险加权资产计算的资本充足率框架复杂度高，透明度低。这削弱了市场根据资本充足率来判断银行财务状况的能力，会导致市场纪律变弱，竞争变小，在危机时期，风险从脆弱银行向健康银行传导的可能性变大。

2008 年金融危机后，很多国际上的研究详细描述了上述问题的严重性。巴塞尔委员会在 2013 年的一项研究中①调研了全球各主要银行采用的资产风险权重情况：当这些使用内部模型法的银行为一组相同的主权、银行和企业风险敞口在银行账簿下配置风险权重时，研究人员发现各银行配置的风险权重差别巨大。从对银行资本占用的角度来看，样本中最保守银行的资本占用比最激进银行的资本占用高出 50%。这项研究证明使用内部模型法计算出可靠和可比的资本充足率的难度很大。资产风险权重在不同机构间差别大，原因之一是各银行建模方法不同，各国监管部门对模型的调整不同；原因之二是样本数据不充足，特别是对于一些低频（黑天鹅）事件来说，样本的随机波动会导致由偶然因素引起的风险权重计算结果存在巨大差异。所以风险权重在不同机构间差别大还反映了不可避免的数据统计噪声问题。

2008 年金融危机前后的银行数据证实了单独依靠资本充足率管理风险的不足。1993～2007 年，主要国际银行披露的整体风险权重从 70% 降至 40%。风险权重的下降理论上应该反映整体风险水平的下降。但如果计算同一时期的杠杆率，则可以发现自 2005 年起银行的一级资本与总资产的比例在不断下降（见图 5-3），反映出的是系统风险水平的上升。如果没有杠杆率进行对比，那么基于风险加权资产计算出的资本充足率会对金融系统内的风险水平进行错误描述。虽然内部资本充足评估程序（ICAAP）要求银行进行压力测试并保证银行有额外的资本（第二支柱要求）来增强压力情景下的损失吸

① BCBS, 2013, RCAP - Analysis of risk - weighted assets for credit risk in the banking book.

收能力。但压力测试结果取决于银行和监管机构对宏观情景与压力程度的假设，与之对应的第二支柱资本附加要求也受限于这些判断。

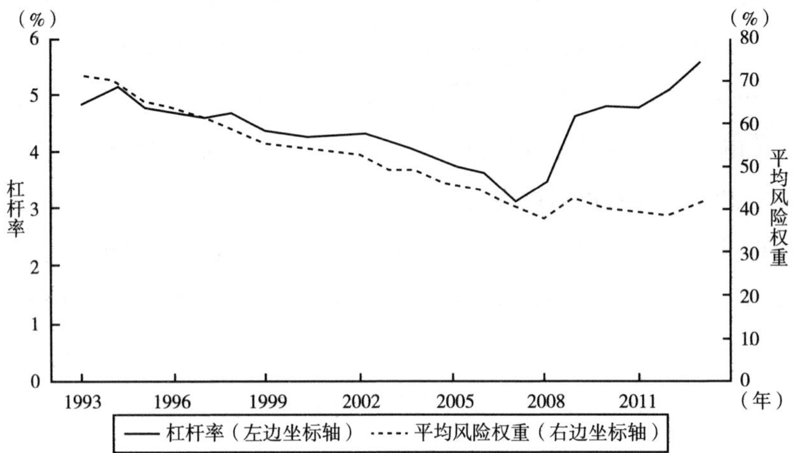

图5-3　1993～2012年主要国际银行平均风险权重与杠杆率

注：数据为17个国际银行数据的加权平均。受历史数据限制，此处杠杆率为一级资本/总资产；样本银行包括美国银行、巴克莱银行、法国巴黎银行、纽约梅隆银行、花旗集团、德国商业银行、德意志银行、汇丰银行、荷兰ING银行、摩根大通银行、英国劳埃德银行集团、皇家苏格兰银行、桑坦德银行、美国道富银行、瑞银集团、裕信银行、富国银行。

资料来源：根据相关官网信息整理得到（https：//www. thebanker. com/）。

（二）杠杆率要求的优缺点

相比资本充足率，杠杆率降低了模型复杂性，减少了计量上的套利空间。

复杂环境下需要更直观的指标来管理风险。由于巴塞尔协议经过几十年的修订已经变得过于复杂，不仅监管资本的定义更复杂，内部模型法也如上所述无法摆脱模型自身所具有的各种缺陷。在这种情况下国际社会呼吁增加更简单直观的管理指标，而多国央行官员与学者通过研究证明简单指标在预测银行风险时往往比复杂指标更为有效①。当风险与不确定性无法被模型有

① Aikman, D, Galesic, M, Gigerenzer, G, Kapadia, S, Katsikopoulos, K, Kothiyal, A, Murphy, E and Neumann, T. Taking uncertainty seriously: simplicity versus complexity in financial regulation [Z]. Bank of England Financial Stability Paper No. 28, 2014.

效捕捉时，在风险加权比率之外增加杠杆率要求可以保证银行持有充足的资本来吸收损失。而对投资者而言，杠杆率相较于风险加权指标或欧美监管部门发布的银行压力测试结果更具有简单直观的特性。投资者利用杠杆率指标能更直观地分析银行风险，并增强跨银行的风险比较能力。

历史经验与学术研究均证明了杠杆率相对风险加权指标的优点。历史经验方面，在2008年危机爆发前国际主要金融市场中银行杠杆率下降，而基于风险加权资产的资本充足率基本稳定。危机爆发后各银行的资本充足率水平无法解释银行为何倒闭。对2008年危机主要风险传导渠道——银行间风险暴露来说，由于风险加权指标框架下金融机构间风险暴露的权重低，掩盖了实际风险情况。所以相较于基于风险加权资产计算的资本充足率，杠杆率能更充分地捕捉金融机构间的风险暴露。学术研究方面：（1）多项研究发现危机期间杠杆率比风险加权比率更能预测银行倒闭概率。（2）国际货币基金组织研究发现杠杆率较高的银行在2008年危机期间缩减社会融资的力度低于杠杆率较低的银行，而风险加权比率无法解释这一现象。

杠杆率指标的缺点是它对风险不敏感，对银行高风险资产与低风险资产一视同仁。如果单独使用，可能使银行一味追求高风险业务来获取回报。杠杆率本身并不能全面捕捉风险，需要与风险加权比率配合使用。

五、风险加权资产和杠杆比率要求之间的关系

基于风险加权资产的资本充足率、杠杆率以及压力测试各有优点与缺点，因此不存在完美的衡量、管理风险的单一标准。由于风险加权资本充足率、杠杆率和压力测试各从不同角度衡量管理银行风险，因此应该使这三个框架互为补充。

因为杠杆率公式又可以扩展为“杠杆率＝资本计量÷风险加权资产×风险加权资产÷风险暴露计量”，即“杠杆率＝一级资本充足率×平均风险权重”。以最低杠杆率要求的国际标准3%以及银行一级资本充足率要求的国际标准6%举例，使杠杆率与资本充足率关系达到平衡点的关键权重为

50%。如果杠杆率与一级资本充足率的比率在50%以下，银行资产平均风险权重偏低，则资本充足率对资产风险水平不敏感，这时只有杠杆率能有效反映银行风险水平；如果杠杆率与一级资本充足率的比率在50%以上，则杠杆率对资产风险水平不敏感，银行资产平均风险权重偏高，只有资本充足率能有效反映银行风险水平。

对于平均风险权重低于前面描述的50%临界值的银行而言，杠杆率可以降低模型与不确定性带来的风险。若杠杆率要求不存在，平均风险权重低就意味着资本需求低，这种情况下风险权重的计量错误很容易导致压力状况下银行资本不充足。对于平均风险权重高于前面描述的50%临界值的银行而言，基于风险加权资产的资本充足率可以保证银行如果继续向高风险业务扩张，则一定导致资本需求的上升。

基于风险加权资产的资本充足率与杠杆率在何种情况下能发挥作用取决于银行具体面临的风险类型。杠杆率适合为难以建模的风险类别提供保障。基于风险加权资产的资本充足率可以防止银行过度追求高风险业务。

综上所述，保持杠杆率与风险加权比率之间的比例关系可以保证杠杆率对系统重要性银行以及整个银行系统处于高风险时期的约束力。在信贷周期中保持杠杆率与风险加权比率之间的比例关系也将帮助监管部门使用反周期资本缓冲要求进行宏观审慎管理，在经济过热时期减缓融资增速，在经济衰退时期保证融资供给。

六、杠杆率的信息披露要求

杠杆率信息披露要求主要体现在两个方面。首先，商业银行在计算杠杆率时采用的业务指标要能够与定期财务报表中的项目相对应，做到监管披露与财务披露可比。其次，商业银行需从2015年1月开始将杠杆率纳入定期披露项目。杠杆率信息披露将提高银行风险管理的透明度，从而降低银行系统性风险发生的可能性。

杠杆率披露机制实施之后，银行需要披露的资本指标新增了季度末的杠杆率、一级资本和表内外风险敞口以及半年度的涉及表内外风险总额核算的各资产的风险敞口。规律的信息披露提高了商业银行透明度，使市场监督更有效。

七、杠杆率框架的影响

根据国家金融监督管理总局官网披露信息统计，2016～2020 年我国银行杠杆率水平在 6%～7% 小幅波动。根据《商业银行资本管理办法》，我国对银行杠杆率、一级资本充足率最低要求分别为 4%、6%，对应的银行平均风险权重临界值为 66.7%，高于我国银行业平均风险权重。在这种情况下，资本充足率对资产风险水平不敏感，杠杆率可以降低系统内由模型与不确定性带来的风险。而对杠杆率偏低的银行而言，杠杆率展示了其资产的潜在风险，有助于监管部门及银行为调整资产结构、降低经营杠杆寻找方向。

第五节　接轨系统重要性银行监管

一、全球系统重要性金融机构监管背景与沿革

2008 年金融危机以其前所未有的影响范围与强度向社会暴露了系统重要性金融机构的“大而不能倒”问题。这些机构能够借助其业务规模以及业务的多样性促进跨境资本流动和全球储蓄分配。但也正是因为系统重要性金融机构规模大、与市场的联系紧密，以及其为社会提供关键服务的特点，导致它们能将危机传导至整个金融体系中。危机爆发之后，系统重要性金融机构规模大、复杂度高和相互关联性高的特点，又使得它们难以被有效管理、监督和处置。这种系统重要性使得这些机构对各国监管和立法过程拥有较大的影响力。由于政府无法允许它们直接破产，它们又拥有比重要性较低的机构更大的竞争优势。

当金融机构的倒闭可能威胁到整个金融体系的稳定性时，就会出现道德风险。道德风险是由市场纪律的减弱导致机构股东与管理层主动追求高风

险，造成资本配置效率降低、社会承担损失增大的情况。随着金融机构的规模的扩大、复杂性和相互关联性的增强，它们的破产或危机对金融系统和国家经济产生的负面影响显著增加。同时市场还认为它们"大而不能倒"：债权人以及信用评级机构不会对被视为"大而不能倒"的机构的信用风险进行充分定价；金融市场为它们提供低成本的资金，这种资金优势又反过来助力于它们的进一步扩张。倘若这些金融机构陷入困境，政府通常会提供资金为其纾困防止其倒闭，或提供担保来保护机构的债权人，从而又间接加深了市场对其"大而不能倒"的印象。由于这些机构不会采用内部吸收的方式消解或防止它们对社会造成的损失，因此当市场的监督与规范功能降低时，股东与管理层会主动追求高风险，造成资本配置效率降低，大大增加社会因其管理问题而需要承担的损失。

"大而不能倒"问题在国家间金融体系联系日益紧密的背景下变得更加严重。在 2008 年全球金融危机之前，大部分跨境融资是由少数大型、复杂且具有大量跨境业务的金融机构运作的。由于它们的运营缺乏透明度，对自身风险组合类型和风险地理分布的披露有限，社会难以评估其风险敞口和潜在溢出效应。当危机发生后，系统重要性机构之间相互联结的网络促成了风险的全球大扩散。

从监管的角度来看，主要国家的监管规则、政府监督职能、危机处置框架以及银行自身的风险管理系统没有跟上这些变化。金融法规也并未捕捉到大型、复杂的金融机构带来的日益增长的系统性风险。在许多此类机构中，风险管理和 IT 系统的发展未能跟上银行新产品和业务模式发展的步伐。监管部门在识别创新产品带来的风险方面效率低下，解决新出现问题的速度较慢。国家内部以及国家之间缺少有效的处置与协调框架，这也阻碍了重要风险的处置过程。

在 2008 年危机发生后，有政府向一些脆弱的系统重要性银行注入了大量公共资金进行兜底，这使得这些银行的债权人免受了大量本应承担的损失，同时也加剧了银行"大而不能倒"的问题。大规模的政府支持使得市场上形成了政府最终总会使用公共资源进行救市兜底的预期。于是，系统重要性金融机构的融资成本相较规模较小的银行进一步下降。再加上一些竞争对手的退出以及政府主导的对困难银行的兼并收购，部分系统重要性银行变得更大更复杂（如图5－4所示）。

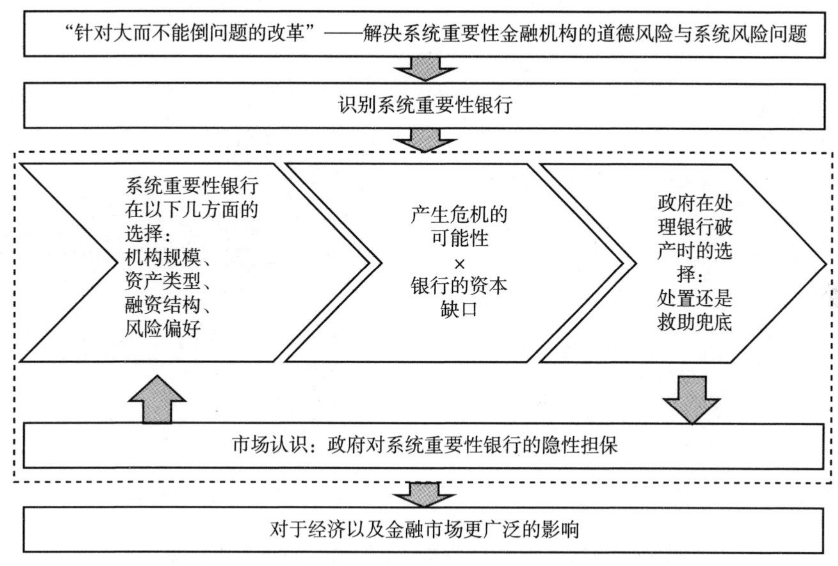

图5－4　系统重要性金融机构风险传导与循环影响机制示意

因此，国际社会认识到需要制定政策来阻止系统重要性金融机构在规模与复杂性上进一步双重扩张，从而解决"大而不能倒"的问题。鉴于单个系统重要性金融机构的破产就有可能对全球金融和经济稳定造成破坏性影响（例如雷曼兄弟破产事件），因此需要同时做到有效预防及有效处置：一方面必须降低这类机构破产的可能性，另一方面当破产实际发生时减少它的破坏性。围绕"大而不能倒"问题制定相应政策可以有效减少金融机构中的道德风险问题，减少市场给予系统重要性金融机构在融资方面的优厚待遇，以及减少这些机构自身过度追求风险的概率。同时也可以保证不同规模机构之间的公平市场竞争、确保监管部门能有效监管，降低政府被迫使用财政资源拯救破产银行的可能性。

2009年，在二十国集团的要求下，金融稳定委员会（FSB）牵头开始与各国际机构一道制定一系列将系统重要性金融机构外溢效应问题内部化解的政策计划（如图5－5所示）。2010年11月，二十国集团首尔峰会通过了包含支持经济和增强全球金融稳定性的一揽子改革意愿的《首尔行动计划》，其中包括《降低系统重要性金融机构的道德风险的政策框架》，系统阐述了二十国集团对加强监管、法规与处置框架的政策承诺。

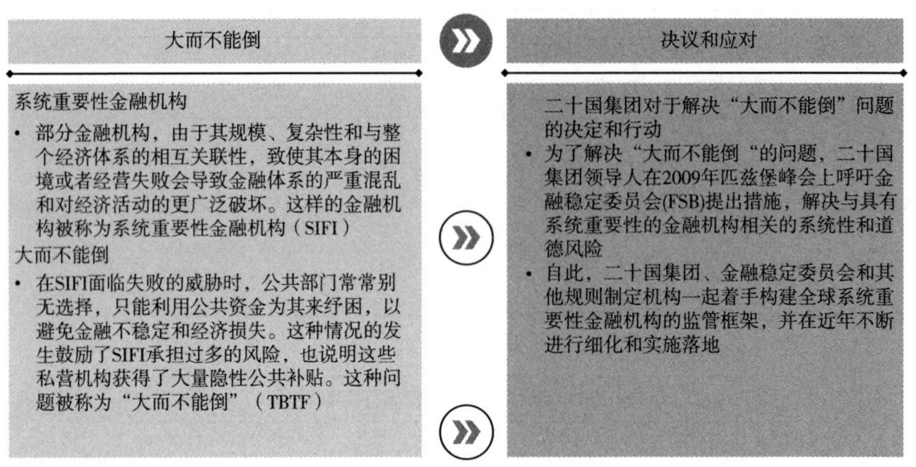

图5－5　二十国集团"大而不能倒"政策工作起源

为达到治理如上所述的"大而不能倒"问题的政策目标，《降低系统重要性金融机构的道德风险的政策框架》涵盖了以下措施：（1）通过限制金融机构的规模、结构和经营范围来遏制金融机构成为系统重要性金融机构的能力；（2）采用比巴塞尔协议最低要求更严格的监管要求来降低系统重要性金融机构破产的可能性；（3）通过提高系统重要性金融机构的可处置性来降低它们破产后的影响。

2010～2018年，各国际机构围绕《降低系统重要性金融机构的道德风险的政策框架》，根据分工完成了以下工作：一是系统重要性金融机构的识别与认定；二是增加金融机构损失吸收能力；三是加强监管；四是建立有效处置机制；五是加强金融系统基础设施。

具体成果有：2011年金融稳定委员会发布了《应对系统重要性金融机构的政策措施》，明确了系统重要性金融机构处置框架的关键特征，明确了对全球系统重要性金融机构完成恢复处置计划以及制定针对具体机构的跨境合作协议的要求，对全球系统重要性银行提出1% ~3.5%的额外资本要求，并对所有系统重要性金融机构实施更加严格的监管。巴塞尔委员会同时发布了《全球系统重要性银行：评估方法和额外损失吸收要求》，从规模、相互联系、可替代性/金融机构基础设施、全球活动、复杂性五方面评定全球系统重要性银行，并识别出首批29家全球系统重要性银行。2012年，巴塞尔委员会发布《国内系统重要性银行的应对框架》，提出了评定国内系统重要性银行和要求国内系统重要性银行提高损失吸收能力的12项主要原则。2013年，巴塞尔委员会发布了《有效的风险数据汇总和风险报告原则》，对系统重要性银行的风险数据加总和风险报告活动及其监管工作提出了14项关键原则。2015年，金融稳定委员会发布针对恢复处置计划的三项指引，对系统重要性银行如何建立有效的恢复计划触发标准和压力情景，如何识别关键功能和共享服务以及建立有效处置计划给予说明。同年金融稳定委员会发布《总损失吸收能力原则和条款清单》，对全球系统重要性银行提出总损失吸收能力（TLAC）要求，以及监管评估提高处置评估程序要求。2017年，金融稳定委员会发布《内部总损失吸收能力指导原则》，对全球系统重要性银行内部可能需要单独处置的子公司提出TLAC要求。2018年，巴塞尔委员会更新了《全球系统重要性银行：修订的评估方法和额外损失吸收要求》，对G－SIB的评估方法进行了修订，并提出了新的额外损失吸收能力要求（如图5－6所示）。

在国内，我国自2011年起进行系统重要性金融机构相关工作。在2011年发布的《系统重要性金融机构有效处置政策建议及时间表》中，银监会针对金融稳定委员会制定的监管要求进行公开征求反馈意见。同年，在金融稳定委员会公布的首批29家全球系统重要性金融机构的名单中，中国银行成为国内第一家被列入全球系统重要性银行的金融机构。2014年，银监会发布《商业银行全球系统重要性评估指标披露指引》，要求满足一定条件的银行需每年披露12个全球系统重要性评估指标。2016年，银监会在《银行业金融机构全面风险管理指引》中明确提及：银行在日常风险管理及应急计划之外，还应“根据风险状况和系统重要性，制定并定期更新完善本机构的恢复计划”。2018年，《关于完善系统重要性金融机构监管的指导意见》对我国

时间	事件
2010年10月	FSB发布《降低系统重要性金融机构的道德风险》，提出总体政策框架，明确提出提高损失吸收能力、处置、加强SIFI监管、强化金融市场基础设施、全球系统重要性金融机构政策互评五大方面举措
2011年11月	FSB发布《应对系统重要性金融机构的政策措施》，明确系统重要性金融机构处置框架的关键特征，明确对全球系统重要性金融机构恢复处置计划以及制定针对具体机构的跨境合作协议的要求，对全球系统重要性银行提出1%~3.5%的额外资本要求，并明确对所有系统重要性金融机构实施更加严格的监管 BCBS发布《全球系统重要性银行：评估方法和额外损失吸收要求》，从规模、相互联系、可替代性/金融机构基础设施、全球活动、复杂性五方面评定全球系统重要性银行（G-SIB），并识别出首批29家G-SIB
2012年11月	BCBS发布《国内系统重要性银行的应对框架》，提出了评定国内系统重要性银行（D-SIB）和要求D-SIB提高损失吸收能力的12项主要原则
2013年1月	BCBS发布《有效的风险数据汇总和风险报告原则》，对系统重要性银行（SIBs）的风险数据加总和风险报告活动及其监管工作提出了14项关键原则
2013年7月	FSB发布针对恢复处置计划的三项指引，对SIBs如何建立有效的恢复计划触发因素和压力情景，如何识别关键职能和共享服务以及建立有效处置计划给予指引
2015年11月	FSB发布《总损失吸收能力原则和条款清单》，对G-SIB提出总损失吸收能力（TLAC）要求，CAR至少达到18%，杠杆率达到6.75%，并需据监管评估提高处置评估程序（RAP）
2017年7月	FSB发布《内部总损失吸收能力指导原则》，对G-SIB内部可能需要单独处置的子实体提出TLAC要求
2018年7月	BCBS更新了《全球系统重要性银行：修订的评估方法和额外损失吸收要求》，对G-SIB的评估方法进行了修订，并提出了更新的额外损失吸收能力要求

图5-6　全球系统重要性金融机构国际监管沿革

资料来源：根据巴塞尔委员会（www. bis. org）公开信息整理得到。

国内系统重要性金融机构的定义、范围、评估流程和总体方法进行了明确，其中包括了国内系统重要性金融机构的附加监管要求，例如附加资本要求、公司治理、风险管理、信息系统、压力测试等。2020年，《系统重要性银行评估办法》发布，作为《关于完善系统重要性金融机构监管的指导意见》的实施细则之一，是我国系统重要性银行认定的依据，也是对我国系统重要性银行提出附加监管要求、恢复与处置计划要求、实施早期纠正机制的基础。同年，《关于建立逆周期资本缓冲机制的通知》根据当前系统重要性金融风险评估状况和疫情防控需要，明确了我国逆周期资本缓冲比率初始设定为0，暂不增加银行业金融机构的资本管理要求。2021年，《银行保险机构恢复和处置计划实施暂行办法》针对资产达到3000亿元及以上的商业银行、农村信用合作社，资产达到2000亿元及以上的保险集团和保险公司提出了恢复和处置计划要求。2021年，中国人民银行和银保监会联合发布《系统重要性银行附加监管规定（试行）》，标志着国内系统重要性银行监管规则正式落地。第一批国内系统重要性银行包括 6 家国有商业银行、9 家股份制商业银行和 4 家城市商业银行。同年，《全球系统重要性银行总损失吸收能力管理办法》要求全球系统重要性银行的外部总损失吸收能力风险加权比率自 2025 年 1 月 1 日起不得低于 16%，自 2028 年 1 月 1 日起不得低于 18%；外部总损失吸收能力杠杆比率自 2025 年 1 月 1 日起不得低于 6%，自 2028 年 1 月 1 日起不得低于 6.75%（如图 5 –7 所示）。

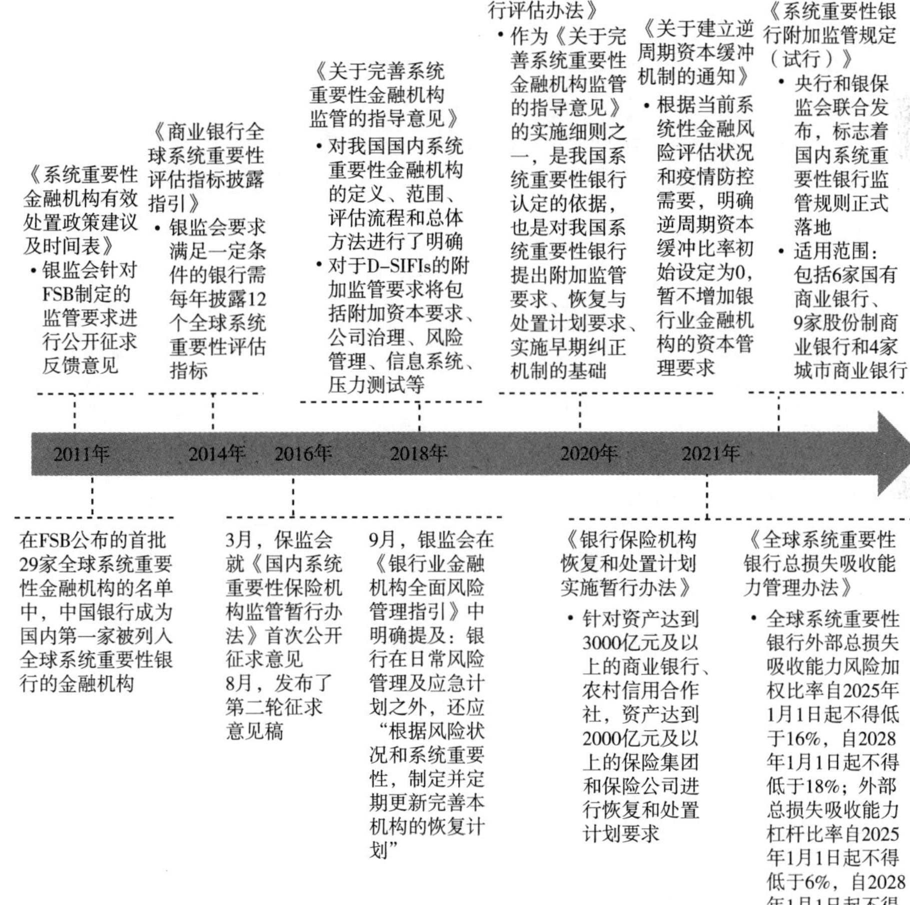

图 5 –7　国内系统重要性金融机构监管沿革

资料来源：根据监管部门公开信息整理得到。

二、系统重要性银行的识别与认定

自2011年起，金融稳定委员会每年都会发布当年全球系统重要性银行名单。全球系统重要性银行认定的标准由巴塞尔委员会统一制定，其量化指标综合反映了银行因陷入困境而可能导致的全球金融系统内的预期损失程度。全球系统重要性银行的评估体系包含跨境业务、规模、关联度、可替代性与金融基础设施及复杂性共五个方面、14项主要指标与181个细分指标（2021年）。当银行的测算分数超过巴塞尔委员会当年设定的阈值，就会被认定为全球系统重要性银行。全球系统重要性银行分五档，分别对应不同的资本附加要求。各银行在系统重要性银行名单中的档次也可能根据监管判断进行调整（如表5－4、表5－5所示）。

表5－4　全球系统重要性银行评估指标

一级指标	二级指标	权重
规模（20%）	调整后的表内外资产余额	20%
关联度（20%）	金融机构间资产	6.67%
	金融机构间负债	6.67%
	发行证券和其他融资工具	6.67%
可替代性/金融基础设施（20%）	托管资产	6.67%
	通过支付系统或代理行结算的支付额	6.67%
	有价证券承销额	3.33%
	交易量	3.33%
复杂性（20%）	场外衍生产品名义本金	6.67%
	第三层次资产	6.67%
	交易类和可供出售证券	6.67%
跨境业务（20%）	跨境债权	10%
	跨境负债	10%

资料来源：根据巴塞尔委员会（www.bis.org）公开信息整理得到。

表 5 – 5　　全球系统重要性银行资本附加要求

等级	附加核心一级资本要求	银行数（家）
第五档	3.50%	0
第四档	2.50%	1
第三档	2.00%	3
第二档	1.50%	8（中国 3）
第一档	1.00%	18（中国 1）

资料来源：根据巴塞尔委员会（www.bis.org）公开信息整理得到。

我国工农中建四大行目前为全球系统重要性银行。相较他国全球系统重要性银行，我国银行在规模、关联度方面得分相对较高；在复杂性、可替代性、跨境业务方面得分相对较低。

“大而不能倒”问题不仅存在于全球层面，也存在于国家层面。巴塞尔委员会的共识为：许多银行在全球层面并不重要，但如果它们承受压力，可能对其国内金融体系和社会经济产生重要影响。各国的国内系统重要性银行规模不一，世界最大的国内系统重要性银行规模可以是最小的国内系统重要性银行规模的上百倍。考虑到各区域的不同情况，巴塞尔委员会将国内系统重要性评估框架设定为 12 项原则，各国遵循原则自行设定评估标准。

我国国内系统重要性银行评估标准由中国人民银行与国家金融监督管理总局共同制定。国内系统重要性银行的评估体系包括规模、关联度、可替代性与复杂性四个方面 13 项主要指标（如表 5 – 6 所示）。当银行的测算分数超过当年设定的阈值，就会被认定为国内系统重要性银行。国内系统重要性银行分五档，分别对应不同的资本附加要求（如表 5 – 7 所示）。自 2021 年起，我国开始公布国内系统重要性银行名单，目前共 19 家银行为我国国内系统重要性银行。2022 年 9 月 9 日中国人民银行会同中国银保监会发布 2022 年我国系统重要性银行名单，这是中国监管部门第二次公布系统重要性银行名单，本次认定 19 家国内系统重要性银行，其中国有商业银行 6 家，股份制商业银行 9 家，城市商业银行 4 家。按系统重要性得分从低到高分为五组：第一组 9 家，包括中国民生银行、中国光大银行、平安银行、华夏银行、宁波银行、广发银行、江苏银行、上海银行、北京银行；第二组 3 家，包括中信银行、中国邮政储蓄银行、浦发银行；第三组 3 家，包括交通银行、招商银行、兴业银行；第四组 4 家，包括中国工商银行、中国银行、中国建设银行、中国农业银行；第五组暂无银行进入。入围名单与首次公布名单无差别，只是中国民生银行由第二组调整至第一组，其他无变化。

表 5-6　　我国国内系统重要性银行评估指标

一级指标	二级指标	指标定义	权重
规模（25%）	调整后的表内外资产余额	作为杠杆率分母调整后的表内资产余额和调整后的表外项目余额之和	25%
关联度（25%）	金融机构间资产	银行与其他金融机构交易形成的资产余额	8.33%
	金融机构间负债	银行与其他金融机构交易形成的负债余额	8.33%
	发行证券和其他融资工具	银行通过金融市场发行的股票、债券和其他融资工具余额	8.33%
可替代性（25%）	通过支付系统或代理行结算的支付额	银行作为支付系统成员，通过国内外大额支付系统或代理行结算的上一年度支付总额	6.25%
	托管资产	上年末银行托管的资产余额	6.25%
	代理代销业务	银行作为承销商或代理机构，承销债券，代理代销信托计划、资管计划、保险产品、基金、贵金属等业务的年内发生额	6.25%
	境内营业机构数量	银行在境内设立的持牌营业机构总数	6.25%
复杂性（25%）	衍生产品	银行持有的金融衍生产品的名义本金余额	5.00%
	交易类和可供出售证券	银行为交易持有、以公允价值计量且其变动计入当期损益的证券余额和可供出售证券余额之和	5.00%
	非银行附属机构资产	银行控股或实际控制的境内外非银行金融机构的资产总额	5.00%
	理财业务	银行发行的非保本理财产品余额	5.00%
	境外债权债务	银行境外债权和境外债务之和	5.00%

资料来源：《系统重要性银行评估办法》。

表 5－7　　我国国内系统重要性银行资本附加要求

等级	附加核心一级资本要求	银行数（2022 年）	银行数（2021 年）
第五档	1.50%	0	0
第四档	1.00%	4	4
第三档	0.75%	3	3
第二档	0.50%	3	4
第一档	0.25%	9	8

资料来源：《系统重要性银行评估办法》。

三、增加金融机构损失吸收能力

对系统重要性金融机构提出更高的损失吸收能力要求的目的是让它们在持续经营与处置阶段都能更充分地吸收损失。2011 年，巴塞尔委员会发布全球系统重要性银行资本附加办法。截至 2021 年末，由于全球系统重要性银行最高档次为第四档，因此各全球系统重要性银行适用的资本附加为风险加权资产的 1%～2.5%。这部分资本附加要求在 2016 年开始实施，经过三年缓冲期后在 2019 年完全实施。全球系统重要性银行资本附加要求只能以最高质量的核心一级资本满足。

在《最终方案》框架下，全球系统重要性银行的资本附加要求是非常可观的。对于入选全球系统重要性银行的 30 家机构，平均资本附加要求为 1.4%，是《最终方案》的最低核心一级资本充足率要求 4.5% 的 1/3。对于国内系统重要性银行，巴塞尔委员会的相关框架只提供了关于资本附加要求的定性原则，并没有在全球范围统一定量要求。我国国内系统重要性银行资本附加要求不高于全球系统重要性银行资本附加要求平均水平。我国国内系统重要性银行资本能够充分满足相应资本附加要求。

在 2017 年发布的《最终方案》中，对全球系统重要性银行提出了附加杠杆率要求，该要求在 2023 年全球实施。附加杠杆率要求为系统重要性银行附加资本要求的 50%，由一级资本满足。我国在 2021 年 10 月发布的《系统重要性银行附加监管规定（试行）》中，对国内系统重要性银行采用了同样的要求。

四、加强监管

“大而不能倒”改革的另外一个重要组成部分是加强对系统重要性金融机构的监督力度和监管效力。随着监管力度的加大，监管者可以采取更多措施干预影响银行管理层的行为，降低道德风险。2010 年，金融稳定委员会与国际货币基金组织就加强对系统重要性金融机构的监管发布报告，在监管部门职能、监管独立性、监管部门资源、监管部门权力、有效的监管技术、对金融机构并表层面与全集团范围进行监管等领域提出了建议。2012 年，巴塞尔委员会更新了《有效银行监管核心原则》，收录了 2010 年报告中的主要建议。

金融稳定委员会在 2011 年和 2012 年的政策建议文件中，对金融机构在风险治理、内控与风险管理以及风险数据汇总与报告能力方面加强了监管要求。2013 年金融稳定委员会发布《关于建立有效风险偏好框架的原则》。同年巴塞尔委员会发布风险数据汇总与报告的原则文件，并在 2014 年发布国家监管部门之间就风险数据进行学习交流的原则文件。

巴塞尔委员会发布的《有效银行监管核心原则》是国际公认的对银行和银行系统进行合理审慎监管和监督的最低标准。G20 杭州峰会提出建立更高效的全球经济金融治理体系，呼吁欢迎国际货币基金组织、金融稳定理事会和国家清算银行联合进行的总结宏观审慎框架和工具国际经验的工作，以帮助促进实施有效的宏观审慎政策。拥有全球系统重要性银行总部的国家对于《有效银行监管核心原则》的遵守程度更高。

我国在《系统重要性银行附加监管规定（试行）》中，就附加资本、杠杆率、大额风险暴露、公司治理、恢复和处置计划、信息披露、数据报送和明确董事会责任等方面对系统重要性银行提出审慎监管要求。

五、建立有效处置机制

“大而不能倒”政策议题下处置计划机制的目标是通过减少道德风险问题来降低银行破产的概率。当系统重要性金融机构管理层与股东的预期是银行出现危机时需要自救而不是接收政府兜底，则银行经营活动中的风险偏好就会更保守。

建立有效处置机制是2008年金融危机后“大而不能倒”改革的第三个重要组成部分。2011年，金融稳定委员会发布了《金融机构有效处置机制核心要素》作为系统重要性金融机构处置问题的国际标准。该文件明确本次改革目标为允许政府以有序的方式处置金融机构：在保持银行关键功能不中断的同时，避免使用公共资源兜底，防止纳税人面临损失。

《金融机构有效处置机制核心要素》还制定了通过恢复和处置计划提前规划重大风险情况的标准，以及可处置性评估的标准。金融稳定委员会在随后几年发布了进一步的指导意见，以支持核心要素文件在全球范围内的有效实施。

《金融机构有效处置机制核心要素》规定，银行在资产负债表无力偿还和所有股权价值被清零之前，应及时和尽早进入处置程序。银行应明确标准与指标来作为是否进入处置程序的重要参考。每个国家都应该有一个或多个指定的行政主管部门负责对需要处置的银行行使处置权力。

有效处置机制的另外一个关键要素是银行股东和债权人在处置过程中吸收损失的能力。2015年，二十国集团通过了金融理事会提交的《全球系统重要性银行总损失吸收能力条款》，明确了总损失吸收能力的全球统一标准。该标准在巴塞尔协议之上，对全球系统重要性银行的损失吸收能力提出了更高要求。

总损失吸收能力（TLAC）是指全球系统重要性银行进入处置阶段时，可以通过减记或转为普通股等方式吸收损失的资本和债务工具的总和。TLAC监管要求主要包含最低总损失吸收能力、最低杠杆率两项指标。发达国家的全球系统重要性银行最低总损失吸收能力要求和最低杠杆率要求必须在2019年1月1日达到16%和6%，2022年1月1日达到18%和6.75%。发展中国家全球系统重要性银行的达标时间可推迟至2025年和2028年。

合格的TLAC工具除巴塞尔协议规定的监管资本外，还包含有符合TLAC要求的非资本债务工具。引入TLAC债务工具后，银行破产时的偿付优先级从高到低依次为：存款、一般债券（如图5-8所示）、符合TLAC要求的非资本债务工具、二级资本、其他一级资本、核心一级资本。这种清偿顺序安排使得TLAC债务工具既能体现损失吸收能力，又不会影响到一般债权人的利益。相应地，在银行由正常经营转向破产清算的过程中，各类资本工具的损失吸收顺序依次为：缓冲资本（由核心一级资本满足）、其他核心一级资本、其他一级资本、二级资本、符合TLAC标准但不属于监管资本的工具（TLAC非资本债券）以及不符合TLAC标准的处置基金（如图5-9所示）。其中一些TLAC工具在特定触发条件下会自动转换成股权，损失吸收的顺序也会提前。

根据金融稳定理事会要求，多数国家或地区已经结合自身实际建立了总损失吸收能力的监管框架。美国、欧盟、日本等地TLAC最终实施方案已于

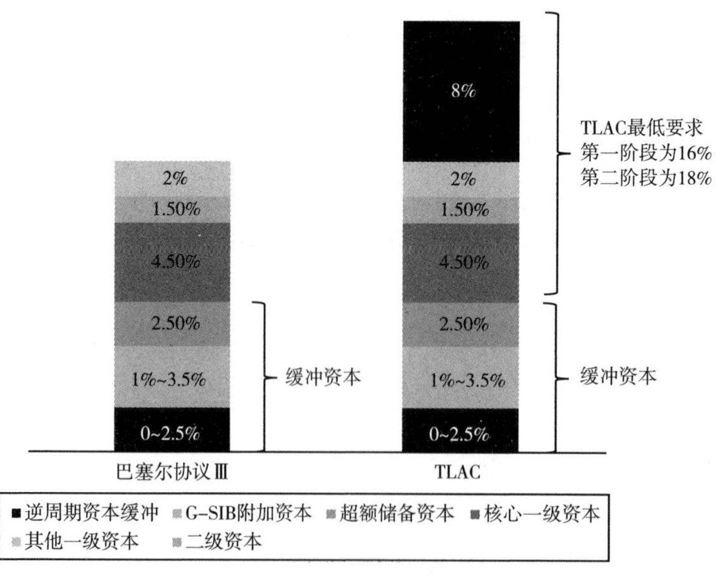

图5-8 《最终方案》与TLAC对损失吸收能力的要求比较

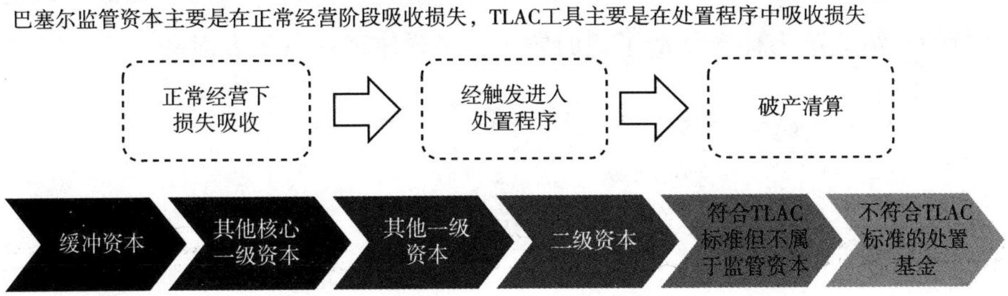

巴塞尔监管资本主要是在正常经营阶段吸收损失，TLAC工具主要是在处置程序中吸收损失

正常经营下损失吸收 → 经触发进入处置程序 → 破产清算

缓冲资本 | 其他核心一级资本 | 其他一级资本 | 二级资本 | 符合TLAC标准但不属于监管资本 | 不符合TLAC标准的处置基金

图 5-9 《最终方案》与 TLAC 对损失吸收顺序

2019 年以前发布并实施。

2021 年 10 月，我国出台了《全球系统重要性银行总损失吸收能力管理办法》，进一步完善国内对于全球系统重要性银行的监管和风险处置制度体系。2022 年 4 月 29 日，中国人民银行和银保监会发布了《关于全球系统重要性银行发行总损失吸收能力非资本债券有关事项的通知》，进一步推进了总损失吸收能力非资本债券在国内的落地。

信息披露方面，我国监管部门规定银行应按季度披露外部总损失吸收能力比率；外部总损失吸收能力规模、构成、期限等信息应每半年披露一次；我国全球系统重要性银行需自 2025 年 1 月 1 日起按照《全球系统重要性银行总损失吸收能力管理办法》和国家金融监督管理总局有关规定披露外部总损失吸收能力相关信息。

根据四大国有商业银行官网监管资本披露信息统计，截至 2022 年一季度末，中国工商银行、中国银行、中国建设银行、中国农业银行的资本充足率分别为 18.25%、16.64%、17.91%、17.18%。与外部总损失吸收能力的目标相比，中国工商银行、中国银行、中国建设银行、中国农业银行分别存在外部总损失吸收能力工具缺口约 3900 亿元、5600 亿元、3900 亿元、4300 亿元。

六、政策实施意义与效果

在《降低系统重要性金融机构的道德风险的政策框架》工作进行多年之

后，全球系统性金融风险和道德风险均有所下降，围绕“大而不能倒”问题进行的政策改革为社会创造了正面效应，主要体现在以下方面。

（一）处置的可行性

银行处置框架相关工作在全球主要金融市场，特别是在全球系统重要性银行总部所在的国家取得了重大进展。2008 年金融危机暴露出的一个重要问题就是当时缺乏针对具有系统重要性的银行的处置机制。目前几乎所有全球系统重要性银行总部所在国家和全球系统重要性银行市场占有率高的国家都建立了全面的处置制度以支持处置境内问题银行。所有全球系统重要性银行都成立了跨境危机管理小组，总部所在国和主要市场国政府已经为大多数全球系统重要性银行签署了针对跨境机构的合作协议。

大多数全球系统重要性银行已经满足了总损失吸收能力的要求，它们为此发行的资本工具也被金融市场充分消化。

（二）改革的效果

自“大而不能倒”改革开始以来，全球系统重要性银行的融资成本优势有所下降但并不明显。

一些银行的信用违约互换（CDS）利差显示，市场认为银行控股母公司发行的债券比其子公司发行的债券风险更高。这符合控股母公司需要与债权人充分吸收损失的预期。一些控股母公司的信用评级甚至低于其主要子公司。

对于一些全球系统重要性银行，国际信用评级机构已经在评级基础情景中取消了其母国政府将在银行出现危机时兜底支持的假设。同时地区与国家之间都存在差异：对于中东、拉丁美洲和亚洲大部分地区的系统重要性银行，出现危机时接受政府救助的可能性更大。

（三）系统重要性银行的情况

与 2008 年金融危机时对比，系统重要性银行目前拥有更充足的资本与损失吸收能力。《最终方案》对系统重要性银行提出资本附加要求，改善了系统重要性银行的资本和流动性情况。同时，《最终方案》收紧了监管资本的定义，提升了资本质量，提高了银行吸收损失的能力。

与此同时，全球范围内系统重要性银行的盈利能力随着资本要求的提高而下降。总体而言，“大而不能倒”改革加强了系统重要性银行的韧性，为社会创造了充分的正面效益。

第六节　利率市场化进程加速

利率市场化一直是我国金融体制改革的重要课题，目前改革已经迈出了坚实的一步，同业市场利率以推出上海银行间同业拆放利率（Shanghai interbank offered rate，Shibor）为标志，自2007年至今已经经历了数个国际国内经济周期的考验。但存贷款利率在利率管制与市场化之间的推进进度明显滞后，特别是利率双轨制导致市场化利率难以传导至贷款利率，实体经济融资难、融资成本居高不下的问题日益突出。2018～2019年，“两轨并一轨”的利率改革方针逐渐出现在政策思路中，成为深化利率市场化改革的新方向。

中国人民银行于2019年8月16日发布公告，我国利率市场化改革踏入“最后一公里”，中国人民银行决定改革完善贷款市场报价利率（Loan Prime Rate，LPR）形成机制，明确LPR是最优客户的贷款利率。要求各银行应在新发放的贷款中主要参考贷款市场报价利率定价，并在浮动利率贷款合同中采用贷款市场报价利率作为定价基准；2019年12月28日，中国人民银行要求金融机构原则上应于2020年3月至8月期间完成存量浮动利率贷款的定价基准到LPR的转换。至2020年4月20日LPR一年期和五年期利率报价分别为3.85%和4.65%，分别比2019年8月推出前下降了0.50个和0.30个百分点，[①] 市场化步伐加快的同时，价格趋势也基本上符合监管预期，通过

① 资料来源：中国人民银行官网。

此次 LPR 改革，疏通了政策利率向贷款利率的传导机制，有助于实现贷款利率下行。而利差缩窄的压力迫使银行资产定价向精细化管理迈进，给银行尤其是中小银行的资产定价提出了新的挑战。刘毅荣和郭实（2020）指出国有大型商业银行与中小银行对贷款价格的承受能力不同，这将导致优质客户进一步向大型银行集中，进而倒逼中小银行进行改革，提升定价能力（主要利率走势如图 5－10 所示）。

LPR 报价机制改革后，要求 LPR 由各报价行按公开市场操作利率（主要为 1 年期中期借贷便利 MLF 利率）加点形成报价，并且要求各商业银行不得以任何形式设定贷款利率隐性下限，同时将 LPR 利率执行情况纳入宏观审慎评估体系（MPA）考核。政策实施以来 LPR 利率走势如图 5－11 所示，

主要利率走势跟踪日报（2022年9月30日）

指标			当日	较上日（BP）	较上月末(BP)	较上季末（BP）	较年初(BP)	较2020年高/低点(BP)	较2008年金融危机高/低点(BP)
短期	政策利率	OMO7天	2.0000	-	-	-10.00	↓ -20.00	↓ -40.00	↓ -210.00
		MLF1Y	2.7500	-	-	-10.00	↓ -20.00	↓ -50.00	↓ -55.00
		LPR1Y	3.6500	-	-	↓ -5.00	↓ -15.00	↓ -50.00	↓ -66.00
		存款基准1Y	1.5000	-	-	-	-	-	↓ -237.00
	市场利率	DR007	2.0919	↓ -4.02	↑ 37.49	↓ -19.95	↓ -19.97	↑ 95.40	↑ 95.40
		SHIBOR3M	1.6730	↑ 0.70	7.30	↓ -32.70	↓ -82.70	↑ 28.20	↑ 46.86
		同业存单6M(AAA股份制)	2.0169	-	↑ 13.69	↑ 1.69	↓ -63.31	↑ 71.69	↑ 71.69
		同业存单1Y(AAA股份制)	2.0602	-	↑ 11.27	↓ -21.98	↓ -58.98	↑ 46.35	↑ 46.35
		国债1Y	1.8535	↓ -3.95	↑ 11.57	↓ -9.69	↓ -38.94	↑ 46.25	↑ 96.64
长期	政策利率	存款基准3Y	2.7500	-	-	-	-	-	↓ -238.00
		LPR5Y	4.3000	-	-	↓ -15.00	↓ -35.00	↓ -50.00	↓ -55.00
	市场利率	国债3Y	2.3341	↑ 0.15	↑ 14.23	↓ -11.50	↓ -12.43	↑ 121.64	↑ 109.04
		国债5Y	2.5836	↑ 2.20	↑ 17.71	↓ -6.93	↓ -2.56	↑ 117.60	↑ 84.94
		国债10Y	2.7601	↑ 1.00	↑ 13.76	↓ -6.04	↓ -1.53	↑ 97.15	↑ 27.77

SHIBOR3M和国债1Y近一年走势图：

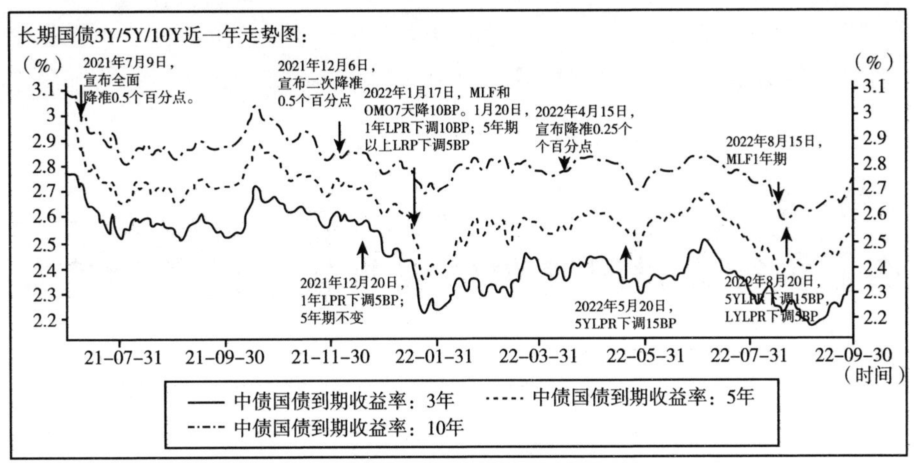

图 5-10 主要利率走势

资料来源：Wind 数据库、中国人民银行网站相关信息并加工整理得到（数据更新至 2022 年 9 月 30 日）。

商业银行贷款报价利率、实际执行利率与政策利率的联系大大增强，贷款定价市场化水平也明显提升，贷款利率市场化迈出实质性一步。

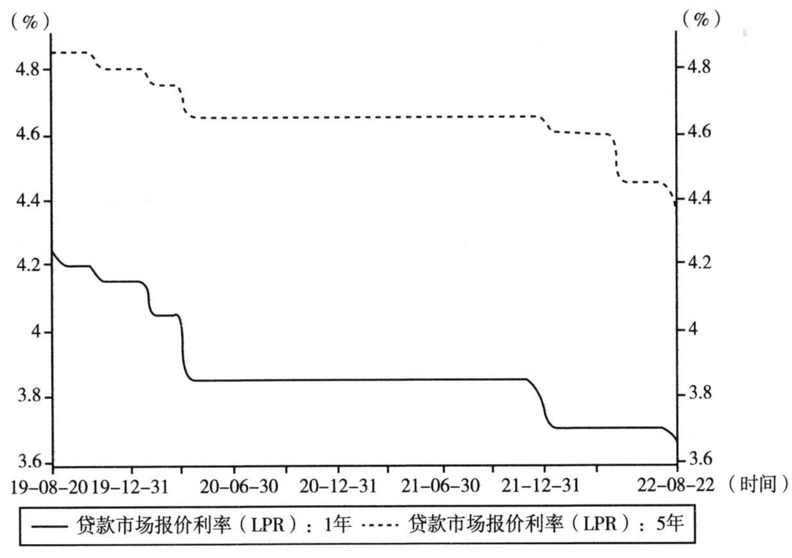

图 5-11 LPR 利率走势

资料来源：Wind 数据库。

| 第六章 |

商业银行应对巴塞尔协议Ⅲ挑战的落地实施准备

我国作为巴塞尔委员会成员方之一，《最终方案》在2023年落地实施一定会对我国金融业乃至实体经济的平稳运行产生深远影响。不同商业银行在应对《最终方案》的落地实施时也面临较大挑战。本章通过实务访谈的方式，先厘清了不同类型商业银行现行资产定价情况，然后梳理了商业银行落地实施《最终方案》的情况，最后结合自身工作经验，得出相应启示。通过了解商业银行应对《最终方案》的情况可以发现，我国商业银行积极融入国际监管新标准，参与国际竞争的步伐愈加紧密。

为此，中国银监会（2023年更名为国家金融监督管理总局）自2010年末开始公开披露商业银行整体资本充足率情况，并于2012年开始详细披露商业银行法人口径主要监管情况信息（如表6－1所示），此举更是坚定了中国监管部门执行巴塞尔协议的决心和信心。

表6－1　　国内商业银行主要监管指标情况

项目	一季度	二季度
（一）信用风险指标		
不良贷款率	1.69%	1.67%
其中：次级类贷款率	0.76%	0.77%

续表

项目	一季度	二季度
可疑类贷款率	0.67%	0.66%
损失类贷款率	0.25%	0.24%
贷款损失准备	58452	60196
拨备覆盖率	200.70%	203.78%
贷款拨备率	3.39%	3.40%
（二）流动性指标		
流动性比例	61.22%	62.27%
存贷比（人民币）*	78.70%	78.44%
人民币超额备付金率	1.89%	1.67%
流动性覆盖率*	143.22%	146.30%
（三）效益性指标		
净利润（本年累计）	6595	12217
资产利润率	0.89%	0.82%
资本利润率	10.92%	10.10%
净息差	1.97%	1.94%
非利息收入占比	21.81%	21.22%
成本收入比	27.72%	28.85%
（四）资本充足指标*		
核心一级资本净额	200866	200726
一级资本净额	229991	230481
资本净额	281998	283861
应用资本底线后的风险加权资产合计	1877983	1908528
核心一级资本充足率	10.70%	10.52%
一级资本充足率	12.25%	12.08%
资本充足率	15.02%	14.87%
杠杆率	6.99%	6.80%

资料来源：中国银保监会网站（数据截止日期为2022年6月30日）。

第一节　我国商业银行资产定价机制情况

要充分了解商业银行《最终方案》落地情况及其资产定价机制情况，其自身资本充足率及杠杆率情况直接影响着对《最终方案》落实策略与资产定价的偏好，通过上市银行2022年度中期报告汇总整理两项监管披露指标统计情况来看（如表6-2所示），大型商业银行及实施高级法商业银行核心一级资本充足，杠杆率指标与监管指标（4%）有较大安全边际，城商行压力适中，股份制行压力普遍偏大，为全面了解各类别银行对《最终方案》实施及其资产定价策略预期执行情况，本章选取了资本充足率和杠杆率指标压力都比较低的国有大行、两项指标均承压的股份制行及政策性较强的农村商业银行为样本进行调查分析。

表6-2　　主要上市商业银行资本充及杠杆率指标情况

银行类别		核心一级资本充足率	杠杆率	两项指标承压状态
六家实施高级法银行	中国工商银行	13.29%	8.04%	低/低
	中国农业银行	11.11%	7.40%	低/低
	中国银行	11.33%	7.58%	低/低
	中国建设银行	13.40%	7.53%	低/低
	交通银行	9.99%	7.05%	中/低
	招商银行	10.14%	7.64%	中/低
股份制行	兴业银行	9.01%	6.54%	中/中
	浦发银行	8.88%	6.67%	较高/中
	民生银行	8.72%	7.28%	较高/低
	华夏银行	8.38%	6.49%	高/高
	光大银行	8.34%	6.63%	高/高
	平安银行	8.33%	6.15%	高/高
	中信银行	8.18%	6.52%	高/高
	浙商银行	8.00%	4.89%	高/高

续表

银行类别		核心一级资本充足率	杠杆率	两项指标承压状态
城商行	北京银行	9.69%	7.94%	中/低
	江苏银行	8.57%	6.38%	较高/中
	上海银行	8.93%	6.17%	较高/中
	南京银行	9.85%	5.52%	中/高
	宁波银行	9.87%	5.73%	中/高
商业银行整体情况		10.52%	6.80%	

资料来源：根据各银行2022年中期报告整理得到（数据截止日期为2022年6月30日）。

一、某国有大型商业银行（A银行）

A银行对于银行的资产定价机制十分重视，由总行进行统一规划，分行具体落地，有基于大数据的资产风险定价模型，采用了专项行动方式优化贷款定价机制，从组织架构、工作流程、政策配套多个维度优化商业银行贷款定价工作机制。当前，A银行已经形成了较为完善的资产定价管理体系、内部授信、审批及发放流程优化等。在贷款定价实施过程中，A银行主要采用多维度定级方式，重点从“风险溢价”“成本管理”“市场竞争”等方面多管齐下，尤其是加强对于“信用风险”的全局把控，采取了不同板块的风险指标，并且严格遵循以下定价原则，具体如表6－3所示。

表6－3　A银行贷款定价原则及内容

原则	具体内容
统一管理、分级授权	采取统一管理的方式，由分行对贷款利率定价实行“责任制”。分行根据总行的要求，及时发布、更新分行统一的贷款利率定价方法和利率下限原则标准
风险收益最优化	结合客户的不同风险等级进行综合定价。在确保价格补偿的基础上，争取收益最大化
区域差别化	在充分考虑客户的综合回报率及客户关系基础上，采取针对性、区域差别化相结合的方式定价

续表

原则	具体内容
市场导向	在充分考虑市场竞争影响的基础上，采取维护贷款业务的市场竞争力的方式定价

A银行针对战略型客户，采用客户盈利分析定价法，特别是新增战略重点客户会主动压降贷款定价，以获取合作关系，以提升其在市场上的占有率。在实际执行过程中，A银行下辖分行根据客户分级情况及客户关系，结合比较同业定价情况，对客户采取综合定价管理。

二、某全国性股份制商业银行（B银行）

现阶段B银行已经形成了较为完善的资产定价机制和内部管理决策体系。总行资产负债管理委员会是决策层，负责资产内部定价机制及工作流程设计。在管理的过程中，基于确保成本收益、利率风险防控、资产负债结构优化等多方面因素，加强资产定价管理。

在实施过程中，针对各类信贷业务给出不同的利率定价方案，由信贷管理部门依照信贷有关政策制度来确定规则，定价规则传导到各业务条线。风险管理部门主要依据客户评级系统给出的测算结果，给出利率定价框架下的风险系数。分行以总行的利率政策、定价标准为依据，在总行给出贷款最低贷款定价的基础上，给予分行较大的定价决策空间，以保障利润目标的实现。B银行一直在追求监管资本和经济资本兼顾，将监管资本成本反映到资产定价中，既能满足监管要求，又能体现经营战略导向。

三、某农村商业银行（C银行）

C银行主要采用成本加成定价法和价格先导定价法来开展资产定价，一方面结合了业务的风险程度，另一方面融合了市场的波动。在实施的过程中，采取风控模型来计算每个客户的偿还能力及整体回报情况，根据目标资本收益率计算出贷款的最低建议定价。

C 银行的资产业务区分存量业务和新增业务来实施定价管理。在新标准法下，C 银行对新增业务有了更精细化的管理要求，在风控模型中设置了对应的参数，将新标准法资本成本计入资产定价，充分体现风险和收益间的匹配关系。需要关注的是，C 银行因为自身差异化经营定位要求，需要围绕乡村振兴重点领域，加大“三农”金融服务供给，因此针对“三农”业务，C 银行不按成本收益框架计入模型，新标准法也就不对此类资产业务的定价形成影响。

由于 C 银行没有分行，仅有总行和支行，因此管理半径较小，政策传导效率较高。C 银行前台业务部门能够较快地适应总行政策变化，做到“因变而变”。对于一些规模较大的商业银行，由于实行的是总—分—支组织架构，分行的资产定价权较大，因此在定价政策传导时容易出现偏离或扭曲。C 银行目前在资产定价机制的传导上是比较直接和彻底的。

第二节　当前我国商业银行应对巴塞尔协议Ⅲ的进展情况

一、银行同业进展情况

（一）某国有大型商业银行（A 银行）

A 银行对新标准法非常重视，立足战略层面推出落地实施方案，已经展开了新标准法实施影响的测算，并且提到目前实施内部评级法的所有国有大型商业银行均已开展测算。A 银行原先实施内部评级法，落地实施新标准法对其资本管理和资产定价管理影响不大。一是国内监管部门要求 A 银行逐步过渡，因此从实施内部评级法切换至新标准法的外部压力总体不大。二是 A 银行资本充足，资本充足率也很高，内部转型压力不大。因此，A 银行重视《最终方案》及新标准法，主要是基于 A 银行自身战略管理的需求，内外部压力一般。

在《最终方案》向下传导的路径上，A 银行资产定价差异化主要体现在新老划断和区域差异化上。

A 银行采用新老划断经营资源分配和资产定价模式。一方面，认同存量经营资源在不同区域的总量配置，尤其是以风险加权资产为核心的存量经营资源分配，待《最终方案》正式落地实施后，即便不同类型资产的风险加权资产计量权重较之前发生改变，但不会出现颠覆性的资产定价逻辑变革。存量资产以“稳”为主，维持历史定价逻辑。A 银行当前采用了过渡性方案，在向下传导《最终方案》的过程中，给予分支机构存量资产一整套的过渡性制度安排。另一方面，对于新配置的经营资源，A 银行的资产负债管理牵头部门会按照新原则、新方法、新路径来集中统筹调动。存量资产基本的要求是资产的风险和收益匹配，构建适应《最终方案》背景下的新增资产定价机制。需要说明的是，相较利润最大化目标，A 银行更看重外部评价、口碑，加之 A 银资本补充压力很小，因此重塑资产定价的动力几乎没有。通过存增量滚动，A 银行的资产定价会趋于贴合《最终方案》背景下的定价逻辑。

A 银行资产定价差异化还体现在区域差异化上。对于具备区位优势的分行，总行对其效益目标要求也较高，分行需要结合预算目标推导出实现目标的资产定价要求，因此资产定价会做系统性的优化。对于经济发展相对落后的地区，或者是背负较大资产质量包袱的分行，其经营管理目标不再是利润最大化，而是力争完成总行下达的战略性指标，总行通过配套政策支持这些分行尽快消化不良或者是为经济相对落后的地区“输血”，因此资产定价般会让步于战略目标实现。

总体上，在《最终方案》背景下，A 银行的资产定价逻辑是总行主导并向下传导，分行循序渐进的方法路径，其中向下传导主要集中体现在新增经营资源的配置上，存量经营资源按照量力而行的指导思想，结合资产定价，优化经营资源分配路径。

（二）某全国性股份制商业银行（B 银行）

B 银行资本管理约束总体适度，应对新标准法的压力也处于中游水平。落地实施新标准法主要是以资本规划为切入点，确保资本管理与总行经营目标匹配，按照“多大资本办多大事”来制定经营目标。

B 银行已经展开《最终方案》实施影响的测算，已有计划针对新标准法对资产定价模块进行改造和优化。B 银行传导新标准法主要是以条线为抓手，由总行向下进行传导。B 银行的条线管理主要包括公司条线、小微企业条线、零售条线、金融市场条线四大主要业务条线。总行计划财务部门牵头，先将经营目标要求、经营资源分配政策下达到条线，条线再细化切分并给出定价管理要求，进而逐步传导至基层。在资本不进行外部资本补充的情况下，总行对公司业务、小微企业业务、零售业务、金融市场业务配置的资本总体是比较稳定的。

对于 B 银行而言，《最终方案》落地实施受到影响比较大的是公司银行条线和金融市场条线。公司业务的资本计量主要受大客户信用风险加权资产资本计量变动的影响。新标准法在由总行到条线，由条线再传导到基层过程中，信用风险加权资产成本变动通常不是单一维度的，不仅要体现新标准法要求，还要充分体现总行战略意图。总行一旦明确要提升某资产业务领域的短板，或者优化资产环节，会对相应业务的风险加权资产成本计量进行修正。修正后的风险资产收益率是总行考核基层非常重要的依据和手段。金融市场业务的资本计量主要受各种金融工具市场风险的资本计量变动的影响。由于 B 银行的金融市场部采用准法人管理模式，因此 B 银行将大部分市场风险管理职责分配给金融市场部，将市场风险管理目标达成作为该部门的基础目标之一。在 B 银行落地实施新标准法的测算中，发现新标准法将对交易策略产生影响，尤其是市场风险的计量，将对金融市场代理交易策略产生深远影响。另外，在实施新标准法后，小贷业务和零售业务的风险加权资产计量总体是按加大鼓励的方向来进行的。

在资产定价上，B 银行将按照新标准法的风险加权资产计量规则优化调整资产定价的成本计量。在制定总量预算目标后，按总行—条线—分行的路径向下切分预算目标，倒推得出不同类型资产的最低定价。

（三）某农村商业银行（C银行）

C银行落地实施新标准法的压力相对适中。C银行由农信社改制而来，由于历史遗留原因存在一定的问题资产包袱需要消化解决，与此同时由于经营区域受限，其负债成本相对较高。C银行虽然存在消化问题资产的资本压力，但是由于其授信业务结构能坚持小额分散，总体符合新监管要求的导向，因此落地实施新标准法影响相对适中。通过访谈了解到，C银行结合测算新标准法影响的结果，相较以往不会出现较大的资本管理压力。

C银行根据监管要求已经展开《最终方案》中国版，即新标准法实施影响的测算。总体上，实施新标准法对C银行的资本充足率影响不大。C银行为了保障新标准法能够持续有效传导，因此针对新增资产定价预留了资本成本参数界面。在经营资源分配上，C银行董事会会单独列出支持“三农”业务的经营资源，然后再结合经营预算目标，做经营资源的统筹安排。

C银行作为农村商业银行，经营区域受限，组织架构也较全国性股份制商业银行简单、扁平，仅有总行和支行两级结构。在新标准法的传导路径上，通过优化新增资产定价方式来向下进行传导。目前，新标准法的向下传导路径是相对单一的。C银行还是维持原先的资产分类和管理模式，并未打算结合新标准法落地实施对C银行做深度的资产负债管理方式变革。

二、不同商业银行应对巴塞尔协议Ⅲ挑战的比较分析

三家商业银行虽然都已启动测算新标准法对商业银行的影响，但是进度不一。大型国有商业银行统筹谋划水平较高，采用分步实施方式专门推进相关工作。虽然从实质上分析，实施新标准法对原本实施内部评级法的大型国有商业银行的资本管理、定价管理影响并不大，但是其对巴塞尔协议Ⅲ的重视程度和研究深度要高于全国性股份制商业银行和农村商业银行。本章认

为，这主要是基于大型国有商业银行全球系统重要性银行（G－SIBs）的定位所决定的。

三家商业银行都有自身在运行的资产定价机制，也开发出了商业银行的资产风险定价模型，使资产定价的确定与风险水平相适应。但因为所处的行业地位不同，内部管理体系不同，不同类型商业银行的资产定价机制存在明显差异。大型国有商业银行因具有较大的市场定价话语权，肩负社会经济“稳定器”的责任，因此资产定价并非以实现利润最大化为目标，对客户定价在战略性上考虑较多，兼顾社会综合效益。全国性股份制商业银行的综合定价灵活度较高，条线管理权限较高，资产定价来源于预算目标倒推，因此定价管理趋于精细化。农村商业银行由于自身经营定位需要，对“三农”业务不按成本收益框架定价，其余资产业务类似于全国性股份制商业银行的定价逻辑。

第三节　我国商业银行应对巴塞尔协议Ⅲ存在的主要问题及相关启示

通过对不同类型商业银行管理层的访谈，结合本书对巴塞尔协议演进历程的理解，本章认为我国商业银行应对巴塞尔协议Ⅲ挑战，主要存在以下问题和启示。

一、存在的主要问题

一是应对巴塞尔协议Ⅲ挑战以被动接受为主，主动拥抱不足。通过访谈发现，无论是大型国有商业银行，还是股份制商业银行，目前都立足于对存量资产定价不进行重新定价，而是对新增资产以新的成本计量模式开展定价。采用新老划断的模式虽然可以最小化监管新标准对既有利益格局的影响，但是由此也会造成传导缓慢的负面效果。

二是对资产定价缺少统一明晰的导向指引。虽然不同类型的商业银行在差异化区域经营策略、差异化业务经营定位上都已经突破效益最大成本收益框架，对部分地区、部分业务实行非市场化定价机制，但是导向指引多是停留在经营政策指出“大方向”的层面，未在统一框架下利用管理信息系统做精细化标注指引。

三是传导路径以资本成本路径为主，未充分传导资产分类带来的挑战。巴塞尔协议Ⅲ对商业银行资产定价最为重要的影响是资本成本的重新计量，因此不同商业银行在测算评估新标准法影响时，都对资本成本留有新参数接口，传导新标准法下的资本成本重定价。但是，在新标准法框架下，商业银行的资产分类也应适应新的分类标准，否则由于内部资产分类不匹配新标准法资产分类所引发的资本成本变动将全部由总行消化承担。与此同时，商业银行内部的风险管理识别策略也无法按照新标准法的资产分类框架来给出，资产定价无法充分体现新标准法意图。

二、主要启示

第一，鉴于不同商业银行经营定位不同、管理模式不同，应对新标准法落地实施未有一个普适性的方法，只有找到适合自己经营实际的，才是一个好方法。不同类型商业银行的做法仅能提供参考借鉴，没有最好的方法，只有合适自己的方法。

第二，资产定价管理需要和资本管理、预算管理统筹协调起来。商业银行要实现高质量发展，必须建立起可持续的内源性资本补充机制。这意味着商业银行的资产定价管理必须与资本管理、预算管理统筹协调，形成闭环循环机制。否则，脱离资本管理和预算管理的资产定价管理是缺乏约束性和科学性的，最终难以实现商业银行经营管理目标。

第四篇

重塑资产多维定价机制

| 第七章 |

巴塞尔协议Ⅲ对商业银行资产定价的影响机理

本章阐述了《最终方案》对商业银行资产定价机制影响的分析框架。在对三家不同类型商业银行有关《最终方案》落地实施情况访谈的基础上，结合笔者多年对巴塞尔协议的观察研究，本章对《最终方案》影响情况及应对进行一一拆解，从巴塞尔协议的三大支柱视角，即分别从资本成本计量影响（第一支柱——最低风险资本要求视角）、风险识别影响（第二支柱——资本充足率监管视角）和经营战略影响（第三支柱——内部评估过程的市场约束视角）三个方面来分析《最终方案》可能产生的影响。

第一节　巴塞尔协议Ⅲ对商业银行资产定价影响的概述

在新标准法下，信用风险计量目标由交易对手类别向交易对手的财务状况及风险缓释类别转变，由总量集中管理向全面小额分散管理转变，由相对单一的固化风险权重向体现经济调控导向的动态权重转变。同时，市场风险计量会基于敏感性指标的风险资本管理要求变化，操作风险计量会与商业银行内部操作风险管理水平挂钩。三大风险计量方式的变化将改变资产定价的资本计量和风险识别模式。充分剖析《最终方案》的影响后，结合商业银行统筹的金融属性、公司价值和社会责任（ESG 评价），新标准法实施将影响银行经营战略走向，进而影响资产定价模式（如图 7 – 1 所示）。

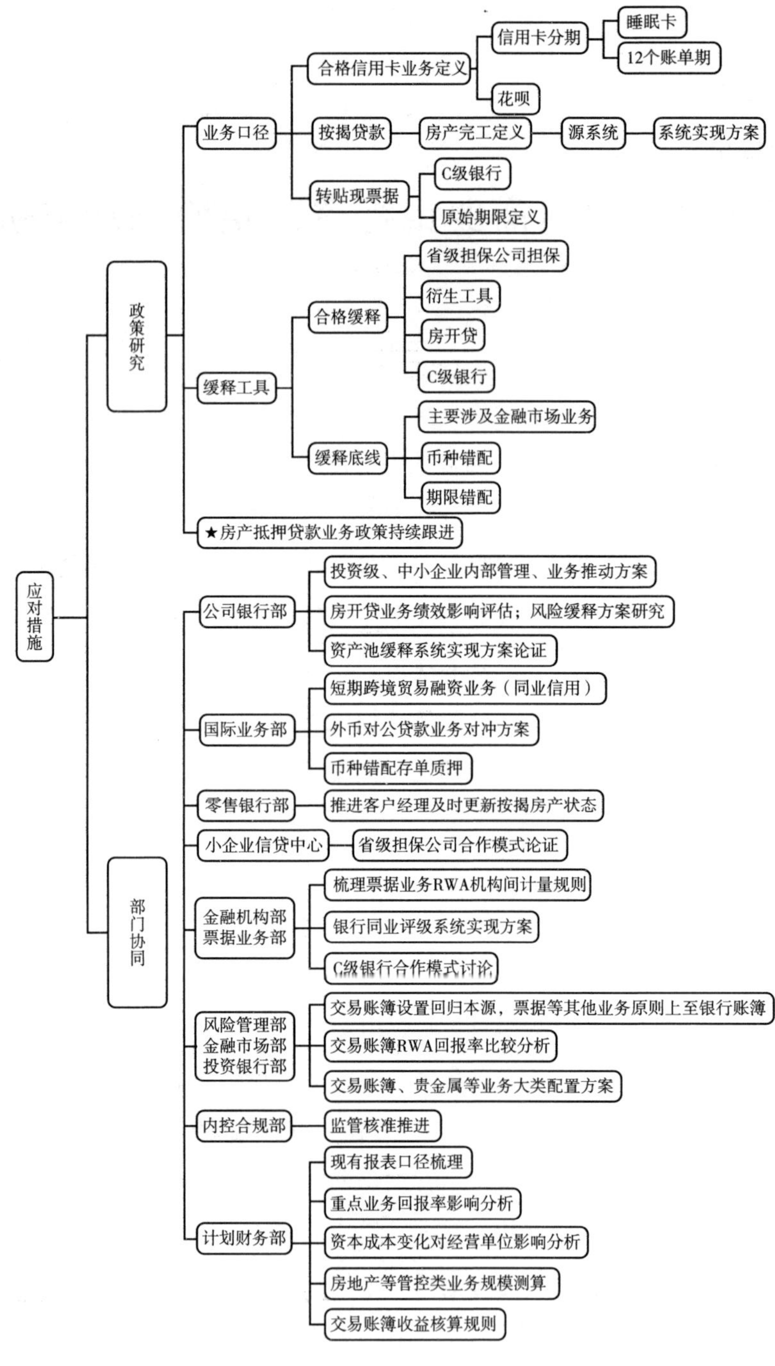

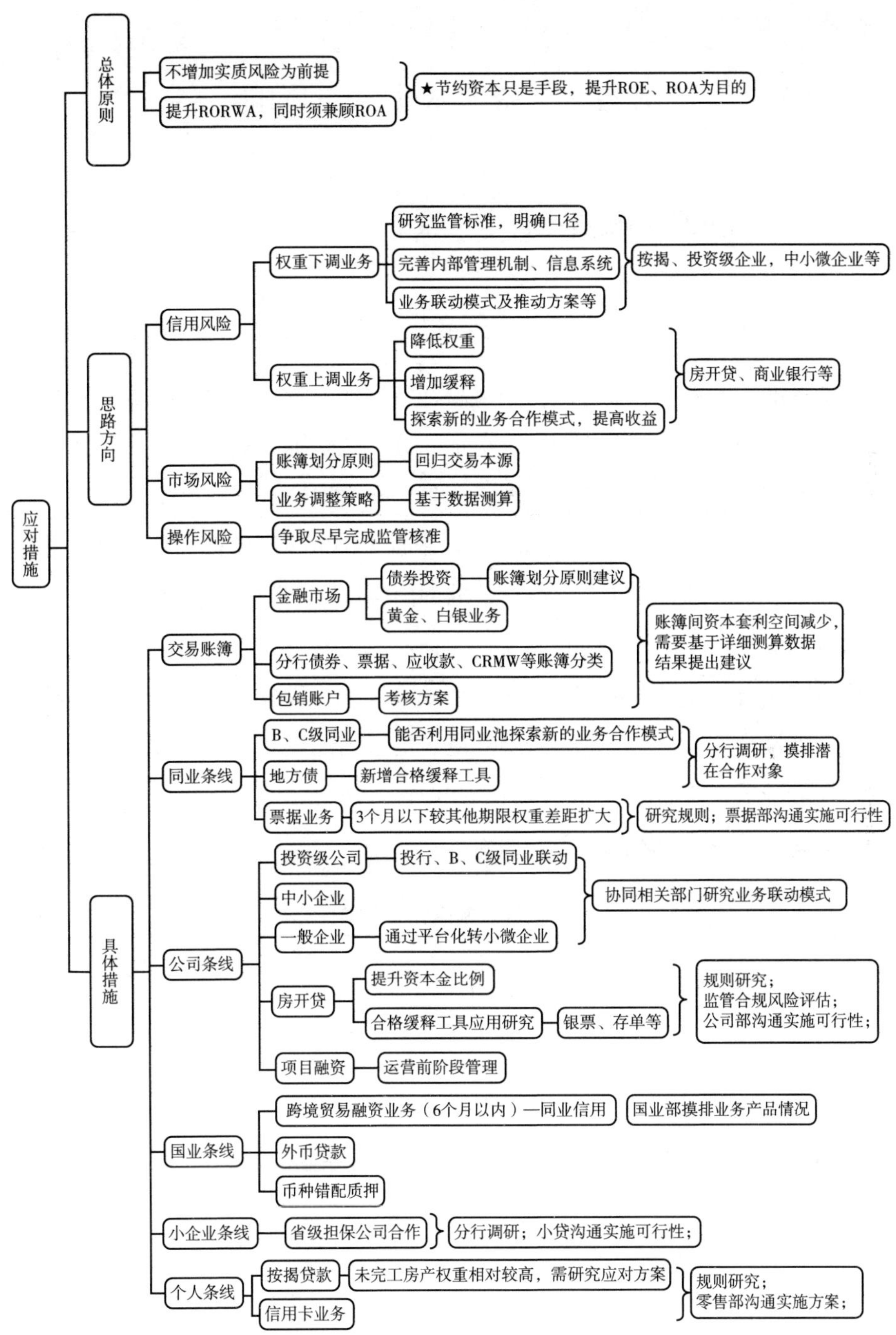

图 7-1 巴塞尔协议Ⅲ的对应举措

第二节　资本成本计量影响

一、信用风险加权资产资本计量

（一）信用风险加权资产计量特点

新标准法下，商业银行的信用风险加权资产计量有三方面特点：一是商业银行资产的风险暴露分类增多且更加细分；二是不同类型资产信用风险权重有增有减，进一步体现监管意图；三是风险权重趋向动态管理。

1. 风险暴露分类增多且更加细分。根据不同的风险特征，信用风险暴露分类为主权风险暴露、非中央政府公共部门实体（PSEs）风险暴露、多边开发银行风险暴露、银行风险暴露、担保债券风险暴露、证券公司和其他金融机构风险暴露、公司风险暴露、次级债风险暴露、股权和其他资本工具风险暴露、零售风险暴露、房地产风险暴露、货币错配风险暴露、表外项目、已违约风险暴露、其他资产风险暴露。在新标准法下，巴塞尔委员会对不同风险暴露赋予了不同的风险权重，如表7－1所示。

表7－1　　不同风险暴露分类权重

<table>
<tr><th colspan="3">风险暴露</th><th>固定权重</th></tr>
<tr><td rowspan="7">公司风险暴露</td><td rowspan="3">一般公司</td><td>投资级公司</td><td>75%</td></tr>
<tr><td>中小企业</td><td>85%</td></tr>
<tr><td>其他一般公司</td><td>100%</td></tr>
<tr><td rowspan="4">专业贷款</td><td>项目融资（运营前阶段）</td><td>130%</td></tr>
<tr><td>项目融资（运营阶段）</td><td>100%</td></tr>
<tr><td>物品融资</td><td>100%</td></tr>
<tr><td>商品融资</td><td>100%</td></tr>
</table>

续表

风险暴露			固定权重
次级债、股权和其他资本工具	因政策性原因并经国务院特别批准的对工商企业股权投资		100%
	投机性非上市股权		400%
	其他股权		250%
	次级债和除股权外的其他资本工具		150%
零售风险暴露	符合“监管零售”	合格交易者	45%
		非合格交易者	75%
	不符合“监管零售”		100%
已违约风险暴露	专项准备＜贷款未偿还金额的 20%		150%
	专项准备≥贷款未偿还金额的 20%		100%

风险暴露		外部评级					
		AAA ~ AA −	A + ~ A −	BBB + ~ BBB −	BB + ~ B −	B − 以下	未评级
主权风险暴露		0	20%	50%	100%	150%	100%
非中央政府公共部门实体（PSEs）风险暴露	根据主权外部评级	20%	50%	100%	100%	150%	100%
	根据公共部门实体外部评级	20%	50%	50%	100%	150%	50%
多边开发银行风险暴露		20%	30%	50%	100%	150%	50%
担保债券风险暴露	担保债券发行评级	10%	20%	20%	50%	100%	

风险暴露			交易对手信用风险评估			
			A +	A	B	C
银行风险暴露	短期风险暴露		20%	20%	50%	150%
	风险暴露		30%	40%	75%	150%
担保债券风险暴露	发行银行	短期风险暴露	10%	10%	25%	100%
		风险暴露	15%	20%	35%	100%

续表

<table>
<tr><th colspan="3" rowspan="2">风险暴露</th><th rowspan="2">固定权重</th><th colspan="6">LTV</th></tr>
<tr><th>[0, 50%]</th><th>(50%, 60%]</th><th>(60%, 80%]</th><th>(80%, 90%]</th><th>(90%, 100%]</th><th>100%以上</th></tr>
<tr><td rowspan="7">房地产风险暴露</td><td rowspan="2">居住用房地产抵押</td><td>还款不实质依赖房地产所产生的现金流</td><td rowspan="4"></td><td>25%</td><td>30%</td><td>40%</td><td>50%</td><td>70%</td><td>max(70%, 交易对手权重)</td></tr>
<tr><td>还款实质依赖房地产所产生的现金流</td><td>35%</td><td>45%</td><td>60%</td><td>75%</td><td>105%</td><td>105%</td></tr>
<tr><td rowspan="2">商用房地产抵押</td><td>还款不实质依赖房地产所产生的现金流</td><td colspan="2">min(60%, 交易对手权重)</td><td colspan="4">交易对手权重</td></tr>
<tr><td>还款实质依赖房地产所产生的现金流</td><td colspan="2">70%</td><td>max(90%, 交易对手权重)</td><td colspan="3">110%</td></tr>
<tr><td rowspan="2">土地收购、开发和建设</td><td>符合标准的居住用房地产</td><td>100%</td><td colspan="6" rowspan="2"></td></tr>
<tr><td>其他</td><td>150%</td></tr>
<tr><td colspan="2">其他房产抵押</td><td colspan="7">交易对手权重</td></tr>
</table>

2. 权重有增减，体现监管意图。新标准法在风险权重方面作了较大的调整和优化，其中对银行债权、商用房开发贷款、住房开发贷款（项目资本金比例小于40%）、项目融资（投入运营前）风险权重上调；对投资级公司债权、中小企业债权、省级以上担保公司担保的业务、住房按揭贷款等风险权重下调，体现出通过新标准法落地鼓励银行信贷投向小额分散、普惠金融等领域，削弱同业业务等资金空转、循环套利业务。

3. 风险权重趋向动态管理。对于银行债权、公司业务债权、房地产开发贷款、项目贷款等业务根据风险状况、资本金比例及运营状态进行风险权重动态管理，很大程度上增加了管理的动态灵活性，同时也增加了管理难度。

（二）信用风险计量策略优化

为有效、精准地预测信用风险权重，优化信用风险的计量和识别，要对信用风险预测模型进行开发。在新标准法下，信用风险权重会趋于动态管理，风险权重会随着贷款价值比（LTV）的变动而变动，因此信用风险预测的核心内容是构建模型预测行为概率，从而度量不同客户资产业务的信用风险资本耗用。

1. 信用风险预测模型开发。信用风险预测模型包括以下三方面内容：

（1）按揭贷款提前还款预测模型；

（2）提款预测模型和提前还款预测模型（按揭以外）；

（3）准投资级公司预测模型。

信用风险预测模型采用回归统计模型，通过银行历史资料开发，依据被预测客户的历史数据信息来评估该客户发生所预测行为的概率。需要说明的是，所预测概率并非用于识别客户在某一具体时点是否会发生所预测行为，而只提供了一个客户在某一具体时点发生所预测行为的可能性。模型开发流程如图 7－2 所示。

回归统计模型运用银行历史数据，基于定量特征指标为因变量，建立特征指标与自变量之间的联系。通过统计模型，可找出是否发生所预测行为的特征指标，进而为预测风险权重提供依据。一般而言，采用开发回归模型的流程如下：

首先，根据预测客户群制定相应的特征指标列表，将不同维度的考虑因素分别建立指标长清单。

其次，CAP（cumulative accuracy profile）曲线和对应的准确性比率 AR（accuracy ratio）值是较为常见的衡量指标排序能力的统计方法。

CAP 曲线及 AR 值描绘了累计违约个数百分比。CAP 曲线描画的一般方法为：先自高风险至低风险排列模型的分数（或单个指标值），然后确定横坐标客户总数中特定的比例。

如图 7－3 所示，CAP 曲线描述了各个评分结果下，累积违约客户比率

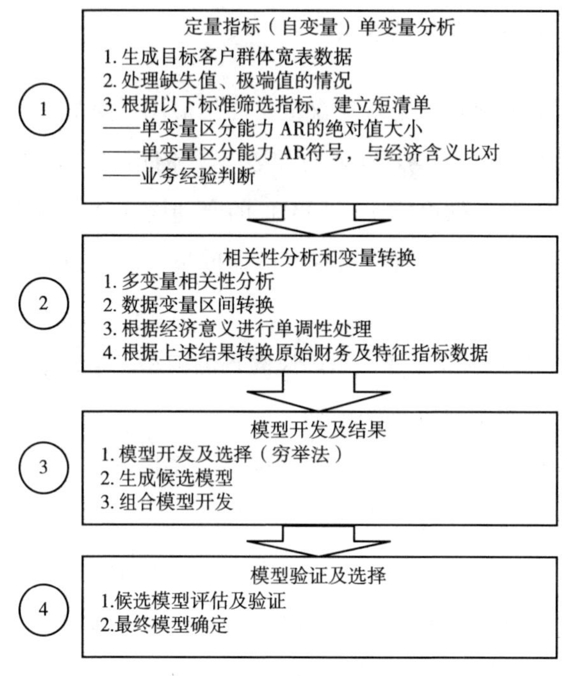

图7－2　开发回归模型的流程

和累积正常客户的关系。曲线上的点，例如（0.1，0.4），表示评级风险较高的10%的评级对象占违约客户的40%。在最佳的模型下，CAP曲线开始阶段呈线性增长（斜率为1/违约率），然后稳定在1的水平上。反之，在完全没有区别能力的情景下，模型的CAP曲线会是一条45度的直线。而AR值定义为模型的CAP曲线和45度线间的区域面积，与介于45度线和最佳模型的区域面积的比率（见图7－3）。

假设指标的值越大，则风险越小。当AR值介于0到1之间时，表明正常样本在该指标上的取值整体上要高于违约样本。如果指标的取值能够完美地区分正常样本和违约样本，其AR值为1。如果指标的取值在区分正常样本和违约样本时没有任何作用，等同于一个随机变量，其对应的AR值为0。AR值也可以小于零，这表明它存在区分能力，但此时是一个反向指标。根据AR值的大小对指标进行筛选，去除区分能力较弱的指标。一般情况下，去除AR值低于5%的变数。

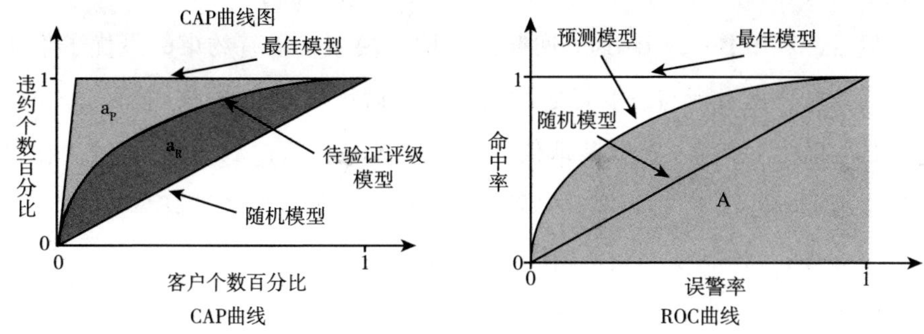

图 7－3　CAP 曲线和 ROC 曲线

根据行业实践，采用指标的 AR 值阈值即绝对值大于 0.05 筛选指标，再进行 AR 值与经济含义同向性检定。

若变量之间的相关性较强，为了能够得到稳定的、符合经济含义的多变量模型，需依据相关性的结果，对相关性较高的变量进行筛选。本次采用皮尔逊（Pearson）相关系数。Pearson 相关系数是取值范围为［－1，1］的线性相关指标，取值为 0 代表无线性相关性，大于 0 为正线性相关，小于 0 为负线性相关。当样本数据量较大时，即使指标变量本身不服从正态分布，样本的 Pearson 相关系数仍然是总体相关系数的近似无偏估计值。Pearson 相关系数的公式如下：

$$r = \frac{\sum_{i=1}^{n}(x_i - \bar{x})(y_i - \bar{y})}{\sqrt{\sum_{i=1}^{n}(x_i - \bar{x})^2}\sqrt{\sum_{i=1}^{n}(y_i - \bar{y})^2}},$$

其中 $\bar{x} = \frac{1}{n}\sum_{i=1}^{n} x_i$，$\bar{y} = \frac{1}{n}\sum_{i=1}^{n} y_i$，n 为样本数。

对通过区分能力和经济含义检验的指标进行相关性分析，如果指标间 Pearson 相关系数绝对值大于 0.7，基于模型准确性与稳定性，保留其中 AR 值较大或依据业务分析要求保留的指标形成短清单。

由于指标原始数值与被解释变量之间存在非线性关系，需对模型短列表指标按照非参数方法进行非线性变换，即先把单变量按取值大小分位点确定分组区间及各区间得分，将原始变数按照区间再映像到得分。

然后，利用 Binary Logistic 回归模型构建模型，以有约束的最优子集回归方式建立特征指标与自变量之间的联系。假设因变量 Y 是一个二分类变量，其取值为 1 和 0，影响 Y 取值的自变量 $X=(X_1, X_2, \cdots, X_k)$。在自变量作用下阳性结果（即 Y = 1，发生预测行为）发生的条件概率为 $P(Y=1 \mid X)=\beta X$，其中 $\beta=(\beta_1, \beta_2, \cdots, \beta_k)^T$。

Logistic 回归模型可表示为：

$$P(Y_i=1 \mid X)=\frac{1}{1+\exp(-\sum_k \beta_k X_{ik})}, i=1,2,\cdots,n$$

其中，n 为样本数。概率分布函数为：

$$f(y_i \mid X)=p_i^{y_i}(1-p_i)^{1-y_i}$$

其中 $y_i=0$ 或 1。

每个 Logistic 回归建模结果都包含了模型系数及标准误差。穷举短列表中所有可能的变量指标组合，依据相关标准挑选符合理论最优且经济含义明确的模型，将专家意见作为模型选取的约束条件，决定最终使用的模型。

2. 模型开发结果。

（1）房地产风险暴露——按揭贷款。

首先，按揭贷款客户会提前全部还款或提前部分还款，因此在模型开发时应分开考虑，对过去出现过的提前全部还款和提前部分还款行为分别进行标识作为因变量，关联行为指标、个人指标与宏观指标作为自变量，生成建模样本信息宽表，分别开发预测模型后再将两者进行结合。

其次，根据按揭贷款提前还款预测模型的 AR 值阈值即绝对值大于 0.03 筛选指标、Pearson 相关系数绝对值大于 0.7 和符合经济含义三个筛选条件，并基于模型准确性与稳定性，保留其中 AR 值较大或依据业务分析要求保留的指标形成短清单。

将短列表因子进行变量转换，利用 Binary Logistic 回归模型构建按揭贷款提前全部还款预测模型，提前全部还款模型的结果如下：

Logit（Y_提前全部还款）= -9.246418 +0.003120 ×商品房销售额：累计值（亿元）+0.065744 ×利率差 +0.000312 ×贷款年龄 +0.003749 ×账户余额 +0.003281 ×首付比例 +0.009423 ×该笔贷款过去是否发生过提前还款

由表 7 -2 可知，模型开发和验证的 AR 值均达 0.38 和 0.39，表明该模型具有较好的区分能力和稳定性。

表 7 -2　　按揭贷款提前全部还款预测模型结果

按揭贷款提前全部还款预测模型			
AR_开发	0.3815	AR_验证	0.3868
指标			权重（%）
地区提前全部还款样本数量占比			7.14
账户余额			22.04
贷款年龄			12.09
该笔贷款过去六个月是否发生过提前还款			23.60
已偿还比例			35.14

将短列表因子进行变量转换，利用 Binary Logistic 回归模型构建按揭贷款提前部分还款预测模型，提前部分还款模型的结果如下：

Logit（Y_提前部分还款）= -7.236062 +0.000568 ×商品房销售额：累计值（亿元）+0.003635 ×地区提前部分还款样本数量占比 +0.006734 ×该笔贷款过去是否发生过提前还款 +0.003134 ×已偿还比例 +0.001003 ×首付比例 +0.040152 ×该笔贷款过去六个月是否发生过提前还款

由表 7 -3 可知，模型开发和验证的 AR 值均高达 0.6 以上，表明该模型具有较强的区分能力和稳定性。

表 7 -3　　按揭贷款提前部分还款预测模型结果

按揭贷款提前部分还款预测模型			
AR_开发	0.6703	AR_验证	0.7253
指标			
地区提前部分还款样本数量占比			4.94
已偿还比例			5.96

续表

按揭贷款提前部分还款预测模型	
指标	
首付比例	2.02
该笔贷款过去6个月是否发生过提前还款	70.95
贷款规模	4.29
该笔贷款过去是否发生过提前还款	11.84

最后，根据提前全部还款模型和提前部分还款模型，分别计算得到客户在模型中的得分 Logit（Y_提前全部还款）和 Logit（Y_提前部分还款），并将其代入下列公式得出该客户提款和还款的概率：

P（Y_提前全部还款）=1－［1/（1+EXP（Logit（Y_提前全部还款）））］

P（Y_提前部分还款）=1－［1/（1+EXP（Logit（Y_提前部分还款）））］

结合客户在计量时点的按揭贷款余额，根据以下公式得到预测贷款余额：

$$\text{预测贷款余额}=\frac{\text{按揭贷款余额}\times P(\text{Y\_提前全部还款})+\text{按揭贷款余额}\times P(\text{Y\_提前部分还款})\times\text{提前还款比例}}{\text{按揭贷款余额}}$$

然后关联贷款抵押房产最初认定价值，计算 LTV = 预测贷款余额/贷款抵押房产最初认定价值，最后映像得到该笔贷款的预测风险权重。

（2）房地产风险暴露——按揭以外的贷款。

①提款预测模型：首先，针对目标客户群体是否发生提款进行标识作为因变量，关联行为指标与财务指标作为自变量，生成建模样本信息宽表。

其次，根据提款预测模型的 AR 值阈值，即绝对值大于 0.03 筛选指标、Pearson 相关系数绝对值大于 0.7 和符合经济含义三个筛选条件，并基于模型准确性与稳定性，保留其中 AR 值较大或依据业务分析要求保留的指标形成短清单。

将短列表因子进行变量转换，利用 Binary Logistic 回归模型构建提款预测模型，提款预测模型的结果如下：

Logit（Y_提款） = -2.754720 + 0.001862 × 非流动负债合计权益比 + 0.001922 × 营业利润流动负债合计比 + 0.001961 × 超速动比率 + 0.016388 × 近 6 期还款次数 + 0.005930 × 近 12 个月平均还款金额 + 0.007653 × 近 12 个月平均贷款余额 + 0.001450 × 当月贷款余额比近 3 个月平均授信额度 + 0.003496 × 近 12 个月平均贷款余额比近 12 个月平均授信额度

由表 7-4 可知，模型开发和验证的 AR 值均达到 0.37，说明该模型具有较好的区分能力和稳定性。

表 7-4　　提款预测模型结果

提款预测模型			
AR_开发	0.3672	AR_验证	0.3729
指标			
当月贷款余额比近 3 个月平均授信额度			11.78%
当月贷款余额比近 12 个月平均授信额度			11.95%
当月贷款余额比近 6 个月平均贷款余额			16.30%
近 12 个月平均提款金额			2.92%
1~6 期提款次数			17.05%
总资产权益比			9.00%
现金比率			18.75%
营业利润利息保障倍数			12.25%

②还款预测模型：首先，针对目标客户群体是否发生还款进行标识作为因变量，关联行为指标与财务指标作为自变量，生成建模样本信息宽表。

其次，根据还款预测模型的 AR 值阈值，即绝对值大于 0.03 筛选指标、Pearson 相关系数绝对值大于 0.7 和符合经济含义三个筛选条件，并基于模型准确性与稳定性，保留其中 AR 值较大或依据业务分析要求保留的指标形成短清单。

将短列表因子进行变量转换，然后，利用 Binary Logistic 回归模型构建还款预测模型，还款预测模型的结果如下：

Logit（Y_还款） = -5.897163 +0.002520 × 总资产权益比 +0.005248 × 现金比率 +0.003432 × 营业利润利息保障倍数 +0.012953 × 当月贷款余额比近3个月平均授信额度 +0.0131678 × 当月贷款余额比近12个月平均授信额度 +0.017963 × 当月贷款余额比近6个月平均贷款余额 +0.003219 × 近12个月平均提款金额 +0.018750 × 近6期还款次数

由表7-5可知，模型开发和验证的AR值均达到0.37，表明该模型具有较好的区分能力和稳定性。

表7-5　　　　还款预测模型结果

还款预测模型			
AR_开发	0.3718	AR_验证	0.3740
指标名称			权重（%）
1~6期还款次数			28.15
近12个月平均还款金额			10.18
近12个月平均贷款余额			13.17
当月贷款余额比近3个月平均授信额度			2.50
近12个月平均贷款余额比近12个月平均授信额度			6.01
非流动负债合计权益比			12.96
营业利润流动负债合计比			13.38
超速动比率			13.65

最后，根据提款模型和还款模型，分别计算得到客户在模型中的得分Logit（Y_提款）和Logit（Y_还款），并将其代入下列公式得出该客户提款和还款的概率：

P（Y_提款） =1- [1/（1+EXP（Logit（Y_提款）））]

P（Y_还款） =1- [1/（1+EXP（Logit（Y_还款）））]

结合客户在计量时点的贷款余额得到预测贷款余额：

如果P（Y_提款）>P（Y_还款），预测贷款余额 = 贷款余额 × [1+（P（Y_提款） -P（Y_还款））]；如果P（Y_提款）≤P（Y_还款），预测

贷款余额 = 贷款余额 × ［1 - （P（Y_还款） - P（Y_提款））］。

然后关联贷款抵押房产最初认定价值，计算 LTV = 预测贷款余额/贷款抵押房产最初认定价值，最后映像得到该笔贷款的预测风险权重。

（3）准投资级公司。影响准投资级公司的变化因素可以分为公司自身经营因素和外部经济环境因素。在模型开发上，分别开发了财务子模型和宏观子模型，并在最后根据模型的表现力和专家意见，进行整合。

首先，针对目标客户群体是否为投资级公司进行标识作为因变量，关联财务指标与宏观指标作为自变量，生成建模样本信息宽表。

其次，根据准投资级公司预测模型的 AR 值阈值即绝对值大于 0.03 筛选指标、Pearson 相关系数绝对值大于 0.7 和符合经济含义三个筛选条件，并基于模型准确性与稳定性，保留其中 AR 值较大或依据业务分析要求保留的指标形成短清单。

将短列表因子进行变量转换，然后，利用 Binary Logistic 回归模型构建提款预测模型，准投资级公司预测模型的结果如下：

Logit（Y_准投资级公司） = -5.344308 + 0.030048 × 净利润 + 0.015682 × 资产负债率 + 0.013051 × 营业利润利息保障倍数 + 0.024382 × 资产留存收益率 + 0.069808 × 现金流收入比 + 0.007952 × 超速动负债比 + 0.002769 × CPI（上年 = 100） + 0.009544 × 社会消费品零售总额：累计同比 + 0.006812 × GDP：现价：第二产业：累计值（亿元）

由表 7-6 可知，模型开发和验证的 AR 值均高达 0.6 以上，表明该模型具有较强的区分能力和稳定性。

表 7-6　　　　准投资级公司模型结果

准投资级公司模型	
AR	0.7181
指标	
净利润	14%
资产负债率	7%
营业利润利息保障倍数	6%

续表

准投资级公司模型	
指标	
资产留存收益率	11%
现金流收入比	33%
超速动负债比	4%
CPI 上年 =100	4%
社会消费品零售总额：累计同比%	12%
GDP：现价：第二产业：累计值亿元	9%

最后，根据准投资级公司模型公式，计算得到客户在准投资级公司预测模型的得分 Logit（Y_准投资级公司），并将其代入下列公式得出该客户认定为投资级公司的概率：

P（Y_准投资级公司）=1－1/（1＋EXP［Logit（Y_准投资级公司）］）

通过在投资级公司的风险权重 75% 和一般公司的风险权重 100% 之间利用插值法转化得到该客户的预测风险权重，即准投资级公司预测风险权重 = 75% +（1－P（Y_准投资级公司））×100%。

3. 问题与不足。新标准法下的信用风险虽然细化了风险暴露分类，部分风险暴露的风险权重也跟客户风险状况进行挂钩，但仍无法真实反映不同客户的实际风险状况。原因主要有：一是风险权重是参照国际上商业银行平均风险状况制定的，不同国家的商业银行，其平均风险状况不同。二是不同评级的客户风险状况不同，无法用平均风险状况统一反映同一风险暴露的风险状况。例如，一般公司风险暴露，无论信用状况如何，风险权重均为 100%；中小企业风险暴露，风险权重均为 85%；即使是房地产风险暴露，贷款价值比（LTV）也不是反映实际风险的唯一指标；投资级公司的判定条件均为门坎式阈值，只要满足条件，不管实际风险大小，风险权重均为75%（国际上为 65%）。因此，在实际风险定价过程中，需要在监管口径风险加权资产基础上，再辅以内部评级体系，以真实反映客户的实际风险状况。

值得关注的是，未经监管核准使用内部评级法的商业银行，不能直接用内部评级来衡量客户的风险状况。由于标准法的风险权重高于内部评级法对应的权重，如果在风险定价时直接使用未被监管部门核准的内部评级法来计量风险状况，往往低估了实际耗用的资本。比较合理的做法是，在标准法的基础上，根据内部评级法来反映同一风险暴露下的真实风险状况。

二、市场风险资本计量

1. 账簿划分原则。

（1）“以交易为目的”的必须划分至交易账簿。划分至交易账簿的金融工具卖出或完全对冲应不存在法律障碍，且必须每日估值，并在损益表中记录损益。

以下三种工具的持有目的视为“以交易为目的”：一是相关性交易组合中的工具；二是将产生银行账簿信用净空头头寸或股权净空头头寸的工具；三是因承销而持有的工具，且承销仅限于银行在结算日预计会实际认购的证券承销。

以下金融工具必须划分至交易账簿：一是短期转售；二是从短期价格波动中获利；三是锁定套利收益；四是对冲上述三类交易风险的工具。

（2）原则上应划分至交易账簿的金融工具。

一是会计准则下属于交易性金融资产或金融负债的工具；

二是因做市交易而持有的工具；

三是以交易为目的且可穿透管理或者能够获得每日报价等必要信息的基金投资；

四是上市股权；

五是期权类产品。

（3）应划分至银行账簿的金融工具。

一是非上市股权；

二是证券化资产池中的基础资产；

三是房地产投资；

四是零售和中小企业贷款；

五是不能穿透管理且不能获得每日报价等必要信息的基金投资；

六是对冲基金；

七是由以上工具作为基础资产的衍生工具或基金；

八是为对冲上述工具所产生的某一特定风险而持有的工具。

（4）严格限制账簿之间互转。只有在银行重组导致交易台被永久关闭、会计准则变动等极少数情况下，在得到监管部门批准后，才可以实施账簿转换。转换后，银行必须计量转换前后的监管资本要求。如果账簿转换导致资本计提要求下降，则下降部分作为第一支柱的附加资本进行披露，加回到资本要求中，一直持续到相关头寸到期或终止。

2. 资本计量方法。市场风险资本要求由以下三部分组成：敏感度风险资本、违约风险资本和剩余风险资本。计量框架如图 7－4 所示。

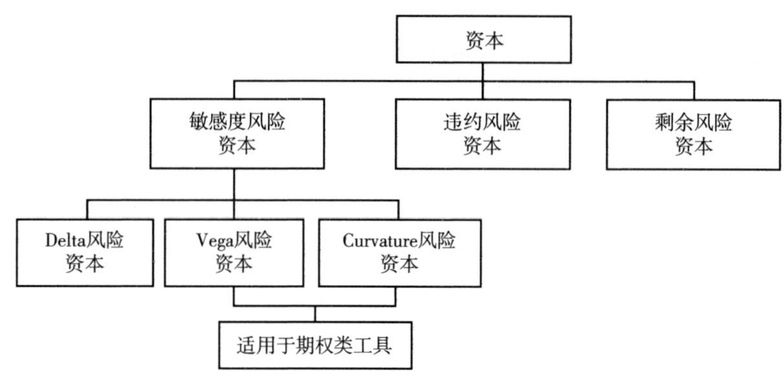

图 7－4　市场风险资本计量框架

（1）敏感度风险资本。敏感度风险类别可分为七大类，分别从 Delta、Vega 和 Curvature 三个风险维度进行计量。敏感度风险资本计量步骤如下。

第一步：识别每个金融工具所含的风险类别（risk class），包括一般利率风险、非证券化信用利差风险、证券化信用利差风险（相关性交易组合）、证券化信用利差风险（非相关性交易组合）、股权风险、商品风险、汇率风险。

第二步：将每个金融工具划归至不同的风险组（risk bucket）。划分依据如下：一般利率风险以币种划分风险组，一个币种对应一个风险组；非证券化信用利差风险依据信用水平和行业划分风险组；证券化信用利差风险（相关性交易组合）风险组划分同非证券化信用利差风险；证券化信用利差风险（非相关性交易组合）依据信用水平和底层资产类型划分风险组；股权风险依据总市值、经济体类别和行业类别划分风险组；商品风险依据商品类型划分风险组；汇率风险依据金融工具计价货币与报告货币之间的汇率划分风险组。

第三步：计算金融工具每个风险因子（risk factor）的 Delta、Vega、Curvature 的风险敏感度。除少数奇异资产外，交易账簿所有工具都需要计算 Delta 风险敏感度资本，Vega 和 Curvature 风险仅适用于含权产品。

第四步：计算相同风险因子的净风险敏感度。

第五步：计算加权风险敏感度。

第六步：基于风险组内的相关系数（中度相关情景），对加权风险敏感度进行组内汇总。

第七步：基于跨风险组的相关系数（中度相关情景），在同一风险类别内进行跨风险组的风险加权汇总。

第八步：Delta、Vega 和 Curvature 风险资本要求的简单加总得到该风险类别的敏感度风险资本要求。

第九步：针对“高度相关”“低度相关”两种情景，再按上述步骤分别计算敏感度资本要求。最终取三种情景中资本要求最高情景下的资本要求作为敏感度风险资本要求。

（2）违约风险资本。违约风险资本是指敏感度方法下信用利差未能捕捉到的突发违约（JTD）风险。JTD 等于违约损失率（LGD）乘以名义本金（或面值），再加上该工具累计已实现损益。多头 JTD 不能小于 0，空头 JTD 不能大于 0。存在违约风险的工具包括非证券化的资产组合、证券化的资产组合（非相关性交易组合）、证券化资产组合（相关性交易组合）。违约风险资本计量步骤如下。

第一步：分别计算每个风险暴露的总突发违约风险（gross JTD）。

第二步：对于同一债务人，多头和空头头寸的突发违约风险值在允许的情况下可以相互抵消，得到每位债务人的净多头或净空头头寸。

第三步：将净突发违约头寸分配至不同的风险组中。其中，非证券化的违约风险分为公司、主权国家、地方政府/市政机构三个；证券化（非相关性交易组合）的风险组划分则要基于底层资产类别及其地理区域；证券化（相关性交易组合）的风险组的划分主要基于指数。

第四步：在一个风险组内，基于净多头和净空头的突发违约风险头寸计算对冲效益比率。该比率作为折扣因子，乘上风险加权净空头头寸，用于对冲风险加权净多头头寸，对冲后得到该风险组的违约风险资本要求（DRC）。

（3）剩余风险资本。需计量剩余风险资本的金融工具主要涉及以下两种情形：一是底层资产是奇异资产时，附加资本则为名义本金乘以 1.0%；二是在受 Vega 或 Curvature 风险资本要求约束，其回报无法以基础资产为单一股权价格、商品价格、汇率、债券价格、信用违约互换价格或利率互换的普通欧式期权有限线性组合形式进行复制的工具或符合相关性交易组合定义的工具（相关性交易组合合格风险对冲的工具除外），附加资本要求为名义本金乘以 0.1%。

三、操作风险资本计量

操作风险计量由基于财务数据计算的业务指标（BIC）和基于银行历史操作风险损失计算的内部损失乘数（ILM）两个核心部分组成，操作风险资本（ORC）=BIC×ILM，操作风险加权资产为操作风险资本要求的 12.5 倍。

新标准法要求在业务指标（BIC）和内部损失乘数（ILM）上作出了明确要求，给商业银行的计量操作风险层面提出了较高的技术要求，具体体现在：

一是业务指标部分（BIC）边际系数随业务指标增加而递增，BIC=业务指标（BI）×边际系数 α；

二是损失数据（LC）需要过去10年的数据累积，计算操作风险损失部分中平均损失计算必须基于10年的高质量操作风险损失数据，且监管机构定期检查银行损失数据的质量；

三是对损失资料识别、收集和处理提出了一般标准和具体标准，对于银行来说操作风险历史精准数据的累积和新数据的详细识别、收集和处理是个巨大的挑战；

四是集团并表时子公司的不合规数据质量可以直接影响集团整体损失资料，这就要求并表范围内所有子公司的损失数据质量都要共同达标。

第三节　风险识别与计量影响

在风险定价时，客观上要求风险权重相对稳定。但在新标准法下，房地产风险暴露（包括房产按揭贷款）、投资级公司、商业银行债权及其担保缓释、居住用房地产开发贷款、项目贷款的风险权重事先是不确定的。权重预测将对资产定价产生深远影响，因此权重预测十分必要。

1. 房地产风险暴露（包括房产按揭贷款）：风险权重取决于贷款价值比（LTV = 贷款余额/抵押房产价值）。在抵押登记有效期内，抵押房产价值固定不变，但其对应的风险暴露却随着客户提款或还款而变化，即LTV和风险权重将随着时间变化而动态变化，而且变化幅度相对较大，在风险定价时，无法确定究竟耗用多少资本。

2. 投资级公司：虽然投资级公司对应唯一的风险权重，但根据定义，投资级公司的统计范围却随着客户财务状况、现金流状况、资产负债比例、违约情况等变化而变化，从而无法对统计范围进行预测。为便于管理与操作，可将上市公司或发行过企业债券（且其债券仍在市场上流通）的企业客户定义为准投资级公司。这样，准投资级公司的统计范围是确定的（便于确定业务拓展对象），但其风险权重却变成动态变化（但可以预测），满足投资级公司定义的，风险权重为75%（国际上为65%）；否则按交易对手确定风险权重：85%（中小企业）或100%（一般公司客户）。[①] 由于准投资级公司的财务状况、现金流状况、资产负债比例、违约情况等指标会随时发生变化，因此，准投资级公司的风险权重也具有较大的不确定性，在风险定价时无法事先确定资本成本。

3. 商业银行债权及其担保缓释：评级为A+、A、B和C商业银行风险权重相差较大。若某一商业银行评级落到B或C，则该商业银行承兑的商业汇票、发行债券或同业存单都将可能无人问津，同业拆借业务也将无从谈起，在同业市场中难有立足之地，流动性管理几乎没有余地，而且评级为B或C的商业银行没有担保缓释作用。

实际上，评级为B或C的商业银行交易对手占比相对较低，而同业授信审批将会几乎排除评级为B或C的银行同业授信业务，因此，在风险定价时，可简单认为银行同业评级均为A。

4. 风险权重取决于外部评级的债权：由于客户的外部信用评级相对稳定，在风险定价时，可简单认为其风险权重是固定不变的。

5. 居住用房产开发贷款：根据巴塞尔协议Ⅲ中有关居住用房产开发贷款项目规定，项目资本金比例低于40%（巴塞尔协议允许各国政府自行确定该比例）的，风险权重为150%，否则为100%。虽然风险权重变化幅度较大，但由于项目资本金比例可以事先确定，在风险定价时，可认为居住用房地产开发贷款的风险权重也是固定不变的。当然，对于一家机构来说，居住用房产开发贷款的加权平均权重是动态变化的。

6. 项目贷款：根据巴塞尔协议Ⅲ中有关项目贷款规定，在投入运营前，风险权重为130%；投入运营后，风险权重为100%。在风险定价时，可认为项目贷款的风险权重也是固定不变的。

现行权重法下，所有客户的风险权重均固定不变；而实施内部评级法的商业银行（无论是现在，还是2023年之后），所有客户内部评级及其对应的风险权重都是相对稳定的。因此，对于实施巴塞尔协议Ⅲ新标准法又习惯于

① 相关信息来自巴塞尔协议Ⅲ对投资级公司定义及权益标准释义。

风险权重静态不变的商业银行来说，房地产风险暴露和投资级公司的风险权重波动幅度相对较大，风险定价管理将面临前所未有的严峻挑战，没有现成的管理经验可借鉴，客观上要求对不同客户在将来某一时间段内的风险权重进行预测。

第四节　银行经营战略影响

新标准法延续了巴塞尔协议“以风险为本”的监管理念，以风险加权资产计量框架为切入点，对传统监管框架进行了全方位重塑，新标准对于银行经营战略产生深远影响。无论是从政府部门领导讲话，还是专家学者以及业内专业人士的认同感上，普遍认为改革对于提升监管水平、强化市场约束、优化银行体系信贷资源分配能力、提高不同银行之间风险计量的准确性和可比性、增强银行体系的整体稳健性具有重大意义。

一是强化市场约束。从国内情况来看，2021 年 3 月 2 日上午举行的推动银行业保险业高质量发展新闻发布会指出，要借鉴金融稳定理事会和巴塞尔委员会改革成果，强化资本充足、监督检查和市场约束等要求，抓紧补齐制度短板。国际监管改革在强化银行抵御风险能力的同时，致力于通过明确信息披露要求，减少银行与市场参与者之间的信息不对称，通过强化市场约束、改善市场纪律，最终增强公众对银行体系的信心。对于资本监管的信息披露中国银行业和监管部门一直致力于与国际接轨，中国银监会于 2013 年就印发了《关于印发商业银行资本监管配套政策档的通知》就资本监管信息披露的规范性要求进行了明确和规范；与此配套 2014 年印发了《商业银行全球系统性重要指标披露指引》，对规模较大的商业银行要求按全球系统性重要银行标准披露全球系统重要性评估指标信息。以上两项举措，为全面接轨《最终方案》中国版落地的信息披露工作做好了前期准备和保障。

从国际形势来看，基于国际金融危机的教训，金融稳定理事会和巴塞尔委员会提出强化信息披露监管标准、提高商业银行风险信息披露精细化程度的要求。为此，巴塞尔委员会成立了信息披露工作组，修订巴塞尔协议Ⅲ第三支柱监管规则。整合并完善了资本充足率、流动性、杠杆率、大额风险暴露、总损失吸收能力等各项监管改革政策配套的信息披露要求，全面规划出了商业银行信息披露监管框架，统一构建了一套独立于财务报告的、全球统一的监管信息披露模板。新规则有助于增强银行经营的合规性，改进银行与市场参与者的沟通，持续提升银行整体稳健经营水平。

二是强化金融监管。在转型发展的历史节点，深化金融监管框架改革，加强审慎管理制度建设，健全符合我国国情和国际标准的监管规则，是深入推进经济体制改革、处理好政府与市场关系的重要环节，是打好党中央确立的三大攻坚战之防范化解金融风险攻坚战的有力保障。王胜邦（2018）指出，新标准法在吸取国际金融危机教训，借鉴国际金融监管改革最新成果的同时，探索与研究我国银行业所面临的深层次矛盾和问题，有助于完善我国银行业审慎监管制度，强化金融监管、维护银行及经济金融体系稳健运行，为支持国民经济可持续发展提供保证。

三是优化资源分配。以资本约束为起点，深化资本约束导向，释放金融活力，提高银行体系信贷供给能力和资源分配能力，更有效地提升金融服务实体经济质效。在解码《最终方案》时可以发现，《最终方案》基于实际损失情况，特别是危机期间的损失资料情况，重新确定各类监管给定的风险权重和参数，在不大幅提高总体资水要求的大框架下，增强了资本要求与经济实际的拟合与细化。《最终方案》通过细化资本成本，引导资金缩减不必要的传导链条，减少在金融体系内的空转，更有效地投向实体经济，助推国民经济健康发展。

四是增强风险计量可比性。提高标准法的风险敏感性，增强标准法与高级法的逻辑一致性，提升不同银行之间风险加权资产计量的准确性和可比性。

国际金融危机期间，许多国际化大银行所谓的“先进风险管理工具”并未起到有效计量风险的作用，过度复杂的风险转移和计量手段、不透明的模型技术，使部分银行逃避了监管、虚增了杠杆、放大了负面影响。对此，巴塞尔委员会修订信用风险标准法和内部评级法，增强标准法的订精细度，限制内部评级法的使用，减少对模型的依赖；完善市场风险的规则，提高标准法的风险敏感性，采用新模型方法捕捉极端情况下的损失，准确划分交易账簿和银行账簿以避免资本套利；简化操作风险计量方法，废除基于模型的高级计量法，废除敏感性较低的基本指标法，只保留标准法，并对原方法进行大范围修订；对原有已经采用高级法的六家银行，增设资本底线，要求以模型方法计量的风险加权资产不得低于标准法计量结果的72.5%，目的是压缩资本计量的套利空间，防止银行通过模型方法过度降低资本要求；调整杠杆率计量规则，明确了全球系统重要性银行（G－SIBs）的附加杠杆率要求，进一步增强了金融体系的抗风险能力。

五是银行经营战略必须贴近新标准法监管意图。在监管要求下，商业银行需要在既定的监管框架内寻求自身可持续发展，没有哪家商业银行有逆向选择的能力和资本。具体为：（1）坚持小额分散，这是新标准法的政策导向，也切合银行自身分散集中度风险的价值取向；（2）从关注交易类别向关注交易对手转变，新标准法实施前，是按交易类别来区分加权重风险权重，新标准法调整为按单一交易对手的风险状态动态确定风险权重；（3）调整同业业务偏好，新标准法最大的变动是对同业业务的风险权重进行了大幅度的细化和提升，着重引导银行与好银行做交易，着力要求银行脱虚向实；（4）新标准法实施前对流动性指标监管趋严，银行要持续保持流动性监管指标达标；（5）新标准法对房地产业务的资本金及交付情况进行差别化权重计量安排，增强了房地产市场稳健发展的信心，坚持“房住不炒”，引导房地产信贷有序投放；（6）对于投资级公司标准的明确，并区别一般公司业务权重，描绘了银行做公司业务客户、做好公司业务客户管理，有效降低风险权重的路径。

| 第八章 |

重塑商业银行资产多维定价机制

本章根据商业银行管理目标，结合笔者多年资产负债管理工作经验，通过解析梳理新标准法内容、分析现有计量方法，并通过内部调查访谈，聘请专业咨询机构和软件开发团队等统筹新标准法落地相关工作，尝试创新性地提出一种新的资产定价方法。该定价方法以资本约束条件下的成本定价为基础，以风险识别策略优化机制下的风险定价为重点，以战略匹配下的政策定价为牵引，重塑了巴塞尔协议Ⅲ背景下的商业银行资产多维分类，并通过管理多种资产标签属性，对不同类型资产分别给出多维定价策略，即商业银行多维资产定价方法。本章还提出商业银行应加快推进管理信息系统建设，以支持资产多维定价策略的实施。

第一节　商业银行资产定价的逻辑

商业银行资产定价的基础是资金的价值和风险量化，资产的价格是资产价值的量化表现形式。资产的价格主要围绕资本成本、风险成本和管理成本三大维度，具体细分为资本及资金成本、风险成本、运营管理成本、无风险利率、资产负债管理成本、期望收益率。最终形成资产定价的管理目标可以灵活采用成本加成定价法、价格先导定价法、客户盈利分析定价法及 RA-

ROC 定价法等来完成，并非千篇一律。

资产定价 = 资本及资金成本 + 风险成本 + 运营管理成本 +
无风险利率 + 资产负债管理成本 + 期望收益

资本及资金成本、风险成本、运营管理成本、无风险利率、资产负债管理成本反映的是资产定价需覆盖的资本及资金成本和风险成本部分，是资金盈亏平衡点，即最低回报率，期望收益率则是实现资产增值的部分，是商业银行利润来源。其具体分析如下。

一、资本及资金成本

（一）资本成本

《最终方案》中国版落实实施，未来经济资本与监管资本将实现计量口径的趋同，资本成本计量将进一步细化，计量结果上通过客户评级、期限等调整项，将两者直接挂钩。对于资产定价而言，影响最大的是信用风险经济资本成本，也是《最终方案》影响商业银行资产定价最直接的成本。

$$\text{信用风险经济资本成本率} = \text{信用风险权重} \times \text{目标资本充足率} \times \text{最低资本回报率}\text{（目标资本充足率和最低资本回报率为常数）}$$

以公司客户为例，我们来看一下新标准法与旧方案的变化。

1. 公司客户（非房地产）。在新标准法与旧方案下非房地产公司客户变化如图 8－1 所示。

新标准法中公司客户分类较现行方案更精细。例如对于满足投资级公司定义的公司客户，新方案节约 25% 的资本。按 8.5% 的资本充足率和 11% 的预期资本回报率计量，节约资本成本约 23.4BP。为鼓励银行将有限的经营资源投入创造价值更高的资产中，相关的成本差异应反映成定价的差异。

2. 公司客户（房地产）。在新标准法与旧方案下房地产公司客户变化如图 8－2 所示。

商业房开发贷款资本计量权重上升，从 100% 上升到 150%，按 8.5% 的

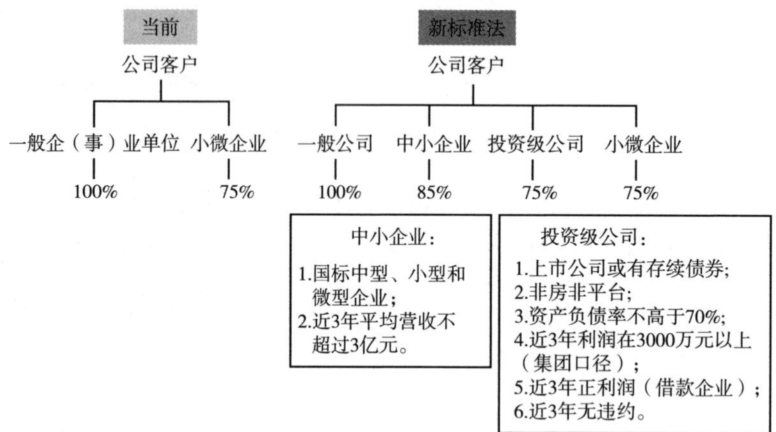

图 8－1　新标准法与旧方案变化梳理（非房地产）

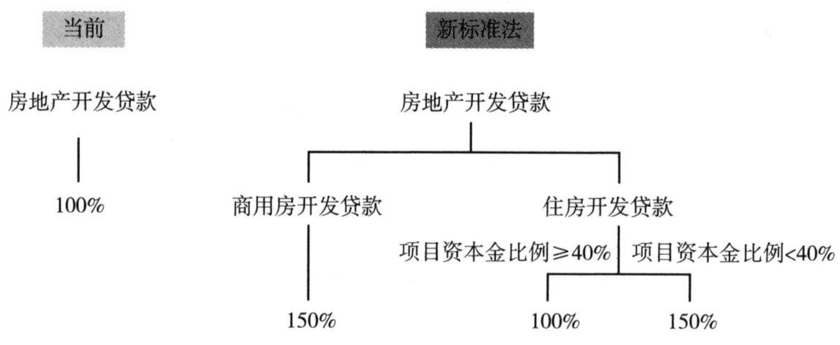

图 8－2　新标准法与旧方案变化梳理（房地产）

资本充足率和 13% 的预期资本回报率计量，相比当前方案，资本成本上升达到 55BP。如果外部定价不能覆盖这部分上升资本，则业务收益率将下降。

住房开发贷款则需要通过项目资本金比例是否大于 40% 来区分资本计量权重，两者的成本差异也达到 55BP，反映在定价上将形成天然差异。

（二）资金成本

资金成本是指占用资金的直接成本，是资产定价的基础。

在完美市场假设下，商业银行所有资金融资需求都能得到外部满足，而且市场完全竞争，所有商业银行的资金成本价格一致。但是商业银行在实际经营过程中，宏观经济环境不同、商业银行的资质不同、融资约束条件不同，从而导致不同商业银行不同时期的融资成本存在差异，进而对资产定价产生显著影响。

首先，宏观经济环境、商业银行市场竞争力及话语权不同，融资约束不同进而导致融资成本不同。宏观经济环境稳定，经济发展形势较好时，资金成本相对较低。金融危机、经济发展恶化时，资金成本相对较高。商业银行话语权较高，资金成本相对较低，反之，资金成本较高。其次，虽然我国金融市场一体化进程不断推进，利率市场化改革不断深入，但我国对金融体系的监管政策和制度仍存在差异性，市场与市场之间分割，导致不同融资产品、融资渠道、融资期限，融资成本不尽相同。不同融资产品在不同市场定价不同，即使同类融资产品在不同市场定价也不同。例如，各家商业银行同期限存款成本不同、存款利率与货币市场资金利率不同，同一个货币市场银行间质押式回购利率和非银机构间质押式回购利率不同。再次，各商业银行经营管理水平的差异，体现在 ROA、ROE 等收益率指标的差异上，在资本市场各行的资本补充、获取的渠道和难易程度也不尽相同，这也是因为资本的稀缺程度向银行体系内部直接传导，资本成本的高低差异。最后，利率传导效率差异影响不同资产对应的资金成本。存贷款政策利率对信贷市场传导效率更高，影响信贷资产定价的融资成本主要是存款成本；存款对衡量资金成本短期变化的作用较小，而货币市场利率对同业拆借及存单投资资产业务传导效果显著，因此，影响同业拆借及存单投资资产定价的融资成本主要是货币市场利率；对于债券市场，一级市场发行利率对二级市场债券利率的传导效率更高，中期债券市场利率对长期债券市场利率的传导效率更高。债券一级市场发行利率主要与市场债券供给、市场流动性状况、发行期限、发行主体财务状况及信用评级等有关，商业银行大多时候是债券价格的接受者而非定价主导者，商业银行可从债券预期现金流、估计相应要求的风险回报、自身负债成本、战略业务导向等方面综合考虑制定债券投资策略。

二、风险成本

风险成本反映了将资产从无风险资产转移到风险资产投资时所需获得的风险补偿，风险成本和无风险利率之和即风险的最低补偿率，风险越高，要求的最低风险补偿就越高。商业银行在经营过程中主要面临的风险有信用风险、市场风险、操作风险。

信用风险是商业银行面临的主要风险，是指获得银行信用支持的债务人不能遵照合约按时足额偿还本金和利息的可能性。

市场风险是指商业银行以票证、动产、不动产为目标物进行投资或者买卖时，由于市场价值的波动而蒙受损失的可能性，主要取决于货币市场、资本市场、商品市场、不动产市场、期货市场、期权市场等多种要素市场行情的变动。

操作风险是指由不完善或有问题的内部程序、人员及系统或外部事件可能造成损失的风险。

三、无风险利率

本书所讲无风险利率是指商业银行所融资金不冒任何风险即可取得的收益率，是对机会成本的补偿，即对无错配风险、信用风险和市场风险资产的投资的补偿。

不同微观主体可能存在预期收益目标或无风险利率与融资成本倒挂的情况，从资本逐利性角度来看，一般来说，商业银行会通过业务结构调整、提升管理效率等措施，进一步降本增效。若某种资产预期收益无法覆盖资金成本，则会避免这样的资产投资项目。因此，可将无风险利率作为对特殊战略客户的资产投放利率和投资组合决策取舍的参考调整项。

四、资产负债管理成本

期限杠杆即资产负债期限错配，是商业银行利润来源之一，商业银行通过吸收短期负债满足长期资产投放需求，可以赚取收益率曲线斜率价差。然而，错配是一把“双刃剑”，给商业银行带来超额收益的同时，也埋下安全隐患。其表现为因资产负债现金流缺口太大或市场利率发生不利变动而对商业银行偿债能力和经济价值产生较大负面冲击，即流动性风险和利率风险，这也是商业银行传统资产负债管理内容。资产负债利率风险和流动性风险可通过流动性成本和利率复位价期限成本量化。量化的运用原理是对资产未来预期收益现金流的价值进行估计，确保未来预期收益现金流的价值能够覆盖商业银行经营成本。

流动性风险是指商业银行无法以合理成本及时获得充足资金，用于偿付到期债务、履行其他支付义务和满足正常业务开展的其他资金需求的风险。

利率风险是指利率变化使商业银行的实际收益与预期收益或实际成本与预期成本发生背离，使其实际收益低于预期收益，或实际成本高于预期成本，从而使商业银行遭受损失的可能性。

五、运营管理成本

运营管理成本可通过责任成本分摊来量化。按照“谁使用、谁受益、谁承担”的原则，将费用逐笔分解到实际受益主体，分摊到机构、条线、产品、客户等维度，以反映各维度主体应承担的运营成本。费用分解归集粒度直接决定分摊费用数量以及分摊费用追溯能力，需要考虑精度与效率平衡，能核算至产品层面的核算至产品，不能核算至产品层面的，在追求相对公平的原则上进行适当简化。

六、期望收益

商业银行经营的目的是实现利润最大化，实现必要的资本回报。同时商业银行也要兼顾实现的经营收益、取得的社会效益、获得的监管评价等社会责任目标的平衡。因此，商业银行在资产定价时，除了覆盖自身的各种必要成本外，另外一个要考虑的因素是期望收益，这是商业银行的利润来源或取得的社会效益或实现的监管评价。

第二节　重构商业银行资产多维分类

为实现对资本耗用的精准计量和资产定价的科学评估，有必要对商业银行的资产进行多维分类，本章根据商业银行资产期限及现金流特征、业务导向不同，从三类资产、四个业务导向的划分视角对资产业务进行分类，到账户级信息则按四个导向、五项原则、六种属性的不同维度生成资产标签，如图 8－3 所示。

5项原则

- 资本约束
- 面向市场
- 期限匹配
- 风险回报
- 政策导向

6种属性

- 资产类型
- 期限
- 币种
- 规模
- 利率属性
- 业务导向

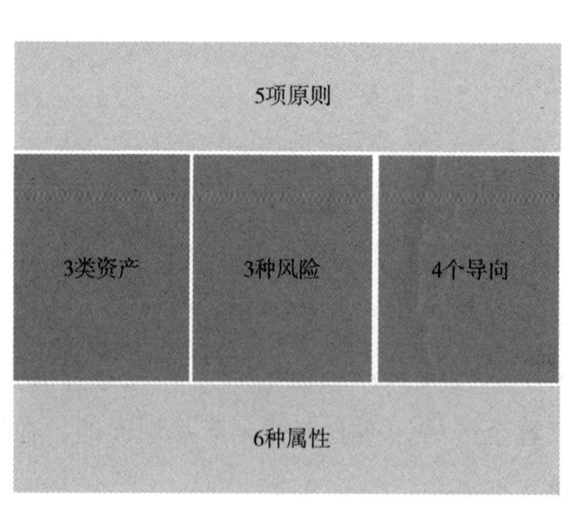

3类资产

- 期限和现金流特征明确
- 期限和现金流特征不确定
- 以交易为目的而持有

3种风险

- 信用风险
- 市场风险
- 操作风险

4个导向

- 战略导向
- 盈利导向
- 政策导向
- 巴塞尔协议Ⅲ资本导向

图 8－3　商业银行资产多维分类标签

一、三类资产

任何资产业务盈利模式和操作模式均体现出不同的收益和风险分布，涉及的风险不同，收益率的确认规则不同，据此将资产分为期限和现金流特征明确的资产、期限和现金流特征不确定的资产和以交易为目的而持有的资产三类。前两类属于银行账簿，以交易为目的而持有的资产属于交易账簿。

1. 期限和现金流特征明确的资产。期限和现金流特征明确的资产主要属于银行账簿，这类资产一般具有明确的期限、利率、规模、计息方式等属性。资产盈利模式是息差收益，以收取合同现金流为目标而持有。操作模式主要是通过吸收存款或市场资金融资，然后通过内部资产负债有效管理平滑利率波动，进行资产投放并持有至到期，获取稳定的利差收入。当然不排除存在资产提前归还或中止的情况，但此类情况发生频次较小且为非资产初始投放时的偶发现象，不影响资产分类。这类资产主要有信贷资产、同业投资、同业存拆放及存单投资、买入返售金融资产和持有至到期账户投资。

2. 期限和现金流特征不确定的资产。期限和现金流特征不确定的资产也属于银行账簿，这类资产除了具有明确的期限、利率、规模、计息方式属性外，在活跃市场上有市场报价。资产的盈利模式主要是息差收益和价差收益。操作模式主要是通过市场资金融资，根据市场时机，进行资产投放、追加投资或出售资产，既收取合同现金流量又出售金融资产，资产持有期限及现金流特征不确定，相较于具有明确期限和现金流特征的资产，资产交易频率和交易量较高。这类资产主要有可供出售账户金融资产投资、票据贴现及买入票据和可供出售账户套保衍生金融资产投资。

3. 为交易目的而持有的资产。交易账簿金融资产是为交易目的或对冲交易账簿风险而持有的金融工具和商品头寸，资产盈利模式主要是息差收益和价差收益。操作模式主要是根据市场利率波动获取有利交易机会，通过快速买卖来获利，资产持有时间主要由市场决定。在商业银行交易账簿的金融资产主要有交易账簿债券投资、公募基金投资、贵金属和衍生金融资产投资。

二、四个导向

1. 战略导向。战略导向是指商业银行资产投放以自身战略为导向和依据，以实现战略目标为目的，是基于未来关于业务潜在发展方向、客户群体培育、盈利增长创新、经营特色和优势培育等方面的谋划，是对商业银行未来盈利主体的培育。例如通过链式金融整合经营资源，提高资源分配效率，挖掘客户潜在需求，为客户提供综合服务。

2. 盈利导向。盈利导向是指以营业收入增长为目标，通常能带来较高收益回报业务的资产。该类资产是解决商业银行生存和发展问题的主要发力点，是商业银行现有的获取盈利主体的主要来源。例如近年来各家商业银行青睐投资的房地产业务、地方政府平台类贷款业务。这类贷款资产一般收益较高、抵押率较高、风险相对较低可控，可为银行带来可观的利息收入。

3. 政策导向。政策导向是指商业银行履行社会责任，以促进社会福利健全和发展为宗旨，以国家政策为导向，有助于商业银行品牌建设，提高品牌知名度的资产投放，也是履行“国之大者”金融使命。例如原来限制贷款投放的“两高”类贷款，近年来鼓励的普惠金融贷款、涉农金融服务、制造业贷款、绿色信贷、专精特新等信贷投放。政策上，限制或鼓励商业银行该类贷款投放，甚至在利率和规模上予以窗口指导。商业银行在按照市场化原则定价基础上，对于该类贷款定价和内部考核应给予一定程度调整，或限制，或鼓励。

4. 巴塞尔协议Ⅲ资本导向。巴塞尔协议Ⅲ资本导向是指在商业银行巴塞尔协议Ⅲ新资本协议管理框架下，依据金融资产风险暴露，分类计量风险资本，以资本为手段，以提高资本回报率、资产收益率、净资产收益率为目标的资产投放。这是监管导向的业务结构转型，是考验商业银行经营效率和效果的关键要素，因为资本是商业银行经营的核心、“牛鼻子”。

三、商业银行资产定价基本原则

1. 原则一：资本约束原则。商业银行资产经营发展规模和结构受资本约束。商业银行要使资本相关指标维持在合理水平，必须平衡经营收益、规模和风险，实现股东经济增加值和资本回报率最大化。因此，在资产利率定价上，需考虑资本约束因素，以节约资本为手段，以提升净资产收益率和资产回报率为目标，将资本成本转换成定价的量化因素。

2. 原则二：面向市场原则。面向市场是指商业银行资产定价以市场利率为基础，客观反映资金供给与需求关系，匹配资金来源、运用的成本和收益。

3. 原则三：期限匹配原则。期限匹配是指资产定价需体现资产业务利率形态，反映资产负债业务利率风险。针对固定利率业务，采取原始期限匹配法，根据其原始期限确定关键期限点的资金成本利率，在业务到期前，资金成本利率不变。针对浮动利率业务，采取复位价期限匹配法，根据其重定价期限确定关键期限点资金成本利率，在复位价周期内，资金成本利率不变。

4. 原则四：风险回报原则。风险回报是指资产定价需客观反映资产投资风险，合理反映商业银行风险偏好，根据不同的风险偏好合理均衡定价。也就是说，商业银行在资产定价过程中除了要覆盖各种经营成本，还要考虑自身必要回报率，这体现了商业银行商业化运营的经营理念。

5. 原则五：政策导向原则。政策导向是指商业银行为履行社会责任，响应国家政策号召，承担央行货币政策传递功能，实施银行自身战略政策等，对资产定价进行政策目标的平衡。这一原则近年来体现得更加明显。受新冠疫情影响，民营、小微、制造业实体企业经营承压，商业银行作为货币政策的执行者和资金的提供者，理应承担其应尽的社会责任，回归本源，服务实体经济。

综合上述多维分类维度，商业银行资产可进行多维分类，如图 8 – 4 所示。

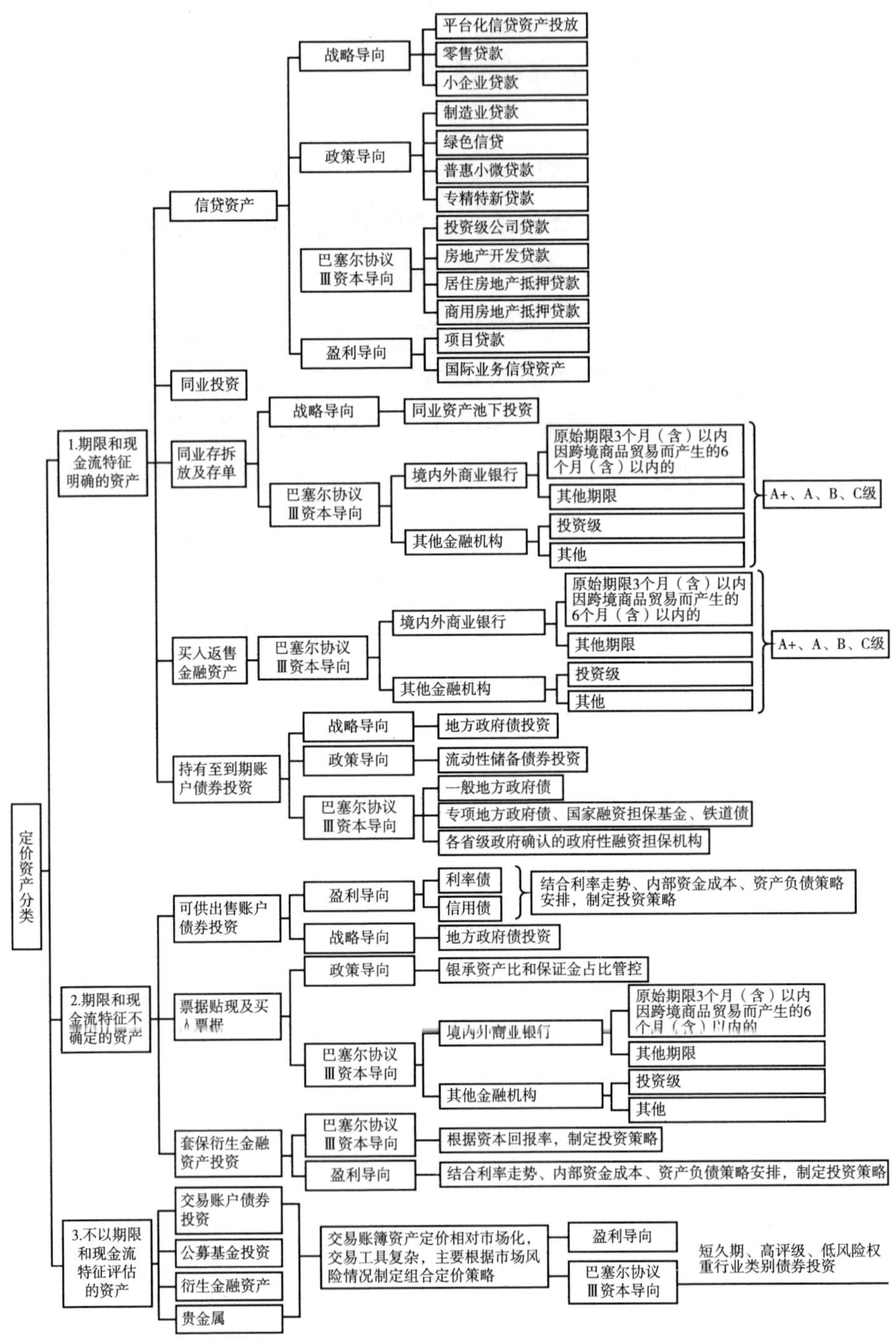

图 8－4　商业银行资产多维分类情况

第三节　商业银行资产多维定价策略

基于三类资产的三大类6小类成本按不同盈利模式和操作模式，结合6项产品属性和四种导向，对资产定价策略进行论述。

一、期限和现金流特征明确的资产定价策略

期限和现金流特征明确的资产属于银行账簿资产，盈利模式是息差收益，以收取合同现金流为目标而持有。资产业务主要有贷款、应收账款类同业投资、存拆放同业、买入返售金融资产、持有至到期账户债券投资等。

1. 确定产品属性。产品属性是将风险具象化的基础要素，不同资产产品属性不同，风险分布会存在差异，进而影响资产价值和资产定价。本书将差异化定价匹配的产品属性归纳为6类：资产类型、币种、期限、规模、利率属性和业务导向。例如利率属性中按月还本付息方式，随着时间推移，风险敞口不断下降，从而风险成本会受影响。通过资产类型、币种、期限来确定采用哪种资金成本曲线和具体资金成本；通过资产剩余期限、复位价期限和利率浮固属性量化资产负债管理成本；通过资产业务类型、交易对手、期限、业务规模和风险敞口规模等产品属性评估风险成本；通过资产业务目标导向进行策略点差调整定价。

2. 构建资本及资金成本曲线。资金成本曲线是资金价格结构的客观反映，是市场对不同期限资金使用价格的一种平衡，也是资产定价的基础。除了资金成本，资产定价还应考虑承受各种风险应得的风险补偿。

鉴于我国金融市场并非统一的完全市场，而是体现出明显的市场分割特征，不同市场以及市场与市场之间利率传导效率也存在差异性，不同资产应以不同的资金成本曲线为基准进行定价。据此建立两条资金成本曲线，一条是信贷资产资金成本曲线，另一条是市场资金成本曲线。我国利率市场化改

革不断推进，货币市场、债券市场、存贷市场利率传导相互影响，在信贷资产资金成本曲线构建时，可适当加权考虑市场利率因素。如利率市场化完全实现，三市场之间利率趋同，则构建一条资金成本曲线即可。

（1）信贷资产资金成本曲线。在信贷市场演变进程中可以看到，目前商业银行信贷资产定价是在全国银行间同业拆借中心公布的 LPR 贷款基准曲线上加点而成。从市场分割实际情况、利率传导效率和具体的实践经验来看，各报价金融机构所报的 LPR 贷款基准利率是其对最优质客户的贷款利率，是基于自身存款负债成本和资产负债管理点差而定。各家商业银行信贷资产资金成本曲线需考虑三个方面的因素：一是满足存款自律机制管理要求。二是存款吸收成本，这与商业银行自身市场话语权、存款市场份额和市场竞争力有关。三是资产负债管理的点差。

适用资产：直接信用主体为企业法人、自然人和其他组织的资产或以贷款基准利率曲线为定价基准的资产，如贷款、票据直现、SPV 应收账款类同业投资。

定价基准：信贷资产资金成本曲线以央行公布存款基准利率为基准，通过选取现有各个期限不同的基准利率，结合商业银行自身市场话语权、存款市场份额和市场竞争力来构建整个曲线（如图 8－5 所示）。

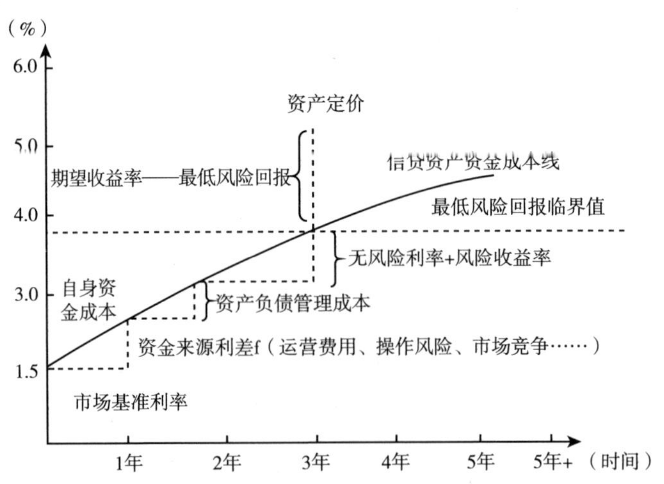

图 8－5　信贷资产资金成本曲线

如前所述，由于现阶段我国市场化改革推进，货币市场、债券市场、存贷市场利率传导相互影响程度加深，在信贷资产资金成本曲线构建时，可适当加权考虑市场利率因素。例如票据直贴，由于票据转贴现市场具有活跃的二级市场，有相对公允市场和上海票据交易所实时发布的银票转贴现利率参考，票据转贴现市场利率会传导票据直贴利率，因此对于票据贴现资金成本可适当加权银票转贴现利率指标。另外商业承兑汇票相对于银行承兑汇票而言，其承兑主体信用等级不同，商业承兑汇票直贴可在加权考虑银票转贴现利率指标的基础上，附加构建信用风险点差（如图 8－5 所示）。

关键期限点：央行存款基准利率曲线期限相对固定，信贷资产资金成本曲线可沿用央行存款基准利率曲线，对于没有的期限，可通过插值法计算。设置 1 天、7 天、3 个月、6 个月、1 年、2 年、3 年、5 年、5 年以上 9 个关键期限档次。对于关键期限点缺失的利率可采用 Hermite 插值法插值计算。

（2）市场资金成本曲线。债券市场、货币市场市场化程度更高，债券市场、货币市场的一些债券投资、同业存拆放、同业存单投资和票据转贴现等资产必须参考市场利率来定价，市场资金成本曲线主要考虑三个方面的因素：一是市场资金面的影响，短期来看主要是受政策刺激、监管管控的影响，长期来看则是受国内的宏观经济以及海外市场的影响。二是融资点差，银行可以以最低的交易成本在市场上获取大批量无风险资金来源，与商业银行本身的信用资质相关联。三是资产负债管理点差。

适用资产：在活跃市场上有市场报价的投资资产，如同业存拆放、同业存单投资、买入返售债券、票据转贴现、债券投资等。

定价基准：市场资金成本曲线是以金融市场、货币市场或者债券市场的收益率曲线为基础，通过选择相应不同期限的市场价格来构建的曲线，该曲线反映了银行在相应期限的市场上实际的融资成本，如图 8－6 所示。

关键期限点：市场化的业务，从市场融资的手段来看，融资负债的期限一般比较短，主体活跃的期限在 3 年以内，而资金运用在 5 年以上，甚至更长期限，以谋求期限利差。为体现资产定价的公允性，构建了 1 天至 20 年 14 个期限档次的资金成本曲线。期限点有 1 天、1 周、2 周、1 个月、3 个

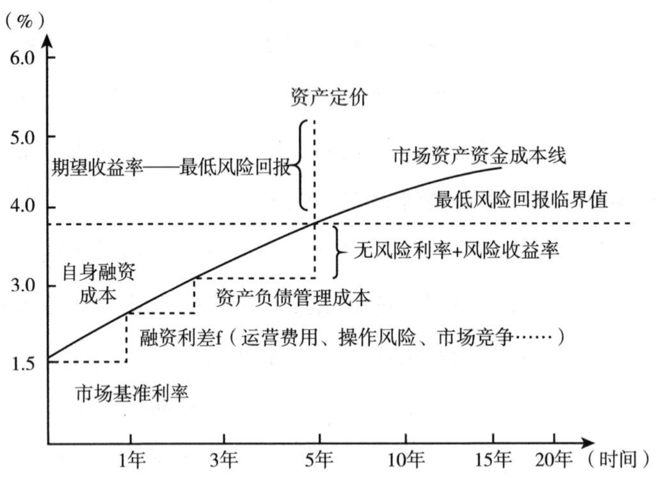

图8-6 市场资金成本曲线

月、6个月、9个月、12个月、3年、5年、7年、10年、15年、20年14个期限档次，其他关键期限缺失点可通过插值法计算。

3个月以内的收益率曲线，通常以同期限的Shibor或者回购利率作为参照。从更贴近市场的角度来说，同期限的回购利率更能反映市场定价信息的基准利率。对不同金融机构，需要在这基础上，加一定的点数来反映在市场上实际的融资成本。

3个月到1年期的收益率曲线，一般参照的是同业存放、拆放、相同评级的同业存单等利率。因为在这个时间段的Shibor成交量非常小，相对来说银行的融资品种也主要集中在上面列举的几类，所以用这些产品的融资成本来作为中期市场资金成本定价基准。

1年以上的收益率曲线，由于债券交易相对比较活跃、融资比较便利，因此参考债券市场的收益率，直接用商业银行在债券市场的融资成本更好，不过对于中小商业银行来说，由于不会经常在债券市场发债来进行融资，因此可以参考同评级的商业银行所发行的金融债利率，并做相应的点差调整来作为参照。

3. 资产负债管理成本。

（1）流动性成本。流动性成本是因为多元金融市场结构和各项流动性监管政策，导致各类资产属性存在差异，对商业银行流动性产生冲击，需要通过计收一定流动性成本来覆盖流动性风险，反映资金再融资来匹配资产对资金长期占用带来的流动性溢价成本。

流动性的调节项通常体现在需要重定价的产品当中，例如 3 年到期的、每年复位价的一笔贷款。一开始可能是按 1 年期的市场利率进行定价来规避利率风险，但是流动性风险依然存在，这是因为在第 1 年到期、贷款重新定价的时候，市场供需因素存在不确定性。银行再融资成本相较于基准收益率曲线可能存在偏差，所以这种因素需要反映在定价因素内，从而真实反映流动性成本带来的影响。这个中间因子就是流动性的调整项。具体加多少点可以根据利率互换的隐含收益率曲线去估计未来流动性成本的情况。

例如有一笔 1 年期的买入返售业务，每 3 个月复位价一次，利率是起息日（或复位价日）的市场资金成本曲线利率加 100Bps，起息日的 3 个月的资金价格是 2.8%，1 年期的资金价格是 3.1%；3 个月和 1 年期利率互换的价格是 2.89%。那么，流动性成本为 0.21%（3.1% ~ 2.89%），价格结构如图 8 – 7 所示。

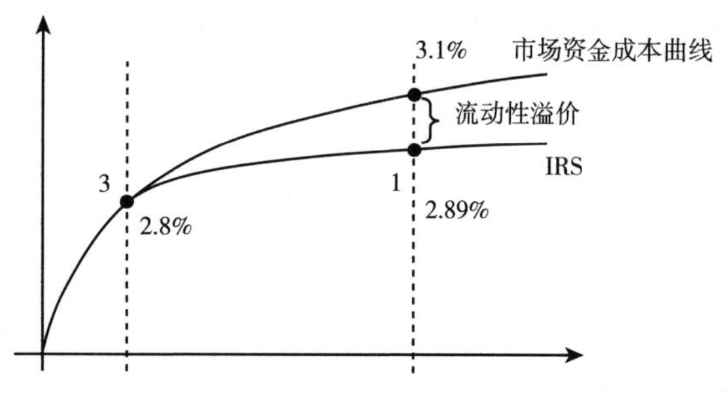

图 8 – 7　流动性成本计算情况

（2）利率风险成本。

①复位价期限成本。复位价期限成本是指在对未来利率走势分析判断的基础上，对于商业银行自身资产负债结构重新定价的调节，对于缺口或新增

业务进行引导来规避利率风险可能带来的损失，通常通过在正常融资成本基础上加减一定点数来实现。例如商业银行如果预计未来利率市场资金会趋紧，利率会上升，那么对于同样一笔信贷资产来说，选择固定利率贷款还是浮动利率贷款，商业银行自身可能就有着不同的导向。如果利率趋升，那么对于发放固定利率的这类贷款，可能会在正常的融资成本上加一定的点数，这样对客户收取的利率就更高一些，同时也可以规避利率变化对整个行内损益的影响。反之对于浮动利率贷款，复位价的期限更短，这样就可以不加点。具体步骤包括：

第一步，净利息收入变动和经济价值计算。

在银行账簿利率风险标准化计量框架下，基于现有复位价期限和现金流特征，进行净利息收入（NII）和经济价值（EVE）计算。

第二步，利率走势预判及资产投放模拟。

根据对未来利率走势预判，丰富利率冲击情景，在存量业务利率重定价期限结构基础上，加入新增或预算业务量和市场利率预判后，动态模拟计算对净利息收入（NII）和经济价值（EVE）的影响，反复调试。

第三步，立足合意目标，优化定价期限组合策略。

确保净利息收入（NII）、经济价值（EVE）及其变动在合意目标范围内，基于模拟后利率重定价风险情况计量重定价期限成本，调整优化资产定价和期限组合策略（如图 8 – 8 所示）。

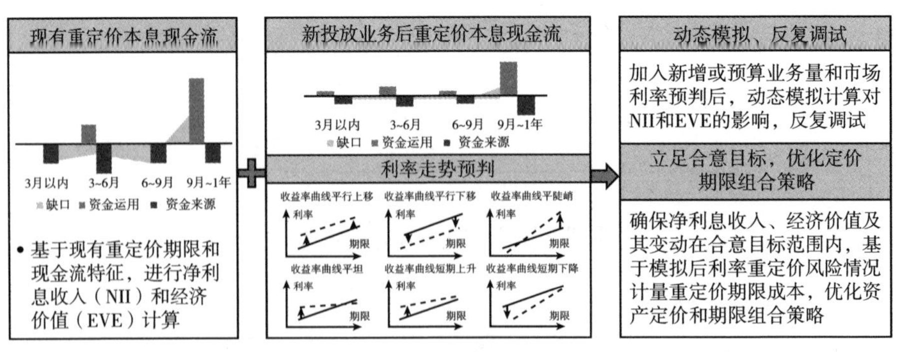

图 8 – 8　利率复位价期限成本量化示意

②期权损益调整。适用于具有提前还款选择的资产，由于客户行权将对银行利润产生不利影响，须征收一定的补偿。

根据资产6大产品属性，资产类型、币种、期限、规模、利率浮固方式、业务导向属性分类回归建模得出提前还款率和提前还款平均期限，计算期权损益调整项。

例如有一笔2020年1月1日起息的固定利率贷款，本金1亿元，在2022年1月1日全部提前还款，至原到期日剩余3年。在2020年1月1日时点，5年期资金成本为R，2年期资金成本为R1，3年期资金成本为R2，在2022年1月1日时点，3年期资金成本利率为R3，期权损益调整为：

期权损益调整 = 提前还款概率 ×［（R3 − R2）×3 +（R − R1）×2］

其示意如图8－9所示。

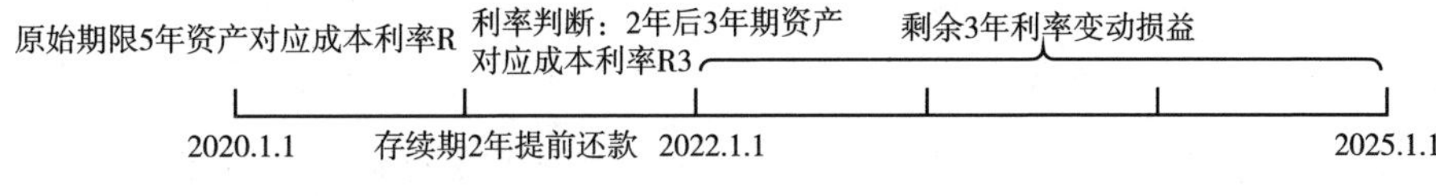

图8－9 期权损益调整示意

4. 无风险利率和风险成本量化。无风险利率是对机会成本的补偿，风险收益率是对投资者承担信用风险、市场风险、操作风险的风险补偿。

（1）无风险利率。因为不同资产对应无风险利率曲线不同，所以评估某项资产的无风险利率时，先需确认该类资产对应的无风险资产。无风险资产应具备如下条件。

①流动性强、二级市场活跃，资产能够实时、低成本的变现。

②收益稳定、风险小，即反映市场不确定因素最小的金融工具的利率。

③资产信用高，无违约风险。

④可控性好，与其他资产关联性强，通常对通货膨胀率、国内生产总值（GDP）增长率、失业率等经济指标的变动敏感，是货币部门进行公开市场业务操作、实施货币政策重要的参考依据，能够为货币部门所控制，同时其

能够影响金融市场主体的投融资行为，是引导金融市场主体有效配置资源的信号。

例如，债券投资一般以国债到期收益率曲线为无风险利率曲线。货币市场利率一般以银行间债券回购交易业务主要期限利率为参考进行估算。外汇市场的无风险利率主要通过货币对应的交叉货币基差利率来构建无风险利率曲线。商品市场一般使用期货价格和现货价格之间的无套利关系构建无风险利率曲线。

（2）非预期损失资本成本量化。非预期损失资本成本通过经济资本成本量化，主要覆盖信用风险、市场风险和操作风险。

银行账簿两类资产持有期限较长，利率也较为固定，即使利率浮动也有明确的浮动周期，面临的风险主要是信用风险。交易账簿类资产持有期限较短，市场利率波动较大，波动频率较高，而且交易账簿的交易工具多且复杂，可通过有效市场或组合策略对冲或转移一部分信用风险，因此其面临的主要风险为市场风险。随着金融不断创新，金融机构同业竞争加剧，对于银行账簿和交易账簿，市场风险和信用风险交织而关联，并在一定条件下相互转化，但是为了便于更清晰地把握资产定价策略研究重点，在此不做论述。这主要是基于两方面原因考虑：一方面在正常情况下，两类账簿风险的分隔和分布相对稳定；另一方面巴塞尔委员会核心监管理念就是依据金融工具风险暴露情况，将金融工具分配至合适的风险管理框架下，并要求银行机构计提最低监管资本抵御相关风险。因此总体上，让银行账簿业务对应信用风险计量方法和监管资本要求，交易账簿业务对应市场风险资本计量方法和监管资本要求。相关计量公式如下：

$$信用风险资本成本 = 资产风险敞口 \times 信用风险权重 \times 信用风险调整系数 \times 目标资本充足率 \times 最低资本回报率$$

信用风险权重、目标资本充足率、信用风险调整系数、最低资本回报率依据《商业银行资本充足率管理办法》、巴塞尔资本协议Ⅲ以及银行风险偏好和经营策略而设定的参数，风险越大的资产对应的经济资本分配系数就越高，占用的信用风险资本就越多。

操作风险资本 = 资产日均规模 × 操作风险权重 × 内部控制评价系数 ×
目标资本充足率 × 最低资本充足率

操作风险权重和内部控制评价系数依据巴塞尔协议Ⅲ和内控评价得分设定。内控评价好的设定系数较低，占用操作风险资本就较少；反之则设定系数较高，占用操作风险资本就较多。

（3）预期损失成本。商业银行预期在特定时期内资产可能遭受的平均损失，一般通过计提损失准备金来缓冲。为了区别不同资产、不同期限、不同行业预期损失差异，分类建模反映预期损失成本。根据不同行业、期限、资产类型、信用等级客户分类统计近三年新发生的违约资产概率、违约敞口、违约损失率及其对应期限、行业、资产的平均收益率，分类计算预期损失成本，对同行业、同期限、同资产类型、同信用等级客户资产定价进行点差调整。

5. 目标导向调整项。对于国家政策导向或商业银行出于战略规划导向、盈利导向，鼓励或者限制业务，进行期望收益率的点差调整。例如，对于资产端的业务，如果是鼓励的，定价的时候就在正常的定价曲线上给一定的减点。在资金成本在线减点，让利给业务部门，使其获得更多的效益。在外部资产定价上减点，让利给实体企业，争夺市场份额或达成政策导向目标。

二、期限和现金流特征不确定资产定价策略

期限和现金流特征不确定的资产属于银行账簿，资产的盈利模式主要是息差收益和价差收益并存，既收取合同现金流量又以出售金融资产为目标。主要资产类型包括可供出售账户债券投资、票据转贴现、套保衍生金融资产。这类资产初始具有明确期限、利率、规模、计息方式属性，资产定价策略与期限和现金流特征明确的资产定价策略大部分相同，但由于持有期限不确定且在活跃市场上有市场报价，作为商业银行个体不能主导定价。在资产

定价策略上存在一些差异。

一是期限和现金流特征不确定的资产主要特征是既收取合同现金流量又以出售金融资产为目标，业务在自然到期前中途会卖断，因此在参照期限和现金流特征明确的资产资金成本曲线构建基础上，对资金成本和定价组合策略进行调整。

二是根据业务的本金、外部市场曲线、初始到期期限等要素确定外部资金成本，避免资金来源与资金运用期限不匹配问题。

例如资产业务中途卖断，资产按照初始资金成本计收，卖断日至业务初始到期日之间按照虚拟叙作负债业务方式处理，成本按卖出日剩余期限资金成本利率计算，如图 8 - 10 所示，虚拟负债业务利息收入 =（R1 - C1）×（T - T1）。

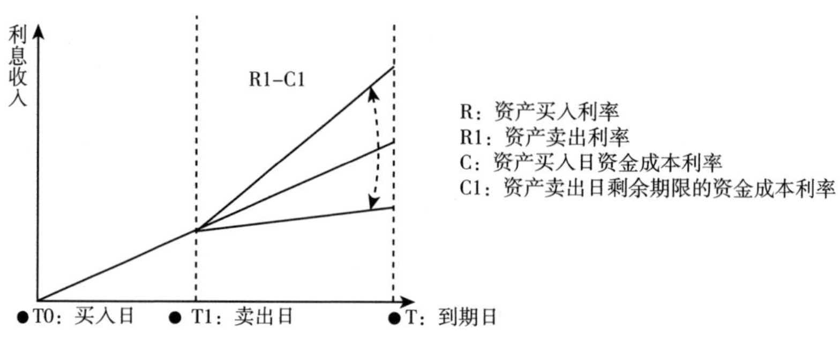

图 8 - 10　资产中途卖断资产定价调整

盯市估值动态调整定价组合策略：债券市场、货币市场市场化程度高，市场报价相对活跃且动态变化，因此债券投资、同业存拆放、同业存单投资和票据转贴现等资产定价需根据资产外部利率的变化而变化，定期对资产进行盯市估值，并结合利率未来预期，模拟估值，修正投资定价组合策略。

三、以交易为目的持有的资产定价策略

以交易为目的持有的资产属于交易账簿，此类资产通过快速买卖来获利，资产持有时间主要由市场决定，资产盈利模式主要是价差收益，主要是

根据市场利率波动获取有利交易机会。主要资产类型有交易账簿债券投资、公募基金投资和衍生金融工具。相较于银行账簿的两类资产，这类资产交易频率较高，持有期较短，交易工具品种较为复杂，资金曲线构建和风险量化上存在较大不同。

1. 构建资金成本曲线。资金成本曲线采取市场资金成本曲线，以金融市场、货币市场或者债券市场的收益率曲线为基础，通过选择相应不同期限的市场价格来构建整个资金成本曲线。资金成本关键期限点通过分类建模得出。按不同金融工具类型、不同期限、不同评级资产分类，选取市场利率指标和宏观经济指标进行线性回归分析，对资产平均持有期限进行回归预测。根据持有期限指定关键期限资金成本利率。

2. 无风险利率和风险收益量化。无风险利率资产选取、量化与其他两类资产相同，在风险收益量化上存在一些差异。交易账簿资产的非预期损失资本成本主要由市场风险和操作风险资本成本构成。根据巴塞尔协议Ⅲ，市场风险资本成本主要有敏感性风险资本、违约风险资本和剩余风险附加资本三部分，敏感性风险资本基于监管定义的风险因子敏感性价值计提 Delta 风险资本、Vega 风险资本和 Curvature 风险资本。违约风险资本与银行账簿信用风险处理方式类似，通过风险暴露及权重计量违约导致损失的风险资本。剩余风险附加资本是针对敏感性风险资本和违约风险资本未能覆盖的其他风险敞口的工具，如长尾风险、未来实际波动率等奇异风险暴露。其相关步骤具体包括：一是确定要计量的产品范围和投资组合。银行所有需计提市场风险资本的产品均需计算 Delta 风险资本。所有存在期权性风险的金融工具均应计提 Vega 风险资本和 Curvature 风险资本。非资产证券化组合、资产证券化还需计量违约风险资本，具有奇异基础资产的金融工具，如长尾风险、天气、自然灾害、未来的实际波动率，需计量剩余风险附加资本。二是定义风险因子。建立风险因子树，根据监管风险因子架构，将每一个风险因子归入一个风险组合，再将风险因子映射到一个风险类别。三是计算风险指标。根据风险因子权重、风险组合件和风险组合间权重计算市场风险资本。

3. 动态调整投资定价组合策略。根据外部金融环境、市场供需及其利率走势、目标资产实质、风险因子因素，综合运用多种金融衍生工具及其嵌套组合制定投资结构、规模、风险敞口、期限等投资定价组合策略。

第四节　管理信息系统构建支持资产多维定价策略

资本权重的精准计量是做好巴塞尔协议Ⅲ落地实施的前提保证，更是做好风险识别与策略优化的技术基础。商业银行加快优化建设现行管理信息系统，才能对资产多维定价机制形成有力支持。从国内外同业实践来看，国际上系统重要性银行和我国中国工商银行、中国农业银行、中国银行、中国建设银行、交通银行、招商银行以实施高级法为主，同时需要计算新标准法下的资本计提作为底线要求，起步较早、计量体系较完备。而对于表内外资产余额5000亿元以下的银行，按新标准法差异化的信用风险加权资产计量要求，可使用一揽子简化方案。但对于国内其他5000亿元以上资产的重要金融机构来说，需要重点从以下五个方面搭建资本计量、识别、管理体系并做好信息系统建设。

一、解决好管理和实施的重点难点

管理的难点有：（1）市场风险RWA可能大幅上升，存量业务收益与成本可能出现倒挂情况，需做好调整和应对准备；（2）计量规则变动导致对业务的引导难度大幅度增加，需对全员特别是业务部门进行系统培训；（3）计量规则的细化需相应提升资本管控的精细化程度；（4）现行资本限额管理制度与新标准法的衔接工作较难实施，需全新梳理制定制度体系。

实施的难点有：（1）新标准法的风险暴露风险增长，权重分档更加细化；（2）RWA可能会因政策变化而大幅度上升，出现资本断崖式缺口；（3）新标准法的建设时间较为紧迫，需要对源业务系统进行大量改造，工作任务繁重。

二、分类分级动态管理

新标准法下，在整个贷款期间部分风险暴露权重会根据贷款状态动态变化，即便是同一个客户，同一笔贷款，在授信期间企业经营情况出现变动、贷款余额的增减造成 LTV 的改变、房开贷的项目资本金实际到位情况都会对风险权重变化动态产生影响。因此，在新标准法下对授信客户贷款状态的持续监测，提高风险管理的精细度更为重要。

做好账户级资产分类标签。对资产的资本计量和风险识别策略进行优化，进而满足多维定价及资本动态预算管理需要，对所有账户级资产按四个导向、五项原则、六种属性的不同维度打好资产标签。

三、实现资本预算、资本监控与资本预测的闭环管理

新标准法下需对全产品业务进行前瞻性预算引导，提升银行资本计量监控风险敏感性，在节约资本的同时提高资本回报率，进而提升银行内部管理水平，提升资本、风险和战略管理的精细化程度。

新标准法实施后，商业银行的预算除一般性地要从总行到分行、业务板块、重点产品、关键人员、分类客户等多种维度开展以外，更重要的是开展账户级预算，基于新标准法实施账户级业务定价（或重定价）策略。相对之前的预算模式，更加精细，对数据和系统的要求也较高。本章以商业银行的预算死循环流程为切入点，如图 8－11 所示，基于银行的历史经营资料，以三大风险（信用风险、市场风险和操作风险）为重点，构建风险成本定价优化策略模型，对商业银行实施资产多维定价进行模拟，进而提出商业银行多维定价机制下的利润预测框架，并进行有关数据的验证。

形成行之有效的管理体系并构建匹配的信息管理系统。(1) 明确管理的职责分工和工作要求，实现管理目标；(2) 构建合理流程，实现资本管理与

业务规模增长相匹配，在可控范围内实现利润最大化、资本回报最大化；(3) 建设资本信息管理系统，精准计量资本，实现在线流程化管理，提高管理效率，既要数据“看得到”，又要额度“管得住”。

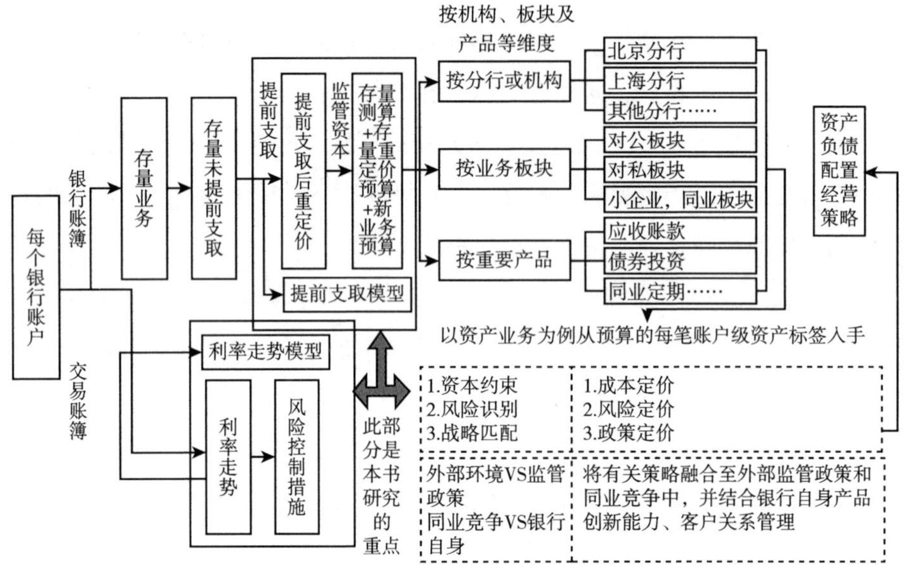

图 8-11 资本预算管理闭环流程

第五节 实现商业银行多维定价机制有效落地其他必要举措

一、持续做好宏观政策及监管要求落地

我国的金融业自改革开放以来，金融资产规模迅猛增长，但金融体系中抑制性金融政策仍然普遍。曾任中国人民银行货币政策委员会委员的黄益平教授总结中国金融体系可以用三个词来归纳其特征：规模大、管制多、监管弱。基于斯坦福大学麦金农教授提出的“金融抑制”理论，黄益平等

(2021) 找到了100多个国家的资料，具体测算了1980～2015年每年的金融抑制指数。基本结论有三点：一是1975～2015年中国金融抑制指数下降了40个百分点，市场化程度不断提高；二是中国的金融抑制指数下降速度相对较慢，佐证了中国的金融改革是渐进式的；三是中国的金融抑制水平仍然很高，2015年为0.6，这也是管制多的佐证之一。因此，中国银行业在此特定金融管理体制内必须有效落实宏观和监管政策要求。

1. 货币政策传导。

一是数量传导机制。央行创造基础货币，并通过调节基础货币来调控商业银行创造广义货币。央行数量型货币政策的落脚点在于调控银行的超额准备金，影响商业银行的贷款能力。基础货币通过货币乘数与货币外生供给产生联系，即：

广义货币供应量(M2) = 基础货币 × 货币乘数

基础货币 = 货币发行(含银行库存现金) + 其他存款性公司存款 + 非金融机构存款 = 流通中货币(M0) + 银行库存现金 + 法定准备金 + 超额准备金

在宏观层面，央行会统筹M2或社会融资总量供给，也会同步下达给主要商业银行和各地区信贷投放计划，在货币供给数量和结构上寻求均衡。

二是利率汇率传导机制。利率主导的价格型调控框架也正在从央行直接规定存贷款利率向市场利率调控转型，金融机构定价呈现明显的双轨制特点。在存贷款市场，家庭和小微企业作为边际贷款人，加上地方政府平台、房地产企业等，对信贷利率不太敏感，以基准存贷款利率为中枢，参考主体的资质情况、资金规模等因素围绕基准上下进行波动，切换到LPR以后（中国人民银行于2019年8月16日发布公告，决定改革完善贷款市场报价利率形成机制，要求各银行应在新发放的贷款中主要参考贷款市场报价利率定价，并在浮动利率贷款合同中采用贷款市场报价利率作为定价基准），定价体系也基本保持不变，仍具有较强的刚性。

我国是出口大国，多年保持较高的贸易顺差，外汇储备也相对较高，一直以来我国货币政策目标以实现内部平衡为主，所以汇率形成机制相对不太灵活。2019 年新冠疫情暴发后，我国在市场机制上开始构建国内国外“双循环”体制，汇率既保持了合理弹性，又在一定程度上传导宏观调控预期。

2. 监管政策传导。监管政策主要靠各项监管指标来直接传导监管意图和平衡约束机制，目前主要指标约束有：（1）资本充足率，最低资本充足率要求限制了商业银行的放贷能力，《最终方案》的落地实施，对商业银行资本充足率管理层级再提升，这也是本书研究的重点。（2）法定存款准备金率，是要求商业银行将吸收的存款按照一定比例存入央行，除了法定存款准备金率外，商业银行还会有备付要求，预留 1% ~5% 比例的超额准备金存放在央行，央行通过法定准备金率间接调剂市场资金供给量，如表 8 -1 所示，金融机构平均准备金率约 10%，较 2011 年历史高位下降约 10 个百分点，也符合积极稳健的货币政策预期。（3）流动性监管指标，配合巴塞尔协议Ⅲ落地，制定了更为严格的流动性监管标准，提出流动性覆盖率（LCR）和净稳定资金比例（NSFR）监管要求，目前国内商业银行流动性监管执行 4 +9 模式（4 项监管指标 +9 项监测指标）。（4）其他约束或鼓励性指标，根据宏观调控需要阶段性对诸如要求保持增量、增幅的普惠金融、制造业进行信贷投放，阶段性要求抑制房地产增量，压降和控制票贷比等约束；亦有鼓励性政策出台，特别是新冠疫情以来，中央政府及央行接连出台鼓励性政策支持“六稳”“六保”，从 2020 年的 3000 亿元、5000 亿元、10000 亿元稳企业再贷款，到 2021 年碳中和政策工具，再到 2022 年 4 月推出的支持科技创新、普惠养老再贷款等。①

表 8 -1　　央行通过法定准备金率调节资金供给　　单位:%

利率生效日期	大型金融机构		中小金融机构	
	利率调整前	利率调整后	利率调整前	利率调整后
2022 年 4 月 25 日	11.5	11.25	9.5	9.25
2021 年 12 月 15 日	12.0	11.5	10.0	9.5

① 相关信息从中央政府公布的综合性政策和中国人民银行公布的货币政策工具信息中查询得到。

续表

利率生效日期	大型金融机构		中小金融机构	
	利率调整前	利率调整后	利率调整前	利率调整后
2021 年 7 月 15 日	12.5	12.0	10.5	10.0
2020 年 1 月 6 日	13.0	12.5	11.0	10.5
2019 年 9 月 16 日	13.5	13.0	11.5	11.0
2019 年 1 月 25 日	14.0	13.5	12.0	11.5
2019 年 1 月 15 日	14.5	14.0	12.5	12.0
2018 年 10 月 15 日	15.5	14.5	13.5	12.5
2018 年 7 月 5 日	16.0	15.5	14.0	13.5
2018 年 4 月 25 日	17.0	16.0	15.0	14.0
2018 年 1 月 25 日	部分达标银行降准 0.5% ~1.5%			
2016 年 3 月 1 日	17.5	17.0	15.5	15.0
2015 年 10 月 24 日	18.0	17.5	16.0	15.5
2015 年 9 月 6 日	18.5	18.0	16.5	16.0
2015 年 4 月 20 日	19.5	18.5	17.5	16.5
2015 年 2 月 5 日	20.0	19.5	18.0	17.5
2012 年 5 月 18 日	20.5	20.0	18.5	18.0
2012 年 2 月 24 日	21.0	20.5	19.0	18.5
2011 年 12 月 5 日	21.5	21.0	19.5	19.0

资料来源：中国人民银行网站。

二、认真做好银行自身战略解码

战略解码是企业有效推动战略管理的有效手段。战略解码通过由上至下、层层参与、深入交流、高度协同、任务量化和责任到人的机制，可以快速地将组织的战略意图转化为全体员工可理解、可执行和可衡量的行动计划与绩效合约，确保企业战略目标高效实现。从战略译码信息中分析剥离出来影响战略落地的关键任务、关键业务，进而评估关键任务、关键业务对资本耗用、风险偏好、资产定价等的影响。以 Z 银行自 2004 年成立以来推动的四个阶段战略为例，分别经历了“一体两翼”（2008～2014年）、“全资产经营”（2015～2018年）、“平台化服务”（2018～2021年）到现在的“打造一流商业银行愿景”四个阶段战略，每个战略周期内业务发展的重点有所不同，与战略匹配的资源投入、业务回报及风险偏好也不尽相同，所以要保障资产多维定价机制有效落地，应将当前战略周期的战略进行解码，在新战略落地实施过程中，基于新价值主张、新经营管理能力、新营业收入来源三个要素，定位出业务规模及定价的取舍、进退方式，进而平衡调剂相应业务的预期目标。

三、统筹商业银行ESG价值导向与可持续发展

所谓ESG投资，指的是一种将环境（environment）、社会责任（social responsibility）和公司治理（governance）等因素纳入投资决策分析的投资方式。随着“双碳时代”来临，ESG投资理念被越来越多的投资机构所认可。作为识别风险和创造价值机会的新视角，ESG投资正在走向主流化。

在二级市场，截至2021年12月31日，港股上市公司ESG信息披露率高达93.8%；同样截至2021年末，沪深300成分股中有248家发布了年度ESG报告，占比超过82%。[①] 此外，2022年1月科创板也明确表示，上市企业年报中应当披露ESG信息。在上市的商业银行中特别是A+H股两地上市的商业银行都披露了ESG信息，同时参与穆迪、标普等国际评级机构的商业银行更加重视ESG发展情况对主体评级的影响。通过查阅H股上市公司及大部分上市商业银行公告可知，到2022年9月，海外主流的ESG评价体系主要有明晟（MSCI）的ESG评价方法、汤森路透的ESG评价体系、富时罗素的ESG评级体系等。明晟（MSCI）发布2021年度最新环境、社会和治理（ESG）评级报告。明晟对全球189家银行进行ESG评级，其中AAA级占比3%（6家），AA级30%（57家），A级26%（50家）。

① 资料来源：Wind数据库。

近年来，ESG 投资的全球市场规模不断扩大，增长迅速。这些资产包括绿色贷款、绿色债券、ESG 基金、ETF，已成为较为广泛的可持续投资资产概念。与此同时，全球 ESG 投资生态体系也日益完备，进入自我实现的加速扩张阶段。该生态体系包括投融资主体、第三方机构、市场平台、监管机构和社会组织。因此，本章在资产多维定价机制中关注 ESG 价值导向与可持续发展，在相关资产标签中标注符合 ESG 投资生态体系的资产类型，包括国标小微企业贷款、涉农贷款、绿色信贷等相关资产，促使商业银行资产投放符合 ESG 投资生态理念。最终形成既符合公司发展战略需要，同时能够满足监管达标的商业银行可持续发展资产配置利润表，具体如图 8 - 12 所示。

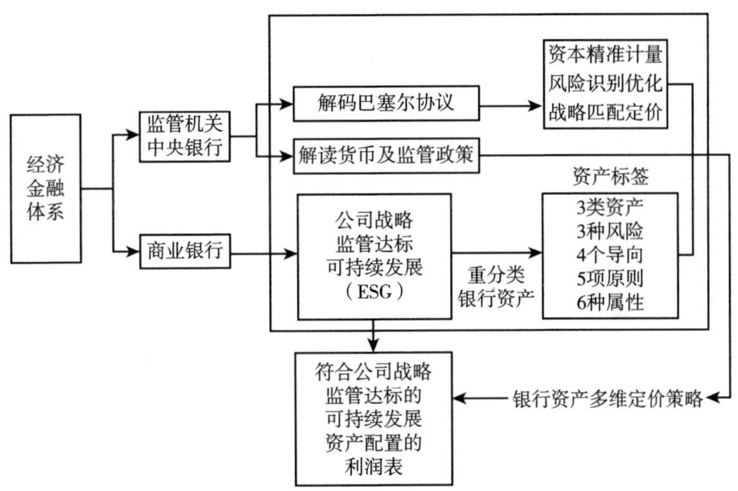

图 8 - 12　商业银行多维资产定价有效落地框架

第五篇

探讨资产定价未来

| 第九章 |

巴塞尔协议Ⅲ实施背景下商业银行资产定价策略补充建议

由于我国商业银行在成立时间、自身经营能力以及经营战略选择等方面都存在较大差异，因此不同商业银行的资产定价机制以及未来可能方向也并不一致。在巴塞尔协议Ⅲ实施背景下，除了前述讨论的影响机制，其他各种影响资产定价的因素还有很多，尤其是商业银行资产负债管理、商业银行风险偏好和宏观政策影响。本章抓住与商业银行资产定价机制紧密关联的重要内容，提出对应的补充建议。坚持用新金融理念践行新监管标准，这些补充建议也是资产定价实务研究中不可忽视的重要组成部分。

第一节　资产负债结构转型提升与资产定价

一、资产负债结构自身短板的转型提升

随着利率市场化加快推进、监管要求不断提高以及自身业务结构变化，商业银行资产负债管理的重要性愈加突显。如何通过管理提升优化资产负债结构，已成为我国商业银行亟须深入研究的课题。虽然国际商业银行为我国商业银行资产负债管理提供了许多可供参考的经验，但因为我国经营和监管环

境与国外相比有众多的不同，无法照搬照抄，需要结合国际经验和自身实际，厘清自身短板所在，摸索出一套具有现实性、可行性的资产负债管理体系。

当前，我国商业银行资产负债结构存在不合理性，包括资产配置不合理、负债基础不扎实、资本管理和资产负债管理存在脱节等方面问题。负债结构普遍呈现出存款基础薄弱的问题，尤其是储蓄存款未能起到“压舱石”的作用，存款过度依赖政府部门存款和高成本存款；资产结构则呈现出对贷款业务依赖较大、非信贷业务发展滞缓、中长期贷款占比较高等问题。这些资产负债结构短板仅是表象，其背后是经营理念和体制机制问题。商业银行要转型提升，弥补自身资产负债结构短板，需要从经营理念、管理方法、系统支撑等多个方面着手，打好资产负债管理“组合拳”。

二、弱经济周期行业配置

把握大势，才能先人一步。近年来，外部经济形势不确定性不断加大，对商业银行资产配置的专业化水平提出了更高的要求。商业银行需要更加重视经济周期大势，关注行业的周期属性，强化资产配置主动性，以获取期望的资产收益。一般而言，强周期性行业主要有三类：第一类是工业类行业，以钢铁、化工、水泥为代表，随着国家基础设施投入加大，这类行业就会高速增长；第二类是非必需消费行业，以旅游、娱乐业为代表，人们物质财富快速增长，会带动这类消费需求增加；第三类是传统金融行业，以银行、券商为代表，具有典型的顺周期特征。弱经济周期行业就是那些和百姓生活息息相关的消费行业，如医药、食品等。在商业银行资产配置中，优化行业配置，补充弱经济周期行业配置，可以有效抵御经济下行风险，控制资产不良率水平。

三、资产负债周期与央行货币周期同频

资本逐利的属性，会使得信贷周期有明显的顺经济周期属性，即在经济增长时扩张信贷规模，在维持一段时间后逐渐收缩。而货币周期主要是央行

为熨平经济波动主动选择的“逆周期调节”手段，主要是通过基础货币的投放变化来调控银行体系的货币流转速度及引导市场预期，影响资本偏好。商业银行要主动优化调整资产负债周期，对短期负债与长期资产的错配额度进行监测和控制，通过资产负债组合的数量和期限匹配，将负债和资产周期与央行货币周期同频协调，保障将杠杆和资产负债期限错配程度控制在合理可接受的水平，在满足银行监管和银行经营实际要求下，实现自身收益的最大化。

四、资产负债结构与重定价周期协调

早在2018年中国银保监会颁布实施《商业银行流动性风险管理办法》《商业银行银行账簿利率风险管理指引》之前，国内大部分商业银行依靠或存在资产债期限错配或重定价期限错配情况，且以此来获取短期效益，忽视流动性风险和因资产负债利率敏感性不同带来的重定价利率风险，随着监管部门流动风险监管和银行账簿利率风险监管工作的深入，商业银行必须优化资产负债期限结构和重定价周期，以由净稳定资金比率等指标为代表的流动性风险监管指标常态化达标来降低流动性管理风险；同时以银行账簿利率风险敏感度指标达标来降低银行账簿利率风险（如图9－1所示）。

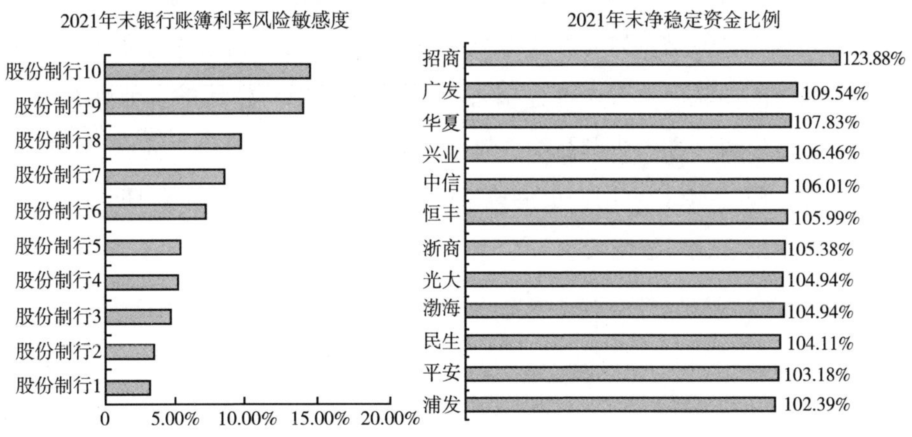

图9－1　两项监管指标2021年末同业达标情况

五、不高于 MLF 定价的负债成本管控

中期借贷便利（medium - term lending facility，MLF）是央行提供中期基础货币的货币政策工具，即央行通过招标方式向商业银行、政策性银行提供中央银行借款，并要求银行按一定比例将央行借款向指定对象发放贷款，例如“三农”和小微企业。一般期限为 3 个月、6 个月和 1 年期。MLF 的推出既能满足央行稳定市场利率的期望，又不直接向市场投放基础货币，对于缓解小微企业、“三农”等需要国家意志层面扶持的行业融资难问题，可以发挥积极作用。2019 年 8 月 17 日，中国人民银行发布公告，对贷款市场报价利率形成机制进行改革，提高 LPR 市场化程度和灵活性，LPR 改为按公开市场操作利率（主要是 MLF 利率）加点形成，并对 LPR 的报价规则、报价银行、计算方法、报价频率和期限品种等进行了调整。新的 LPR 利率形成机制是集中报价商业银行在 MLF 利率基础上加点形成的，因此 MLF 也可以被认为是反映了商业银行平均的边际资金成本。

稳定扎实的负债是资产负债管理的基础，尤其是负债成本管控直接关系到商业银行后续资产定价管理。加强负债成本管控对于商业银行经营发展至关重要。商业银行可通过场景运用、提升服务来吸收稳定优质的负债，持续夯实存款基础。但是，当前作为 LPR 定价基础的 MLF 利率，与商业银行综合负债成本的关联度不强。商业银行尚未建立与 MLF 挂钩的负债利率管理机制，无法形成良性的协调互动。随着 LPR 机制的深入推进，商业银行负债成本管理也应与 MLF 协调，负债成本管控不得高于 MLF，以保障资产负债管理与利率市场化机制配套。

第二节　风险偏好与资产定价

一、商业银行的风险偏好与资产定价

商业银行的风险偏好是指商业银行在进行战略规划和经营计划的过程中，综合各利益相关者的风险期望以及银行自身的最大风险承受范围，确立银行愿意承担的风险类型、总量和各类风险的最大水平。在利率市场化深化、银行流动性趋紧、监管环境趋严的背景下，商业银行规模不断扩大，业务交织愈发复杂，风险偏好的差异性在金融市场竞争中日益凸显。已有经验表明，盲目追求高风险、高收益项目，短时期内可能可以获取超额收益，但是最终将给商业银行带来难以弥补的大额损失。商业银行经营决策应当充分衡量自身风险承受能力及风险管理水平，并以此为基础形成清晰的风险偏好，进而更好地开展经营管理活动。商业银行追求高质量可持续发展，其风险管理能力是最重要的核心竞争力，只有在风险偏好、风险管控能力相匹配的前提下开展业务，才能保障持续经营。商业银行资产负债管理一定要明确并坚持与自身经营管理水平相匹配的风险偏好，将流动性和安全性放在更为重要的位置上考虑，确保稳健持续经营。

2008 年美国次贷危机之后，国际金融协会（IIF）、金融稳定理事会（FSB）、巴塞尔协会等金融监管机构都对商业银行的风险偏好管理提出了明确的要求，包括要求商业银行制定明确的风险偏好框架、风险偏好声明，定期计算风险限额，明晰银行内部的管理职责等。2016 年，我国银监会发布了《银行业金融机构全面风险管理指引》，其中明确规定商业银行应将风险偏好管理也纳入风险管理的体系中，定性与定量指标并重，并且每年至少进行一次风险偏好评估，《银行业金融机构全面风险管理指引》的发布使我国商业银行对风险偏好有了新的认识，是我国商业银行风险管理历程中的又一突破。

一般而言，商业银行的风险偏好具有以下几个特点：多层次、客观性和相对稳定性。多层次源于商业银行的组织架构和经营特点，从宏观层面，即商业银行整体在战略决策时的风险偏好；中观层面，即商业银行面对各种各样的业务以及不同的风险来源会有不同的风险偏好；微观层面，来源于基层人员在进行业务开展时，需要对每一笔业务做出风险度量。客观性是指商业银行对风险偏好进行测量时需要充分应用风险测量工具，以定性、定量指标来进行衡量。相对稳定性是指在市场环境相对稳定的条件下，商业银行定期测量出的风险偏好水平不会有较大的变动。

通常可以使用资产定价的风险溢价来体现商业银行风险偏好的不同。当风险偏好降低时，商业银行将会采取更高的超额回报来弥补单位风险的增加，因此风险偏好与单位风险的价格负相关。商业银行在对决策进行风险评估时，往往绕不开两个指标，那就是概率与损失。概率是指决策后，发生某项风险事件的可能性；损失是指决策后，发生某项风险事件所导致的商业银行与预期收益产生的偏差。在进行业务或战略决策时，商业银行会充分考虑潜在的风险事件，一般我们可以把风险事件分为“大概率，小损失”和“小概率，大损失”两类。对于商业银行来说，更应该警惕“小概率，大损失”这样的“黑天鹅”事件，一旦发生，可能会对商业银行甚至于金融体系造成不可估量的损失；而面对“大概率，小损失”事件，则可以制定出相应的风险管理方案，让应对该类风险成为商业银行日常经营中的一部分。

二、商业银行风险偏好应与市场走势相协调

商业银行经营策略要在稳健经营的基调上保持适度灵活性，尤其是高度市场化的非信贷资产、主动资产投放策略，应针对市场动态变化做预判调整，以确保风险偏好与市场走势相协调。衡量市场走势，先要银行专业人员结合市场数据，利用统计工具对市场进行综合分析，判断市场当前处于何种水平。其中，数据应该做到真实可靠，能够客观反映过去一段时间的市场偏好；统计方法应该做到尽量多样，规避统计工具的局限性，并且多层次多角

度地刻画市场情绪；分析时应注重采用多个分析角度，除了横向、纵向比较，还要对不同行业、板块、地区、人群等因素进行细分，做到充分、客观的分析。但是对市场走势的分析所采用的是历史数据，并不能反映未来市场的真实走向，因此商业银行还应对市场走势进行预测，预测依据应真实可靠，并邀请专业人员进行经验判断，以弥补分析工具量化结果的局限性。最后，衡量市场走势的结果仍具有一定的局限性，商业银行应审慎参考该数据，避免过度自信导致决策失误。

风险偏好的评估与战略决策有相似之处，商业银行应根据市场走势及时对风险偏好进行调整。由于商业银行本身就是一个庞大复杂的金融机构，其中从高层到中层再到微观层，各项决策都依赖于风险偏好的评估，因此对市场走势的把握显得更加重要，尤其是在市场波动较大时，固定不变的风险偏好可能会为商业银行带来无法预估的风险，将风险偏好与市场走势联系起来，是现代商业银行风险管理中的必要工作之一。

对于商业银行而言，风险管理是重中之重。商业银行资产定价能力与风险管理水平息息相关。根据风险溢价不同，采取差异化资产定价是商业银行赢得市场竞争必须具备的能力。一方面，商业银行需要借助科学技术，对战略决策、组织架构、业务流程等方面进行革新，逐步实现向数智化经营转型；另一方面，在传统收入渠道受限、净息差持续收窄的环境中，商业银行要将科学合理的资产定价摆在更加重要的位置，积极拓宽营收渠道，培养核心竞争力。

第三节　宏观政策与资产定价

一、宏观经济形势的挑战

（一）经济增速放缓，高质量发展成为共识

从长期的趋势来看，我国经济增速逐渐回落，主要有以下几个原因：第

一，我国的经济总量已位于世界第二，总基数变大后增速回落；第二，促使我国经济快速增长的诸多红利慢慢褪去，例如人口、资源、环境等因素都对我国经济增速产生了限制；第三，国际环境日趋复杂，过去高度依赖进出口保持高速增长的现象难以复制。因此，应当理性看待我国经济增速放缓这一现象，将目光聚焦到高质量发展上。

我国由过去的高速增长阶段上升到了高质量发展阶段。高质量发展不仅是指经济高质量发展，还包括改善人民生活水平、振兴乡村、实现民族团结、优化社会治理等。高质量发展，“高”在全方位，要将经济数据上的一组组数字，转化成与人民利益切实相关的幸福感。金融是经济发展的活源之水，商业银行应积极履行高质量发展的责任，不仅要对战略决策、组织架构、业务模式等进行改革，拥抱金融科技，构筑开放生态，培养核心竞争力，与新的发展阶段相契合，还要积极推动其他领域的高质量发展，如新兴产业、小微企业、农业以及制造业等，加大信贷资源倾斜，强化银企合作，探索全新的金融支持模式。

（二）区域经济加速分化

我国区域经济分化表现愈加凸显，主要有以下特点：一是东西差距缩小，南北差异加大。2022 年 9 月，国家发展改革委就区域协调发展有关工作情况指出，中西部地区经济增速连续多年高于东部地区，东西差距持续缩小。东部与中西部人均地区生产总值比分别从 2012 年的 1. 69、1. 87 下降至 2021 年的 1. 53、1. 68。通过历年 GDP 数据分析可知，南北经济分化加大。从地区生产总值来看，2020 年北方地区省份 GDP 总量为 35. 66 亿元，占全国的比重为 35. 1%，比重较 2011 年（39. 6%）下降了 4. 5 个百分点。全国 GDP 百强城市中，2015 年北方城市有 45 个，但到 2020 年，GDP 百强城市中北方城市已下降到 38 个。[①] 北方地区面临着资源枯竭和转型困难两大难题；而南方地区则完全实现市场化转型，以消费品工业和高新技术产业为主导，

① 资料来源：国家发展改革委网站（https：//www. ndrc. gov. cn/）。

乘着对外开放和互联网时代的东风，将南北经济差距越拉越大。二是省域经济头部优势明显。2021 年，除去 4 个直辖市，有 10 个省会城市的 GDP 占全省的比重超过了 30%（如表 9－1 所示），“一城独大”现象成为经济分化的又一重要表现。作为省会城市，在交通设施、区位条件、产业基础、城市经济基础等方面相较于其他城市优势明显，强省会战略也能够促进资源调度和集中，形成以省会城市为核心的聚集效应。但我国江苏、浙江、山东、福建等发达省份的成功经验表明，省域经济的发展壮大需要双极或多极支撑，城市之间要加强互联互通，在保证省会城市继续强大的基础上，培育出新的龙头力量，促进全省整体实力的全面发展。

表 9－1　　　　2021 年占全省 GDP30%以上的省会城市

城市名称	2021 年 GDP 总量（亿元）	占全省比重（%）
长春市	7103	53.67
银川市	2262	50.04
西宁市	1548	46.28
成都市	19916	36.99
哈尔滨市	5351	35.97
西安市	10688	35.87
拉萨市	741	35.66
武汉市	17716	35.42
海口市	2057	31.77
兰州市	3231	31.55

资料来源：根据各省国民经济统计公报整理得到。

三是金融资源呈现强者恒强的特点。对比 2018 年和 2021 年各省份的人均存款数据可以发现（如图 9－2 所示），在人均存款总量上占优的北京、上海、天津等城市，在人均存款增量上也远高于排名靠后的省份。

区域经济金融特征是商业银行资产配置及定价的基础要素。从短期来看，商业银行需要根据地区金融禀赋的不同，差异化地配置经营资源并设置相适宜的考核目标。从长远来看，区域经济金融格局在持续地发生动态变化，只有持续跟踪区域经济动态变化，把握好区域产业发展态势，匹配适宜

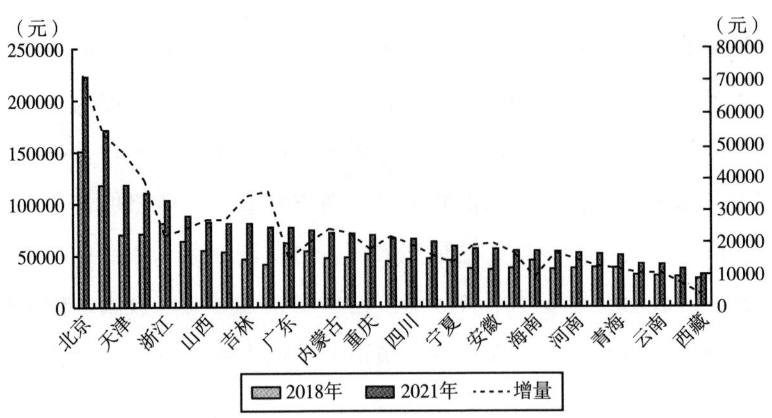

图 9－2　2018 年和 2021 年各省份人均存款

资料来源：根据各省国民经济统计公报整理得到。

的商业银行资产定价，才能在新的市场环境中占有竞争优势。

（三）利率市场化，资产收益下行，净息差拐点到来

商业银行以存贷款作为主要业务，盈利模式较为单一。随着我国利率市场化改革不断深入，2019 年开始就启用了 LPR 利率作为贷款基础利率。2020 年《政府工作报告》提出要继续深化 LPR 改革，彰显着我国利率体系市场化改革的决心。从长期经验来看，利率市场化带来利率下行是必然趋势，在全球范围内有部分国家已出现负利率。商业银行长期依赖息差作为主要收入来源并不可持续。

净息差持续收窄，对商业银行来说既是冲击，也是挑战，在一定程度上将倒逼商业银行进行组织架构的改革和业务模式的创新。以招商银行为例，根据其出具的 2021 年半年报可知，其净息差较上一季度下降，但净利润增幅显著，这意味着招商银行的中间业务，即非息收入在大幅上升。衡量一家商业银行是否零售转型成功，往往参考中间业务收入，因为这一收入并不占用银行资本，依靠银行的专业水平和服务能力来盈利。相比之下，中间业务收入的可持续性更高，也将是未来商业银行收入的主要来源。

二、货币政策利率：利率传导的源头

基准利率是利率体系中的核心，其他利率都以此为参照，它必须充分反映市场的供求关系。再者，基准利率需要易于控制，并且市场各方能够认可该利率，利率体系能够围绕着基准利率的变动而上下波动，即对一个经济体起到“牵一发而动全身”的作用，这样才能通过调整基准利率实现特定的金融目标。传统的贷款利率模式是商业银行在央行公布的贷款基准利率基础上进行加减点的浮动，但这也导致了“利率双轨制”的现象发生，即在基准利率不发生变动的情况下，央行很难通过市场化手段对贷款利率进行干预，从而出现市场利率和政策利率双轨并行的现象。在 2019 年底，央行发布公告宣布 LPR 利率将作为贷款利率的定价基准，它是央行制定的 MLF 利率和 18 家商业银行的报价去掉头尾极值后的算术平均。显而易见，LPR 利率是市场利率和政策利率的集合。在实际的贷款业务中，商业银行根据客户资质和贷款性质在 LPR 利率的基础上进行浮动，确定贷款利率。锚定 LPR 利率作为贷款利率的定价基准不仅有利于消除传统贷款基准利率“利率双轨制”的现象，还使得央行能够更加灵活自由地运用市场化手段对贷款利率进行调节，LPR 利率也是国际上较为通用的利率规则，LPR 利率改革明确了我国向世界逐步开放金融业、与国际接轨的信心和决心。

三、商业银行资产定价应对宏观经济形势挑战

（一）商业银行助力“双碳”目标的实现

为了践行绿色发展理念，落实生态保护措施，“双碳”目标在 2020 年 9 月第 75 届联合国大会上被首次提出，迅速引起社会各界的关注。“双碳”分别是指“碳达峰”——我国将力争在 2030 年前达到二氧化碳排放峰值，之后二氧化碳排放量将逐渐下降，以及“碳中和”——2060 年前，我国将以

科学技术、绿色环保的手段将二氧化碳进行转换并加以利用，使一段时间内二氧化碳的排放量达到相对“零”值。在此背景下，衍生出了一系列新兴产业和热点话题，如新能源、数字化、碳捕获和储存（CCS）、碳税、碳排放权交易（ETS）等。这对企业而言，也带来一笔因降低碳排放而产生的绿色成本。在这一过程中会产生大量的投融资需求，对商业银行来说也是一个新的发展机遇。

首先，在绿色信贷方面，商业银行有望跟随相关政策的逐渐放开，而提高在绿色金融相关领域的贷款投放，乘着“双碳”目标发展的东风，改善自身信贷结构，改善金融业务所支持的行业结构；其次，“双碳”目标的确立也将改变未来一段时间商业银行的投融资方向，取得显著收益，在全国碳交易市场成熟后，商业银行将迎来更广阔的绿色金融空间。除此之外，与“碳达峰”“碳中和”相关的证券化产品、创投基金业务相继上线，ESG 主题理财产品也受到市场青睐，这无不有助于商业银行创新业务模式，提升投资收益，加强风险管理，构建差异化的竞争优势。立足绿色金融，把握发展优势，帮扶相关企业，商业银行将助力“双碳”目标有序推进。

（二）商业银行支持制造业高质量发展

制造业是立国之本、强国之基。在制造业不断创新发展的过程中，离不开金融的有力支撑。随着经济形势日趋复杂，竞争格局日趋激烈，市场向制造业提出了更高的要求，降本增效成为摆在制造业企业面前的头道难题。制造业若要实现高质量发展，必须在业务模式上进行改革创新，设计生产出满足市场需求，同时物美价廉的优质产品，才能顺利实现转型之路。

2022 年 7 月，中国银保监会办公厅印发的《关于进一步推动金融服务制造业高质量发展的通知》指出，银行机构要扩大制造业中长期贷款、信用贷款规模，重点支持高技术制造业、战略性新兴产业，推进先进制造业集群发展，提高制造业企业自主创新能力。商业银行应按照监管要求，首先，加大对制造业的支持力度，让资金流向最需要得到支持的地方；其次，应注意制造业的生命周期和经营周期，根据周期的不同提供不同的金融服务，使金融资源的服务更加灵活；再次，要明确风险分担责任，可以采取联合投资、担保等方式分散风险，建立针对制造业企业的考核机制；最后，将科学技术与经验判断相结合，实地考察制造业企业情况，做好贷前、贷中、贷后管理工作，避免产生风险管理盲点。

（三）助农惠农，强化“三农”金融服务

金融行业的扩张与地产的扩张紧密相连，农业领域的金融资源供给严重不足。金融服务乡村振兴，助农惠农，实现共同富裕，是目前商业银行义不容辞的历史责任和社会责任。

助农惠农，需要商业银行提供信贷支持，农业向规模化、现代化转型的过程中需要大量的资金，而仅靠农业本身无法自然积累，这时候就需要商业银行的介入；助农惠农，需要商业银行提供平台支持，以简洁高效的流程更好地服务于乡村地区，减少农民的金融学习成本，使金融服务能够直达农户需求；助农惠农，需要商业银行提供专业支持，科普金融知识，传递农业信息，帮助农户规避生产风险，提高经济效益，达成乡村振兴、共同富裕的总目标。

强化对宏观政策强支持项目的投放是金融赋能稳增长扩内需、促进社会经济高质量发展最直接有效的方式。商业银行不仅要算经济效益账，更要从ESG投资的视角分析投入的宏观政策强支持项目。商业银行不能片面强调商业化，弱化金融服务为民的政治属性和社会责任。商业银行在资产投放时，需要充分认识到金融服务的本质、本源，牢牢锚定金融应有的格局站位，强化宏观政策强支持项目的投入，充分发挥金融支撑作用，做到强对接、优服务。商业银行通过深入了解宏观政策强支持项目的资金需求，与相关项目单位建立常态化沟通的合作机制，加大投融资创新力度，发挥在融资融智方面的专业优势，通过项目贷款、投贷结合、金融顾问服务等多种方式和渠道，为实体经济发展注入强大动能。

第十章

商业银行资产定价的前瞻性探讨

商业银行的资产定价受到了政策、成本、市场、客群、环境、经济、社会等众多因素的影响，商业银行为了把握资产价格变化规律，提升自身核心竞争力，则需要持续优化资产定价的方法机制及模型构建。本章对商业银行资产定价进行了前瞻性探讨：一是从数智化应用切入，介绍当前各大商业银行积极投入研究的数智化资产定价机制和设计；二是探讨在利用大数据开展资产定价的过程中不可忽视的模型设计风险；三是回归金融本源，结合金融本质分析资产定价与服务实体经济密不可分的关系，并强调资产定价要“以始为终，方得始终”的观点。

第一节　数智化资产定价能力成为商业银行核心竞争力

数智化资产定价是当前商业银行最为重要的探索方向。一方面，是商业银行的经营特性使然，它拥有丰富的数据信息能够加以运用和开发；另一方面，如今以云计算、大数据、人工智能、5G、区块链为代表的信息技术逐渐成熟，为商业银行进行资产定价创新方面提供了技术支持。2022 年，银保监会和央行相继发布了《关于银行业保险业数字化转型的指导意见》《金融科技发展规划（2022－2025 年）》，数智化资产定价模型的应用更加水到渠成。

一、数智化资产定价的概念与起源

（一）数智化的演进

随着社会经济的发展，我们已逐步进入数智化时代，回溯发展历程，主要分为信息化、数字化、智能化和数智化四个阶段。

1. 信息化阶段。20 世纪 60 年代，日本学者梅棹忠夫（Tadao Umesao）在《论信息产业》中率先提出了“信息化”这一概念，他认为“信息化是指通讯现代化、计算机化和行为合理化的总称”，随后被译成英文传播到了西方。此时正逢计算机技术迅速发展时期，个人计算机逐步进入桌面应用，基于互联网（Internet）的网络办公自动化也渐入佳境，慢慢成为企业业务运营中不可或缺的一环。再到 20 世纪 90 年代，万维网诞世，“信息化”一词由抽象概念走向了具体应用。

《2006 - 2020 年国家信息化发展战略》中，将信息化定义为“信息化是充分利用信息技术，开发利用信息资源，促进信息交流和知识共享，提高经济增长质量，推动经济社会发展转型的历史进程”。

2. 数字化阶段。1995 年，美国麻省理工学院教授尼戈洛庞蒂在《数字化生存》一书中提出“以‘比特（bit，二进制数字 binarydigit 的缩写）’为载体的数字化时代已经悄然而至”。数字化可以被理解为，以 0 和 1 两位数字为载体，对信息进行编码、传输的一系列过程。数字化同样也是计算机发展的产物，它可以将任何复杂的信息改写为可度量的数字或数据，再利用计算机进行统一处理。这无疑大大简化了处理信息的流程，提高了信息传输的效率。一切事物、一切行为都可以被记录、传输、存储，毫不夸张地说，人类社会已经成为一个可供计算的社会，如果要将信息化和数字化放在一起叙述，那么可以将数字化视为信息化的结果，数字化是以数字编码的形式，将真实世界映射至虚拟世界的一系列过程。

3. 智能化阶段。经过了数字化阶段，庞大而复杂的人类世界变成了计算机中种类繁多、结构各异的数据，如何发挥这些数据的作用，使其创造价值，成为智能化诞生的首要原因。与信息化、数字化不同的是，智能化强调解决问题及满足数据使用人在现实生活中的需求，基于大数据智能分析，为数据使用人提供解决问题的决策支持，“分析”成为智能化区别于信息化、数字化的最大不同，这一功能不同于“信息”，也有别于“知识”，属于提供问题解决和决策支持的“智慧”。

4. 数智化阶段。从字面意思来看，数智化是将“数字化”和“智能化”进行整合，在实际的应用场景中，也可以将数智化理解为将信息化、数字化、智能化进行有机融合的巨型工程。

数智化以新一代的信息技术，如云计算、大数据、人工智能、5G、区块链为技术基础，优化了业务流程，建立了以智能终端、边缘计算、云计算、网络、安全保障为主的数据运行监控系统，使用了更加智能的垂直应用算法开发，使数据的应用效率提升，更能满足如今社会发展和企业运行的需要。

需要注意的是，信息化、数字化、智能化和数智化这四个阶段都属于不断发展、逐步演进的一系列过程，应避免孤立地看待。

（二）数智化资产定价的概念

顾名思义，数智化资产定价是将传统的资产定价模型进行数智化的改造，运用数智化信息技术，驱动传统商业银行的资产定价模型重构、核心竞争力重塑的过程，其并非单纯的信息技术体系的构建，还涉及企业战略、业务、组织结构和技术等诸多内容的系统性设计与构建。

贷款是商业银行资产的主要构成部分，传统的贷款定价方式可以分为以下三类：（1）成本加成定价模式，即贷款的价格先要能够覆盖商业银行筹集资本的成本以及贷款风险，在此基础上满足一定的目标利润；（2）基准利率加点定价模式，该模式以基准利率作为参考价格，根据客户的资产、征信、用途、期限的不同在此基础上加减不同水平的利差；（3）客户盈利分析模式，该模式将银行和客户进行综合考虑，结合客户对银行的贡献给出贷款的价格。

传统的定价方法较为僵硬，不能充分反映市场行为和经济情况的动态变化。随着数字经济时代的来临，数据已经成为关键性的生产要素，商业银行在经营活动中积累了丰富的数据信息，数智化资产定价模型便可以此为基础，结合人工智能等新兴技术，对数据信息进行充分利用，结合不同的需求场景实现传统资产定价模型的转型，提高商业银行资产定价的效率。

二、数智化与数字化资产定价的区分

一般认为，数字化是数智化的前一阶段，数智化在数字化基础上有了更深一步的进阶。简单来说，数字化是关于信息数据的采集、分析，而数智化则会结合应用场景，帮助数据使用人进行决策，以解决问题为导向，更加智能、便捷。数字化资产定价基于商业银行积累的大量数据信息，给出合适的资产价格，而数智化资产定价还会考虑多方面的因素，如商业银行和客户的需求、经济形势、政策环境，在此基础上充分分析，给出资产价格，为使用人提供应用场景下的最佳决策，提高商业银行的核心竞争力。

三、数智化资产定价的前沿尝试

美国科幻作家威廉·吉布森曾说过："未来已来，只是分布得还不太均匀。"这句话用来形容数智化资产定价模型的发展和身处其中的商业银行也相当贴切。面对这场转型浪潮，有的企业善于创新，率先引进了数智化技术工具对传统资产定价方式进行重构。例如，国内已有数智化资产定价相关服务的提供，通过整合企业的经营数据、财务数据等，解决企业从客户自证信用向数据佐证信用的转变，协助商业银行进行资产定价，由传统的窗口式服务向场景式服务过渡。由于数据天生具备"低碳"的特性，利用人工智能等技术对商业银行的经营策略和专家经验进行深度学习，能够提高商业银行资产定价效率，加快企业授信，同时达到节约资源的绿色金融目标。

未来，随着商业银行在战略、业务、组织和技术四大层面的改革发展，将会有越来越多的商业银行将数智化资产定价模型运用到现实的金融生活中，驱动商业银行业务价值的实现。

四、数智化资产定价的特点与优势

（一）盘活新的生产要素，实现更高层次的市场洞察力及业务决策力

商业银行在日常经营活动中会沉淀大量的数据信息，而数据已经成为当今时代重要的生产要素之一。数据本身不具备价值，必须要对其进行开发，才能发挥其潜能。数智化资产定价能够增强商业银行对数据的掌控，实现合理定价，挖掘潜在利润，帮助业务决策。

（二）增强商业银行的风险管理能力

一方面，数智化资产定价以大量的数据信息为基础，以解决问题为导向，为使用者提供科学的决策建议，从源头遏制风险的发生。另一方面，数智化资产定价也能够运用到数字风控中，提前识别风险信息，做出应急预案，以最大限度规避资产损失。

（三）数智化资产定价能够更好地助力实体经济

将数智化资产定价模型应用于商业银行的各项业务之中，围绕客户需求实现“业务智能”。例如，实体经济中存在着大量优质的中小微企业，针对这一客群，数智化资产定价模型能够满足各企业的多样化需求，提供不同的资产定价方案，改善银企之间的信息不对称，从而更好地服务于实体经济的发展。

五、数智化资产定价能力将成为商业银行的核心竞争力

回顾历史我们可以看到，历次产业革命都是由核心技术的突破开启的，

再延伸至各行各业，形成了新的产业和新的经济增长点。经历了蒸汽时代、电气时代和信息时代后，随着第四次产业革命的开展，信息技术、数字技术、智能制造、虚拟现实、基因技术等陆续取得突破性进展，使信息通信产业、工业互联网、智能制造等新兴产业破土而出，人类已经正式迈入数字经济时代。

2019 年 11 月，中央全面深化改革委员会第十一次会议通过了《关于构建更加完善的要素市场化配置体制机制的意见》，其中明确提出了数据是继土地、资本、劳动力、技术之后的第五大生产要素，对我国经济的发展具备战略性的地位。互联网的发展为世界带来了复杂庞大的数据，商业银行在使用互联网进行经营活动的过程中，也在不断收集客户的信息、行为，形成大量的数据沉淀，如果没有使用合适的工具将这一生产要素进行开发和转化，势必会造成资源的大量浪费，而数智化在商业银行经营活动中的运用具备现实依据。

一方面，数智化资产定价能力能应用于商业银行的各项业务中，例如产品、营销、风控、服务等各个方面，结合内外部数据，对形式各异的产品进行科学定价，更好地为不同客群提供个性化的金融服务，巩固商业银行现有的市场定位，加强竞争力。另一方面，数智化资产定价能力还能够与商业银行的管理体系相结合，运用大数据、人工智能等技术，提高运营能力和管理效率，利用数智化的特点帮助商业银行管理人员提高决策的科学性和精准性，实现内部资源的合理配置，例如智能财务、智能人事、智能办公等。以内部治理能力的提升，助推商业银行在激烈的市场竞争中获得一席之地。

第二节　不可忽视大数据资产定价模型风险

一、未来资产定价会采用大数据模型

（一）商业银行正在推进数智化转型

每个企业在创建之初都会创建自己的使命、愿景、价值观、企业战略

等，以此更好地服务企业长短期经营目标的实现。如今，数智化浪潮成为大势所趋，为了更加快速有效地达成企业目标，实现企业效益，加强竞争优势，借助数智化转型已经成为当今企业的必经之路。商业银行也不例外，作为金融企业，商业银行的首要经营目标是在确保业务安全的同时，最大限度地争取市场份额，实现利益最大化。为了达成这一目标，利用数智化驱动商业模式的重构、金融产品的创新以及核心竞争力的重塑是商业银行进行数智化转型的首要选择。

2022 年 1 月，银保监会发布《中国银保监会办公厅关于银行业保险业数字化转型的指导意见》。目前，已经有不少银行加入了数字化、数智化转型的道路中，例如中信银行通过重塑固有价值链和原有经营逻辑，形成了“生态层”服务模式；民生银行、工商银行、浦发银行等与科技企业展开合作，实现“金融＋科技”的有机融合；江南农村商业银行释放数字员工潜能，推动企业数智化转型升级……各家银行纷纷自主构建数智能力，使得各银行的业务差异变大，竞争更为激烈，行业发展趋好。

（二）大数据深度理解客户，更加科学合理定价

根据全球管理咨询公司麦肯锡 2021 年发布的《全球数字化：构建财富管理新护城河》可知，我国已经成为全球第二大财富管理市场。商业银行在金融体系中具有举足轻重的地位，为了满足我国众多客户的个性化财富管理需求，这需要商业银行快速提升线上化、数字化和智能化的财富管理水平，为需求各异的客户提供个性化、定制化的服务。这不仅对商业银行的创新能力提出了要求，同时对商业银行的服务能力提出了考验。在客户众多、财富丰富的背景下，商业银行必须利用大数据对财富人群进行分层、画像，并针对客户的需求，从客户利益角度出发，提供场景搭建和解决需求的开发，实现客户满意的资产配置，建立财富管理组合策略。在利用大数据对财富人群进行分析的同时，还应推出各项智能化服务，例如智能投顾、智能投研、推荐引擎、智能运营等，将“数据”与“智能”有机结合起来，实现财务管理业务经营体系的转型。

相较于“千人一面”，数智化的财务管理业务经营体系能够帮助商业银行充分了解客户特点、风险偏好以及财富配置等，结合客户需求，制定更加科学有效的定价方案，帮助商业银行提升经营效率，规避经营风险。

（三）模型应用在商业银行经营管理中不断深化

商业银行的日常经营中运用模型早已屡见不鲜，例如涉及营销、风险控制的业务部门会经常用到 RFM 模型、双重差分模型、A 卡模型、B 卡模型、C 卡模型、内部评价模型、VaR 模型等；咨询服务部门会使用波特五力模型、SWOT 模型等。近年来，以大数据、机器学习、深度学习等为基础的人工智能技术在银行业中得到广泛运用，推动着商业银行的数智化转型，部分商业银行也开始通过大数据来构建机器学习模型，并将其运用到日常经营业务中，提高经营效率，帮助预警风险，改进传统业务流程中的缺陷。模型应用顺应着商业银行数智化转型的发展趋势，在未来，随着信息技术的蓬勃发展，模型应用将会在银行业乃至金融其他行业得到更多的运用和推广。

二、大数据资产定价可能面临的问题

（一）数据问题

1. 滥用、数据隐私保护不到位。《中华人民共和国国民经济和社会发展第十四个五年规划和 2035 年远景目标纲要》中明确指出要“加强涉及国家利益、商业秘密、个人隐私的数据保护”，足以证明目前我国存在着大量数据滥用以及个人及团体隐私保护不到位、不充分的现象。在数据的使用过程中，未经授权的访问、披露、破坏、篡改和非法使用等行为，不仅侵犯了用户数据隐私，更威胁着数据安全。

2. 数据泄露。数据的虚拟特性使其可以重复使用，并且传播成本几乎为零，便于分享。这一特性使得部分企业或相关工作人员为谋私利而泄露用户数据。除了主动泄露数据，还存在着数据库安全性弱的问题，一旦被黑客入侵，则整个数据库的信息都将被泄露。加之互联网传播速度快的特点，数据信息一旦泄露，则会引发不可逆的后果。

3. 数据安全技术问题。如今数据规模大，类型丰富，海量异构数据的集合对数据库的要求也日益严苛，必须同时具备大容量、分布式、集群管理的特点。因为大数据本身所具有的复杂性和多样性特征，数据在存储管理过程中难免产生技术问题，触发安全保护措施的漏洞，为数据泄露和篡改提供可乘之机。

4. 数据伦理问题。数据来源于用户，但数据的使用权在通常情况下却不在用户手中，并且平台获取用户信息时的边界应该如何确定呢？获取手段又应如何限制呢？用户与平台之间存在着严重的信息不对等情况，而平台也可能在利益驱动下，向用户获取规定界限外的信息，从而洞察用户的生活习惯、消费方式，用于其他用途。由于数据信息来源于个人，而这部分数据又隐藏着丰富的价值，具有一定的资本属性，因此用户的个人隐私与数据的产生、获取与应用之间存在着矛盾，引发了数据的伦理问题。

（二）模型风险问题

2000 年，美国货币监理署（U. S Office of The Comptroller of The Currency）最先提出了模型风险的概念；2011 年，美国联邦储备委员会（Federal Reserve System）发布了《模型风险管理监督指南（SR11 –7）》（SRLetter 11 –7：Supervisory Guidance on Model Risk Management），对模型的开发应用、验证、治理等多个方面提出了监管要求，为银行进行模型风险管理提供了有力指导，这一文件也逐渐成为模型风险管理的行业标准；2020 年 7 月，我国银保监会发布了《商业银行互联网贷款管理暂行办法》，首次提出了对互联网贷款中模型风险管理的要求，各金融机构也对模型风险有了更加深刻的认识。

按照《模型风险管理监督指南（SR11 –7）》中对模型风险的定义，模型风险是指基于有缺陷或者误用模型输出和报告做出决策而可能引发的损失。这其中提到了模型风险的两个重要方面：模型缺陷和模型误用。模型缺陷是在模型的设计开发阶段，由于机器学习和深度学习领域技术的不成熟，或者设计人员水平参差不齐，导致的设计错误、假设错误、变量缺失和数据噪声等问题；模型误用通常是由于所使用的模型未能及时更新或优化，导致模型无法适应经济环境、应用场景和客户情况的变化而导致的风险。

随着我国商业银行的迅速发展，对模型的应用也逐渐深入，模型工具逐渐成为商业银行的管理决策中枢，成为商业银行发展的新动力，但与此同时也带来了新的危机，那就是模型风险。

〔案例 1〕长期资本管理公司（LTCM）跌落神坛①

美国长期资本管理公司（Long - Term Capital Management）创立于 1994 年 2 月，与量子基金、老虎基金、欧米伽基金并称为国际四大对冲基金。创始人梅里·韦瑟（John Meriwether）被称为能够“点石成金”的华尔街债务套利之父，集合了各路大将组成了 LTCM，例如期权定价模型之父——罗伯特·默顿（Robert Merton）和斯科尔斯（Myron Scholes），前财政部副部长及美联储副主席——莫里斯（David Mullis），前所罗门兄弟债券交易部主管——罗森菲尔德（Rosenfeld）。他们有着一个共同的信念，那就是市场是有效的。他们坚信如果价格出现了错误，那么市场一定履行其“纠偏”的职责。也正是跟随着这一信念，LTCM 将数学模型运用到了极致，他们利用数学模型计算出每一次投资可能带来的收益以及风险敞口，并无条件地信任这一结果，再通过向其他机构借钱融资，往上加杠杆，将每一次投资规模尽可能做到最大。这样的方式让其在成立初期达到了惊人的收益率，其中最高时一年的收益率可以达到 59%。然而这一现象并没有延续，在 1998 年的全球金融动荡中，LTCM 在短短 150 天内资产净值下降了约 90%，出现了高达 43 亿美元的巨额亏损，2000 年初，LTCM 进行了破产清算。

回顾 LTCM 破产事件，除了杠杆率过高导致的风险，更主要的原因在于 LTCM 的投资策略，他们过于依赖数学模型，而忽略了模型的运用前提，更重要的是，数学模型的建立都是基于历史数据，然而这些历史统计不可能对

---

① 罗杰·洛温斯坦．赌金者［M］．毕崇毅，译．北京：机械工业出版社，2017.

未来世界的经济情况进行完美预演。LTCM 此次破产危机，也向其他金融机构敲响了模型风险的警钟。

〔案例 2〕摩根大通“伦敦鲸”事件①

摩根大通集团（J. P. Morgan Chase & Co，NYSE：JPM）是美国主要的商业银行之一，其中的超级核心部门——首席投资办公室（chief investment office，CIO）有超过 400 名员工在内任职，其中包括 140 名交易员，他们分布在全球各地，忙碌于管理信贷资产组合所面临的利率、汇率等风险。

2012 年初，布鲁诺·伊克斯尔（Bruno Iksil）时任 CIO 的交易员，同时也是 CIO 的合成信贷资产组合（synthetic credit portfolio，SCP）的主管，SCP 是 CIO 的核心组合，这一资产组合的主要作用是对冲摩根大通所持有的大量贷款和信用债券的信用风险，这个组合中包含各种 CDS、CDS 指数以及 CDS 分层指数。

为了满足监管要求，摩根大通需要降低公司的风险加权资产，而 SCP 组合在风险加权资产中占了大部分，因此公司决定降低 SCP 组合所占的比例。此时，身为 SCP 主管的伊克斯尔认为可以通过卖出更多的信用保护来达成这一目标，即采取曲线交易方式，赌 CDX 指数曲线将会变得平坦，具体操作是做空长期的 CDX 指数合约，而做多短期的 CDX 指数合约。

由于摩根大通在市场上大量抛售长期 CDX 指数，导致相应的 CDX 指数合约价格被严重低谷，此时其他对冲基金嗅到了套利的机会，向着相对便宜的 CDX 长期合约一拥而上，然而本应在市场无套利机制的作用下而趋于一致的 CDX 价格却并没有发生明显变化，这一市场异象受到了其他对冲基金的怀疑，它们猜测摩根大通 CIO 交易部门的交易员正在幕后操纵着市场，之后，它们便开始反向套利。一开始，SCP 主管伊克斯尔并没有觉得什么不对——即使他的操作已经突破了 VaR 和 CS01 这两个风险限额指标，因为他更相信今年年初才刚刚采用的新 VaR 模型。直到 CIO 的主管德鲁（Ina Drew）发现了 SCP 所持有的仓位远超过公司所能承受的，在重新评估了交易

---

① 侯冰慧. 摩根大通复杂衍生品巨亏事件的案例分析［J］. 科学决策，2013（5）：73 - 94.

风险后，CIO 停止了对冲，使得 SCP 的头寸变成了单方向，也使自己重新暴露在市场风险之中。

本次事件使 SCP 亏损了数十亿美元，还引发了金融市场的恐慌情绪，2012 年 5 月 11 日，欧美市场金融行业股票齐齐下跌。主要原因之一是 CIO 的模型风险问题——CIO 主要使用 VaR 模型来监控市场风险，2012 年初的新 VaR 模型是针对 SCP 组合而专门设计的，但新 VaR 模型有重大缺陷，在模型验证组告知需有条件使用的情况下，CIO 仍然将其忽视，直到损失发生后，新 VaR 模型的分析和执行错误才被发现。

三、需要高度警惕资产定价模型风险

（一）健全模型风险管理机制，强化对商业银行模型的监管

首先，在商业银行内部应该明确模型风险的管理职责，构建权责对等的模型风险管理架构，例如董事会、高管层应该明确模型风险的重要性，要对银行内部的模型风险进行定期核查监控；其次，模型开发人员应尽职尽责，确保模型开发、质量和应用效果能够满足业务实际的需要；最后，在模型的使用过程中，应做到审慎使用，定期验证模型的适用情况，当模型无法科学拟合现实经济情况时应及时调整或迭代。

监管部门也应该履行监管责任，对各商业银行的模型使用情况进行定期和不定期的抽查，对市场出现的异常情况，要及时排查，将风险遏制在摇篮之中，避免引发金融系统的震动。

（二）出台模型技术标准，在巴塞尔协议Ⅲ框架下加强标准化管理

在各商业银行纷纷向数智化转型的今天，各银行的模型数量和种类都处于高速增长阶段，所使用的技术也日新月异，针对参差不齐的模型技术，监管部门应出台可供参考的技术标准，做到“管理有方”，形成类型多样的管理方法、指标体系和阈值参考。同时，监管部门应全面把握巴塞尔协议Ⅲ的

内容，科学组织巴塞尔协议Ⅲ的实施，有序推进巴塞尔协议Ⅲ的成功应用，从源头防范模型风险。

（三）强化模型风险前瞻性预判，做好应急预案

未雨绸缪，商业银行应为可能发生的模型风险做好应急预案，定期组织防范模型风险预演，强化模型开发人员、模型应用人员以及相关人员的风险防范意识，为模型风险提供机制、流程、人员等方面的保障。居安思危，以前瞻性的视角进行日常经营活动，以待模型风险发生时能有十足的应对准备。

第三节　以终为始　方得始终——坚守金融本源

一、做好资产定价管理才能有效服务实体经济

（一）当前实体经济存在信贷错配问题，关键在于难以合理定价

商业银行服务于实体经济时，经常会出现信贷错配的现象，使得商业银行的资金使用效率低下，不能充分满足实体经济的需求。在信贷过程中，信息不对称使得商业银行无法以合理的定价覆盖向企业贷款所可能承担的风险，而选择以更高的利率保证自身的正常经营。同时，企业在向商业银行证明自身经营能力时，本身就需要耗费大量成本，使得不少企业面对商业银行贷款只能望而却步。最终，银行资金只得留在银行手中，形成信贷错配，不仅限制了银行自身获取利润的能力，也降低了整个经济体系的生产效率，抑制产出水平。

而大数据和数智化资产定价模型的使用则可以有效解决信息不对称的问题，在双方信息充分透明的情况下，利用模型可以准确高效地匹配每一用户的资产价格，减少摩擦成本的发生，并且有针对性地满足客户需求，提高银行的资产回报率，助力商业银行更为智能高效地服务于实体经济。

（二）科学的资产定价是服务实体经济的基础

价格是市场机制的核心，市场在资源配置中起决定性的作用，而这一作用主要通过价格来实现。在金融服务实体经济的过程中，商业银行进行科学的资产定价是极其重要的一环，因为科学合理的资产价格为经济活动提供了指导方向，也能够减少银行与企业、企业与企业之间的信息不对称和不完全现象，能够降低实体经济中企业的信息搜寻和交易成本，有助于企业更加高效地展开生产经营活动，从而带动实体经济的发展。因此，科学的资产定价是服务实体经济的基础。

（三）加强服务创新，推动商业银行向实体经济有效“输血”

如今，商业银行数智化转型的政策环境不断优化，国家金融监督管理总局积极支持商业银行走科技创新之路；科技产业蓬勃发展，自“十三五”以来，我国科技进步对经济增长的贡献率越来越高；资本市场改革深入推进，行业竞争加剧，商业银行的传统盈利模式受到冲击。在这样的环境背景下，调整经营策略，促进服务创新是所有商业银行发展的必经之路，也是推动商业银行向实体经济有效“输血”的必要手段，真正让金融直达实体经济根本，激发经济潜能，助推企业发展。

二、商业银行要走可持续发展之路

（一）夯实基础，做好数据治理工作

数据治理问题包括商业银行数据来源分散、数据质量低下、数据缺乏统一标准等。因此，商业银行要加强数据治理方面的工作，建立成熟高效的数据治理体系，为实现数智化转型打下坚实的基础，为切实有效服务实体经济提供保障。首先，商业银行应该明确自身的发展定位，开展自查自检工作，梳理数据治理工作中的不足之处；其次，构建数据治理体系，创新管理方

式；再次，要注重人才方面的培养，引进高素质的数智化专业人才，充实数据治理团队，保障数据治理工作稳定有序开展；最后，监管部门应该及时制定统一的数据标准，加强对商业银行数据来源、质量的监察，同时保护数据安全，以方便商业银行开展数据应用工作，实现数智化转型。

（二）强化投研结合，将资产定价管理纳入经营管理重要一环

商业银行进行数智化转型成为大势所趋，大数据资产定价模型在各商业银行间的应用也日趋深入。因此，商业银行应逐渐重视资产定价管理，一方面，能够充分运用资产定价模型服务于实体经济，为企业发展注入“活水”；另一方面，能够收集充分的数据信息，匹配当前经济形势，加强模型的学习能力，为培养商业银行核心竞争力添砖加瓦。

（三）将服务实体经济的导向融入资产定价全流程管理

为实体经济服务是金融的天职。当前我国实体经济更是处于需要金融持续提供助力阶段，该阶段需要金融产业积极改革创新，加大服务力度。因此，要在资产定价上下功夫想办法，就必须要将服务实体经济的导向融入资产定价全流程管理之中。例如，商业银行作为企业融资的主渠道，要在申请、授信、增信、定价、审批、派发等环节分析改进，贴合企业的实际需求，以全方位多元化的金融服务，助推实体经济的发展。

（四）加强薄弱领域金融服务，解决实体经济燃眉之急

要将服务实体经济的目标落到实处，就必须重点关注战略性新兴产业、科技产业、农业以及民生等领域，为薄弱领域提供充分的金融支持和创新。商业银行需要进一步完善信用体系和担保体系的建设，巩固传统间接融资渠道，扩大直接融资比重，提高金融服务的效率，这样才能切实解决实体经济的燃眉之急，为实体经济的发展保驾护航。

参考文献

［1］巴曙松，高英．巴塞尔Ⅲ信用风险标准法改革对银行业的影响［J］．武汉金融，2019（2）：10－12.

［2］彼得·S. 罗斯．商业银行管理［M］．北京：经济科学出版社，1999.

［3］曹清山，邹玉霞，王劲松．商业银行贷款定价策略和模型设计．金融论坛，2005（2）：33－37，63.

［4］陈龙，林茂仙．基于优化的成本加成商业银行贷款利率定价［J］．商场现代化，2021（17）：113－115.

［5］陈志刚，吴姬姬．基于 RAROC 模型的商业银行贷款定价实证研究［J］．价值工程，2015，34（32）：9－11.

［6］成丽莉，曹国俊，唐家艺．新金融工具会计准则实施初期影响显著——基于上市金融企业 2018 年上半年报数据［J］．金融会计，2018，299（10）：20－28.

［7］郭梅亮，徐璋勇．商业银行净利差决定因素研究的进展与评述［J］．国际金融研究，2012（2）：49－57.

［8］何娜，李泽广．对中国商业银行净利差决定因素的实证分析［J］．金融论坛，2009，14（8）：36－42.

［9］侯冰慧．摩根大通复杂衍生品巨亏事件的案例分析［J］．科学决策，2013（5）：73－94.

［10］黄国平，吉昱华，伍旭川．存贷款利差定价分析［J］．经济理论

与经济管理，2007（10）：37－44.

［11］黄世忠．后危机时代公允价值会计的改革与重塑［J］．会计研究，2010（6）：13－19.

［12］黄益平．如何理解中国的金融现象［J］．金融市场研究，2021（1）：1－22

［13］江苏省金融会计学会课题组，黄向庆．新金融工具准则对商业银行的影响研究［J］．金融会计，2019.

［14］凯瑟琳·卡斯尔．研究访谈［M］．武敏，译．上海：格致出版社：上海人民出版社，2018.

［15］孔春丽，张天龙，张同建．我国商业银行信贷市场贷款定价理论研究［J］．技术经济与管理研究，2015（3）：91－95.

［16］雷雨林，欧阳建刚．商业银行贷款定价中的基准利率发现［J］．银行家，2009（2）：50－52.

［17］李腾飞．《最终方案》的演进与新要求［J］．上海金融，2018（7）：40－46.

［18］刘新军，周鸿卫．商业银行 RAROC 贷款定价方法的改进与应用［J］．统计与决策，2009（6）：164－167.

［19］刘毅荣，郭实．LPR 新政策对金融机构和信贷 ABS 的影响［J］．债券，2020（3）：60－64.

［20］罗杰·洛温斯坦．赌金者［M］．毕崇毅，译．北京：机械工业出版社，2017.

［21］孟彩云．利率市场化下我国商业银行贷款定价能力探讨——基于 RAROC 模型的贷款定价实证研究［J］．西南金融，2014（6）：35－37.

［22］牛锡明．我国商业银行实行贷款定价之研究［J］．金融研究，1997（10）：16－21.

［23］邱月华，曲晓辉．后金融危机时期金融工具国际准则的发展及启示［J］．会计研究，2016（8）：3－9.

［24］史泽友，黎丽，张维梁，等．关于利率市场化进程中人民币贷款

定价的探讨［J］. 金融论坛，2002（11）：9－13.

［25］隋聪，迟国泰，闫达文. 基于DEA二分法的贷款定价模型［J］. 预测，2009，28（5）：27－31.

［26］隋聪，邢天才. 基于非完全利率市场化的中国银行业贷款定价研究［J］. 国际金融研究，2013（12）：82－93.

［27］王俊寿. 商业银行贷款定价模型的比较研究［J］. 南开经济研究，2004（2）：99－102.

［28］王立君，赵铁男，金阳. 利率市场化改革中农村商业银行贷款利率定价模式探索［J］. 吉林金融研究，2021（5）：55－60.

［29］王胜邦. 巴塞尔Ⅲ最终方案：背景、内容和启示［J］. 银行家，2018（1）：32－37.

［30］王胜邦. 巴塞尔Ⅲ最终方案的总体思路与国际影响［J］. 中国金融，2018（2）：81－84.

［31］魏星.《巴塞尔协议Ⅲ》下对市场风险管理的思考［J］. 中国银行业，2021（10）：57－59.

［32］吴许均. 中国商业银行贷款定价研究［M］. 北京：社会科学文献出版社，2007.

［33］徐景.《巴塞尔协议Ⅲ》最终版的监管变革研究［J］. 吉林金融研究，2020（3）：16－18.

［34］杨凯生，刘瑞霞，冯干.《巴塞尔Ⅲ最终方案》的影响及应对［J］. 金融研究，2018（2）：30－44.

［35］杨艳纯，周鸿卫. 利率市场化进程对中国商业银行定价行为影响研究［J］. 海南金融，2015（4）：4－8.

［36］于品显. 巴塞尔协议资本要求的发展变化、局限性及我国的应对策略［J］. 南方金融，2020（7）：69－78.

［37］曾懿亮，等. 不对称信息下商业银行规模与贷款利率定价［J］. 中央财经大学学报，2019（1）：23－36.

［38］赵旭. 银行利差多维度量及影响因素：基于中国银行业1998－

2006 的经验证据［J］. 金融研究，2009（1）：66－79.

［39］中国人民银行海口中心支行课题组．对利率市场化条件下我国商业银行贷款定价机制的探讨［J］. 海南金融，2005（12）：4－7.

［40］周开国，李涛，何兴强．什么决定了中国商业银行的净利差？［J］. 经济研究，2008（8）：65－76.

［41］周凯．基于 RAROC 的商业银行贷款定价模式研究［J］. 世界经济与政治论坛，2008（2）：106－110.

［42］Aikman，D，A G Haldane，M Hinterschweiger and S Kapadia. Rethinking Financial Stability［R］. Bank of England Staff Working Paper，2018.

［43］Akkizidis，I，and L Kalyvas. Final Basel Ⅲ Modeling：Implementation，Impact and Implications［M］. Palgrave Macmillan，2018.

［44］Basel Committee on Banking Supervision. An assessment of the long－term economic impact of stronger capital and liquidity requirements［OL］. www. bis. org/publ/bcbs173. htm，2010.

［45］Basel Committee on Banking Supervision. Assessing the impact of Basel Ⅲ：Evidence from macroeconomic models：literature review and simulations. Working Papers，2021.

［46］Basel Committee on Banking Supervision. Basel Ⅲ：A Global Regulatory Framework for More Resilient Banks and Banking Systems. Bank for International Settlements，2010.

［47］Basel Committee on Banking Supervision. Basel Ⅲ：A Global Regulatory Framework for More Resilient Banks and Banking Systems－Revised Version［R/OL］. https：//www. bis. org/publ/bcbs189. htm，2011.

［48］Basel Committee on Banking Supervision. Basel Ⅲ：Finalising Post－crisis Reforms. Bank for International Settlements，2017a.

［49］Basel Committee on Banking Supervision. Basel Ⅱ：International Convergence of Capital Measurement and Capital Standards：A Revised Framework. Ba-nk for International Settlements，2004.

[50] Basel Committee on Banking Supervision. Basel Ⅱ: International Convergence of Capital Measurement and Capital Standards: A Revised Framework [R/OL]. https://www.bis.org/publ/bcbs107.htm, 2006.

[51] Basel Committee on Banking Supervision. Basel Ⅲ Monitoring Report: Results of the Cumulative Quantitative Impact Study. Bank for International Settlements, 2017b.

[52] Basel Committee on Banking Supervision. Finalising Basel Ⅲ: In brief Bank for International Settlement, 2017c.

[53] Basel Committee on Banking Supervision. High Level Summary of Basel Ⅲ Reforms [R/OL]. https://www.bis.org/bcbs/publ/d424_hlsummary.pdf, 2017d.

[54] Basel Committee on Banking Supervision. Literature review on integration of regulatory capital and liquidity instruments [OL]. Working Papers, no 30, March, www.bis.org/bcbs/publ/wp30.htm, 2016.

[55] Basel Committee on Banking Supervision. Minimum Capital Requirements for Market Risk. Bank for International Settlements, 2016.

[56] Basel Committee on Banking Supervision. Minimum Capital Requirements for Market Risk [R/OL]. https://www.bis.org/bcbs/publ/d352.htm, 2016.

[57] Basel Committee on Banking Supervision. The costs and benefits of bank capital: a review of the literature [OL]. Working Papers, no 37, June, www.bis.org/bcbs/publ/wp37, htm. 2019.

[58] Brainard, W C. Uncertainty and the Effectiveness of Policy [J]. The American Economic Review, 1967.

[59] Caplen, B. The Problems Basel Can't Solve [EB/OL]. https://www.thebanker.com/Editor-s-Blog/The-problems-Basel-can-t-solve, 2018.

[60] Chorafas, D N. Basel Ⅲ, the Devil and Global Banking [M]. Palgrave Macmillan, 2012.

[61] Conti, A M, A Nobili and F M Signoretti. Bank capital constraints, lending supply and economic activity. Banca d' Italia Working Paper, no 1199. 2018.

[62] Deloitte. Financial Services Regulatory Outlook 2018 (Facing the Future: an Evolving Landscape). Centre for Regulatory Strategy Asia Pacific, 2018.

[63] Duffie, D. Financial Regulatory Reform After the Crisis: An Assessment [R/OL]. https://www. darrellduffie. com/uploads/policy/Duffie Sintra June 2016. pdf, 2016.

[64] Elbannan, M A. The Financial Crisis, Basel Accords and Bank Regulations: An Overview [J]. Interna tional Journal of Accounting and Financial Reporting, 2017.

[65] Fender, I, and U Lewrick. Adding it All Up: the Macroeconomic Impact of Basel Ⅲ and Outstanding Reform Issues [R]. BIS Working Papers, 2016.

[66] FSB. Financial Stability Implications from FinTech: Supervisory and Regulatory Issues that Merit Authorities' Attention [R/OL]. https: www. fsb. org/wp - content/uploads/R270617. pdf, 2017.

[67] FSB. FSB Welcomes Finalisation of Basel Ⅲ. The Financial Stability Board, 2017.

[68] FSB. Implementing OTC Derivatives Market Reforms [R/OL]. https://www. fsb. org/2010/10/fsb...imple menting - otc - derivatives - market - reforms, 2010.

[69] FSB. Shadow Banking: Strengthening Oversight and Regulation [R]. https://www. fsb. org/wp - content/uploads/r_ 111027a. pdf, 2011.

[70] Haldane, A and V Madouros. The Dog and the Frisbee [R/OL]. https://www. Bank of England. co. uk/paper/2012/the - dog - and - the - frisbee, 2012.

[71] Ho, T, Saunders, A. The Determinants of Bank Interest Margins: Theory and Empirical Evidence [J]. Journal of Financial and Quantitative Analysis, 1981.

[72] Ingves, S. Basel Ⅲ: Are We Done Now? [R/OL]. https://www. bis. org/speeches/sp180129. htm, 2018.

[73] King, N. Using Interviews in Qualitative Research, in C. Cassell and G. Symon (Eds.). Essential guide to qualitative methods in organizational research, London: Sage.

[74] Linde, L. Finalising Basel Ⅲ Ⅶ Expansión – KPMG Financial Meeting: Transformation of the Banking Business Model, 2016.

[75] Mendicino, C, K Nikolov, J Suarez and D Supera. Bank capital in the short and in the long run [J]. Journal of Monetary Economics, 2020.

[76] Mendicino, C, K Nikolov, J Suarez and D Supera. Optimal dynamic capital requirements [J]. Journal of Money, Credit and Banking, 2018, 50 (6).

[77] Osinski, J, K Seal, and L Hoogduin. Macro. prudential and Microprudential Policies: Toward Co habitation [R]. IMF Staff Discussion Note, 2013.

[78] Peter Grundke, André Kühn. The impact of the Basel Ⅲ liquidity ratios on banks: Evidence from a simulation study [J]. Quarterly Review of Economics and Finance, 2020, 75.

[79] Saporta, V. Prudential Bank Regulation: Present and Future [R]. https://www.bis.org/review/r180815a.htm, 2018.

[80] Tinbergen, J. On the Theory of Economic Policy [M]. Amsterdam: North Holland, 2nd edition, 1952.

[81] U. S. Department of the Treasury. A Financial System That Creates Economic Opportunities [R/OL]. https://www.treasury.gov/press – center/press – releases/Documents/A – Financial – System – Capital – Markets – FINAL.pdf, 2017.